AF441296

María Graham

IMAGEN DE CHILE

920.72
G738A   Akel, Regina.
        María Graham : una biografía literaria / Regina Akel.
        1a. ed. – Santiago de Chile: Universitaria, 2012.
        261 p.: il.; 15,5 x 23 cm. – (Imagen de Chile)
        Incluye índices.
        Bibliografía: p. 255-261.

        ISBN: 978-956-11-2381-6
        ISBN Libro en versión electrónica: 978-956-11-2383-0

1. Graham, Mary, 1785-1842.   2. India – Descripción y viajes.
3. América del Sur – Descripción y viajes.   4. Chile – Descripción y viajes.
5. Chile – Vida social y costumbres.   6. Mujeres intelectuales – Biografias.
I. t

© 2011, REGINA AKEL.
Inscripción N° 219.581, Santiago de Chile.

Derechos de edición reservados para todos los países por
© EDITORIAL UNIVERSITARIA, S.A. Avda. Bernardo O'Higgins 1050, Santiago de Chile.

Texto compuesto en tipografía *Palatino 11/13*

Se terminó de imprimir esta PRIMERA EDICIÓN en los talleres de Editora e Imprenta Maval Ltda., Rivas 530, San Joaquín, Santiago de Chile, en octubre de 2012.

TRADUCCIÓN AL CASTELLANO DE
Marlene Hyslop Becker / María Elena Donoso González

María Graham: Una biografía literaria, fue publicada inicialmente en inglés por Cambria Press en el año 2009. La presente traducción al castellano se publica con la autorización de Cambria Press. No están autorizadas otras reproducciones del presente libro a menos que tengan permiso de Cambria Press. Para consultas sobre autorizaciones se ruega dirigirse al correo electrónico: permissions@cambriapress.com, o la siguiente dirección postal:
Cambria Press,
Permissions Department,
20 Northpointe Parkway, Suite 188,
Amherst, New York 14228, U.S.A.

DISEÑO DE PORTADA Y DIAGRAMACIÓN
Yenny Isla Rodríguez

Retrato de María Graham, Lady Callcott, pintado por su esposo, Augustus Wall Callcott (1828). © Propiedad de la Corona; en la colección del Gobierno del Reino Unido. Reproducido con licencia.

Obra financiada por el Fondo Nacional de Fomento del Libro y la Lectura

IMPRESO EN CHILE / PRINTED IN CHILE

Regina Akel

María Graham
Una biografía literaria

EDITORIAL UNIVERSITARIA

A mi hermano, Dr. Carlos Akel

ÍNDICE

Lista de ilustraciones

Introducción

*La verdad es que me da igual la forma en que me trate la
posteridad: si escribo mal, aceptaré el olvido de buena gana; si lo
hago bien, me bastará ser recordada con respeto.*
María Graham[1]

Quien hasta hace poco haya visitado el cementerio de Kensal Green, al norte de Londres, habrá encontrado difícil, y hasta imposible, descubrir la sepultura de María Graham entre las envejecidas lápidas cubiertas de musgo. El tiempo había borrado su nombre de la piedra, y la primera parte de su proposición parecía haberse cumplido: ella descansaba feliz en el olvido. No obstante, la realidad es algo diferente. En Chile, uno de los dos países latinoamericanos acerca de los cuales esta autora escribió en 1824, es una figura conocida y su diario se publica, se cita y se discute permanentemente. En Brasil, el otro país que visitó en América del Sur, es conocida en los círculos académicos como una erudita escritora de viajes y como un icono de la cultura *gay*. Además, uno de sus dos diarios publicados sobre la India es ampliamente leído en Gran Bretaña y en Estados Unidos hoy en día, y en todos estos países su obra es objeto de tesis, seminarios, y capítulos en las publicaciones académicas que tienen que ver con escritura de viajes o con estudios sobre feminismo o colonialismo. Su historia, sin embargo, es tan extraordinaria como su obra, y esta biografía no sólo narra su vida sino que también ahonda en la representación que ella hizo de sí misma en sus diarios de vida, crónicas de viaje, memorias y cartas, tanto públicos como privados. El fruto de estos esfuerzos es una persona literaria muy diferente a la controvertida mujer que fue la María Graham de carne y hueso.

---

[1] Palabras escritas en la parte posterior de la portadilla de la copia personal autografiada de María Graham de su *Diario de mi viaje a Brasil y residencia allí durante parte de los años 1821, 1822, 1823 (1824)*, versión escrita a máquina, proporcionada por la Biblioteca Oliveira Lima de la Universidad Católica de América. La puntuación del original ha sido adaptada a los cánones actuales.

¿Quién es la mujer detrás de los textos? ¿Cómo los concibió? ¿Fue simplemente una de tantas otras autoras aventureras y elocuentes del siglo xix o hubo algún otro motivo que la hizo destacar? Las siguientes páginas muestran cómo ella construyó su identidad, a veces adaptándose a las reglas de la sociedad con respecto al comportamiento de las mujeres, pero también, en ocasiones, desafiándolas o ignorándolas. Ella fue hija de la Ilustración, en el sentido de valorar el saber por sobre todas las cosas, mas logró dar a sus descripciones un toque de romanticismo. Su búsqueda la llevó a tierras lejanas donde capturó para sus lectores manifestaciones de culturas foráneas, paisajes exóticos y oscuros ritos religiosos. Sin embargo, una lectura de su obra genera la impresión que, pese a las dramáticas descripciones de pueblos y lugares, el tema principal de María era, simplemente, ella misma. Lo que conocemos de su historia proviene mayormente de sus propias narraciones, aun cuando hay cartas muy importantes, ya sea escritas por ella o dirigidas a ella, además de otras que la mencionan, que completan el análisis.

María Dundas nació en Papcastle, en la Región de los Lagos al norte de Inglaterra en 1785, hija de un oficial de la armada británica y de una señorita Thompson de Liverpool. Después de una niñez aparentemente feliz y sin mayores inquietudes, fue repentinamente separada de su madre y llevada a vivir a Richmond con parientes que, según ella afirma, la odiaban y rechazaban. Más tarde María se mostró rebelde al ser enviada al colegio, aunque fue allí también donde adquirió su amor por el saber y la facultad de mirarse a sí misma y a los demás sin apasionamiento. Es posible que este rasgo haya influido en la elección del género literario que practicó al comienzo de su carrera: la escritura de viajes.

Al salir del colegio María fue a vivir a Edimburgo con parientes más acogedores, circunstancia que le permitió interactuar con personajes de la Ilustración escocesa. No dejó registro de sus conversaciones con Francis Jeffrey o Dugald Stewart, pero sí mencionó en "Reminiscencias"[2] que ambos, al igual que otras personas, se referían a ella como "filosofía vestida de muselina". Se quedó en Escocia hasta 1808, año en que viajó por mar a la India junto a su padre, a quien no había visto en los últimos diez años. En esta etapa de su vida nació la autora de narrativas de viaje.

En su diario privado del viaje María anotó sus lecturas, sus estudios, sus descripciones de la gente y de los lugares visitados y, más importante aún, relató su romance a bordo con el entonces teniente Thomas Graham. Ellos se ca-

---

[2] El fragmento autobiográfico que relata su niñez y juventud.

saron en la India a fines de 1809 y regresaron a su país dos años después. Una vez en Inglaterra María publicó dos libros que narran sus experiencias en el extranjero. El primero de ellos, *Journal of a Residence in India* (*Diario de mi residencia en la India*), publicado en 1812, tuvo éxito apenas apareció. Después de la publicación de su segundo libro, *Letters on India* (*Cartas acerca de la India*), se instaló con su esposo en Escocia hasta 1819, año en que ambos visitaron Italia. El resultado de esta expedición fue otro diario de viaje, *Three Months Passed in the Mountains East of Rome* (*Tres meses en las montañas al este de Roma*), publicado en 1820.

Un año más tarde María viajó a América del Sur con su esposo, ahora convertido en capitán Graham, quien había recibido el mando de la fragata HMS *Doris*. Tras una estadía en Brasil, navegaron hacia Chile, pero el capitán Graham murió durante el trayecto. Cuando el buque llegó a Valparaíso la joven viuda se negó a aceptar un pasaje de regreso a Europa y se quedó sola en el país durante casi un año. Este comportamiento, inusual incluso para los estándares actuales, despertó la desconfianza y la hostilidad de algunos miembros de la sociedad en Gran Bretaña. Este rechazo lo percibió María Graham intensamente durante toda su vida, a pesar de que, en una actitud que le era peculiar, lo atribuyó en sus diarios a la envidia que despertaba en otros su gran capacidad intelectual.

Durante el tiempo que vivió en Chile se relacionó con líderes del Gobierno, destacados miembros de la sociedad y oficiales navales británicos que estaban ayudando al nuevo país a consolidar su independencia de España. Finalizada su estadía en Chile, María Graham regresó a Brasil, y allí se las arregló para conseguir el cargo de institutriz de la princesa María da Gloria. En 1824 retornó brevemente a Inglaterra donde logró publicar sus dos diarios latinoamericanos: *Journal of a Residence in Chile* (*Diario de mi residencia en Chile*) y *Journal of a Voyage to Brazil* (*Diario de un viaje a Brasil*)[3], ambos con gran éxito. No conservó por mucho tiempo su cargo de institutriz, pues una vez que retornó a Brasil desde Inglaterra el Emperador, en circunstancias muy misteriosas, la despidió repentinamente. Diez años después María recordaría las dramáticas escenas de su despido en un relato autobiográfico, posiblemente con el fin de aclarar el suceso. Con el tiempo regresó a Inglaterra y más tarde contrajo matrimonio con el pintor Augustus Wall Callcott. En su última etapa escribió libros de historia para niños, libros de arte, artículos para el *Representative*, un periódico

---

[3] Los títulos originales son mucho más largos, como era la costumbre en la época en que estas obras fueron publicadas, pero la versión abreviada acortada da una idea exacta del tema. La misma autora los llamó "mi Chile" y "mi Brasil".

que John Murray publicó en 1826, e incluso compuso un tratado sobre botánica. Falleció en su hogar de Kensington en noviembre de 1842.

El siguiente relato de su vida y obra y la forma en que una influyó sobre la otra, explora la persona literaria que surge de las páginas de María Graham. Este personaje habla con una voz muy característica y refleja una arrogancia poco común en una mujer de su época. Invariablemente autoritaria y formal, su voz proyecta la asertividad de alguien que tiene un vasto conocimiento de los temas que discute y quien, además, es una distinguida representante del Imperio Británico de visita en otras tierras.

Una característica distintiva de la personalidad de María Graham es que a menudo se muestra marcadamente hostil hacia las mujeres que encuentra en sus viajes. Su animosidad aflora en la forma en que las desprecia por su falta de belleza en algunos casos, por su poca capacidad intelectual en otros, o por lo que ella piensa que es una represión del apetito sexual en algunas o una sexualidad desbordada en otras. Sin embargo, se trata a sí misma en forma diferente. María nunca oculta el hecho de que ella es una escritora mujer, pero al mismo tiempo no le da importancia a las restricciones que, por tradición y por las reglas de la sociedad, se imponían en su época a los escritos femeninos. Algunas veces incluso desafía estas restricciones, como se muestra en el relato de su estadía en la India. Allí discute temas poco "femeninos" tales como las diversas prácticas funerarias que conoció, el aspecto de cadáveres insepultos y sangrientos sacrificios humanos.

La relación de María Graham con los hombres en su vida (no todos fueron un objetivo amoroso) influye grandemente en su estilo y en la manera en que despliega la narración de su propia vida. Está, por ejemplo, la nebulosa figura de su padre, que aparece en dos momentos clave de la historia de su vida. La primera vez llega de improviso, rompe su mundo de niña pequeña, la abandona por un tiempo en el hogar de parientes lejanos poco amistosos y, finalmente, la envía interna a un colegio. Ella no lo vuelve a ver hasta muchos años después, cuando aparece en su diario de la India como la figura autoritaria de un melodrama victoriano. Curiosamente, su padre es la única figura en el relato que está siempre en silencio; son sus acciones las que causan tanta aflicción a María.

Thomas Graham, el primer esposo de la autora, aparece por primera vez en su diario de la India, en 1808. Era uno de los pasajeros a bordo en el viaje a la India ese año, y la escena del descubrimiento del afecto que siente el uno por el otro está narrada en el diario con una inusual inversión de roles, donde la mujer aparece controlando la situación mientras el varón espera con temblorosa ansiedad. Sin embargo, el hombre que ejerció la mayor influencia en el estilo y enfoque de María Graham fue Lord Thomas Cochrane. Aun cuando ella no pasa de ser más que una nota al pie de página en muchas biografías de este último, él tiene una figuración importante en las narraciones de ella. Lord Cochrane es, definitivamente, el hombre responsable de los artilugios literarios que alteraron el paisaje chileno y sesgaron la versión de la historia de Chile que entregó María Graham en su diario acerca de este país. Estas instancias, que también fueron importantes en la narración de la vida de María y en la forma en que ella la recreó en su obra, se tratan en detalle en los Capítulos 6 y 7.

La figura de Pedro I, Emperador de Brasil, no influye en la narración; es su carácter el que sufre transformaciones de acuerdo con la manera en que él se comporta con la protagonista. De un gallardo príncipe en la primera y segunda visitas de María a Brasil, se transforma en un individuo histérico y grotesco en el relato de su tercera estadía. Finalmente, la aparición del segundo marido de la autora, el pintor Augustus Wall Callcott, provoca una de las tantas confrontaciones entre la voz privada y la voz pública que se pueden encontrar en su obra. Privadamente le había confidenciado en una carta a la emperatriz Leopoldina, de Brasil, que estaba cansada de la soledad y por lo tanto había "consentido" casarse de nuevo. Curiosamente, en esa carta ella describe a su futuro esposo como "el hombre que yo he escogido", una vez más, tal como en su relación de compromiso con Thomas Graham, asumiendo el rol activo, tradicionalmente masculino. ¿Acaso podría estar sugiriendo también que había una gran cantidad de pretendientes de entre los cuales elegir? No obstante, en la "Introducción" de su *Diario Alemán* de 1828 (no publicado) se coloca en una posición secundaria con respecto a su marido artista, e incluso actúa como portavoz de sus opiniones sobre arte, como se muestra en el Capítulo 10.

Aparte de los hombres, la representación de lugares juega un rol importante en la construcción de los textos y de la persona literaria de María Graham. Por ejemplo, el discurso colonialista del siglo XIX adquiere un tono positivo cuando ella describe la India, país que en ese tiempo era una colonia británica. Sin embargo, más adelante ella invierte su visión al llegar a Chile, una antigua colonia española. Cuando describe Brasil, que había dejado de ser colonia de Portugal en 1805 para convertirse en la sede de un reino europeo, su visión toma un nuevo rumbo. Se perciben transposiciones y omisiones de la autora en sus representaciones de la esclavitud en los diferentes lugares que la enfrentó, así como en sus descripciones de manifestaciones de fe religiosa durante sus viajes.

Esta biografía reconstruye la imagen literaria de María Graham mediante el análisis de importantes pasajes de sus escritos, tales como memorias, diarios, crónicas y cartas. Los textos que se han elegido tienen por objeto ilustrar las características más notorias de su estilo y de su interacción con las ideologías existentes en su época. El objetivo es mostrar a una intelectual pionera, que capturó para sus lectores la antigua cultura de la India tan hábilmente como retrató a bandidos sanguinarios en el norte de Italia o a países emergentes en América del Sur. Indudablemente es una mujer que vale la pena conocer.

PRIMERA PARTE
LA FORMACIÓN DE UNA INTELECTUAL
1785-1820

Capítulo 1
Los primeros años

La única fuente que nos permite conocer la niñez y juventud de María Graham es "Reminiscencias", las memorias que dictó entre 1836 y 1842. Este fragmento autobiográfico cubre los primeros diecisiete años de su vida y la convierte en la sola heroína de su viaje hacia el pasado. Quizás mejor que cualquier otro texto compuesto por ella[1], las "Reminiscencias" de María Graham ilustran su capacidad para organizar y controlar tramas y personajes. Aun cuando estas Memorias sostienen ser una relación de sus primeros años de vida, el estilo narrativo de esta escritora muestra su manejo eficiente de recursos de ficción tales como focalización, caracterización, suspenso y dramatismo. Como lo dice acertadamente Jennifer Hayward, su protagonista atraviesa por experiencias similares a las que tuvo que soportar la pequeña Jane en la novela *Jane Eyre*, publicada años después, en 1847:

> Tanto Brontë como Graham crearon niñas-protagonistas rechazadas por familiares arrogantes de clase alta, y luego abandonadas en internados que al principio parecieron crueles. Pese a las circunstancias, ambas jóvenes heroínas lograron encontrar preceptoras femeninas y desarrollar fuertes intereses intelectuales; ambas desafiaron los códigos de género de la época para encontrar por sí mismas una profesión; ambas sirvieron brevemente como institutrices (xiv).

Pero hay algo más en "Reminiscencias" que este paralelo con una sola novela. Por ejemplo, es significativo que los acontecimientos de esta evocación de María nos lleguen a través de la limitada perspectiva de su ser más joven, quien es a la vez centro de la narración y juez del comportamiento de los demás personajes. Ella maneja esta caracterización de una manera que recuerda otras novelas victorianas, particularmente las de Dickens, en las cuales el aspecto físico y la manera de vestir de los personajes reflejan implícitamente sus características

---

[1] Invariablemente, en este Diario María Graham habla de sí misma como "escribiendo", no dictando estas Memorias.

morales y psicológicas. Este rasgo se aprecia mejor en la creación de personajes divertidos o ridículos, y más notable aún en la colocación de antagonistas frente a la protagonista. Sin embargo, a diferencia de las novelas de Dickens, los antagonistas de María Graham son condenados sin apelación. El suspenso y el dramatismo presentes en sus Memorias se logran debido a la precisa focalización de los acontecimientos a través de las percepciones de su ser más joven que, naturalmente, no está consciente de las circunstancias imperantes en su círculo familiar y de los planes que los adultos tienen para su futuro. Esta particularidad estilística de María Graham se hace especialmente evidente en su relato de la forma en que la separan de su madre, un acontecimiento que ella no llegará a comprender sino hasta mucho tiempo después.

No está claro si María escribió sus Memorias como una novela o simplemente relató los acontecimientos de su vida de una forma que, por casualidad, anticipa el modelo de una narración victoriana. El hilo principal de la historia se desarrolla a lo largo de su niñez feliz, pasada principalmente junto a su madre, cuando su padre estaba ausente navegando. Desde una temprana edad supo de leyendas y tradiciones antiguas, tales como la presencia del diablo en el colegio del pueblo de Wallasey, los cuentos de ánimas y hadas que escuchó durante su estadía en Isle of Man, o de la impresión que tuvo de los naufragios cuando vivía en Cheshire. María señala que todos estos hechos ejercieron un impacto tan grande en su imaginación que

> ¡Yo adoraba los cuentos descabellados, y cuando fui enviada tierra adentro al mundo más civilizado para mi educación, sentía una nostalgia casi enfermiza por las ánimas, por el rugido del mar, por un castillo o un faro! (7).

Hasta aquí el relato de María Graham entrega una visión romántica de su niñez, insinuando que tenía libertad, que amaba los cuentos y le fascinaba lo sobrenatural. Esta representación hace que el primer acontecimiento dramático de su vida parezca impresionante y misterioso en la medida que ella, la que relata los hechos, sólo proporciona las percepciones que una niña pequeña podía tener en ese momento. El resto tiene que ser imaginado por el lector, quien queda doblemente afectado, primero por la triste situación de la niña y, segundo, por la poca conciencia de los hechos que tiene la protagonista.

Un día de primavera, cuando ella apenas tenía ocho años de edad, relata María, su padre regresa a casa tras una larga ausencia, luciendo una mirada adusta. Un par de días después descubre que irá de visita, cree ella, a Liverpool con su padre donde unos amigos de la familia, y se pregunta "por qué su madre lloraba tan desconsoladamente" (9) ante un hecho tan normal. Al comienzo del viaje María convierte el paisaje natural en un telón de fondo para el primer acontecimiento doloroso de su vida:

> Era una tarde triste, y cuando llegamos a la cima de Wallasey Bricks el viento soplaba muy fuerte y frío. Cuando salimos de Liscott Lane hacia la costa, nos esperaba una lluvia fina, y antes de que llegáramos a Seacombe, el tiempo se habría asemejado mucho a una tormenta para cualquiera, salvo para un viejo marinero a punto de cruzar el Mersey (9-10).

En este pasaje y en el siguiente María retrata, por medio de las fuerzas de la naturaleza que en ese momento reflejan las emociones de su madre, los sentimientos que ella habría experimentado si hubiese podido darse cuenta de la realidad de su situación. Hay varios otros pasajes de "Reminiscencias" en que el correlato objetivo juega un rol importante en la narración, pero no hay otros pasajes superiores a éste en intensidad dramática. La descripción del paisaje, la secuencia y oportunidad de las acciones e incluso la frase final del episodio, son románticas y novelescas. La historia continúa y la noche siguiente, en el momento en que ella y su padre están por subirse al coche que los llevará a Londres:

> Apareció mi pobre y querida madre, empapada con la lluvia y el agua de mar. Pese a la tormenta no había podido resistir el deseo de verme, su hija mayor, una vez más. Pasó mucho, mucho tiempo antes de que yo pudiera olvidar sus últimos sollozos y besos cuando se despidió de mí, y habíamos recorrido muchas millas del camino a Londres antes de que yo me quedara dormida, llorando, sobre la rodilla de mi padre (11).

Aun cuando la propia María Graham no lo dice, el texto sugiere que ella nunca volvió a ver a su madre. Rosamund Brunel Gotch señala que la madre murió poco después de esta conmovedora escena (16), que se acrecienta por la intensidad de los sentimientos demostrados, por la fuerza de la tormenta y por el relato de la pequeña María que no se da cuenta de la realidad de su situación. En el siglo XIX el hecho de que los niños perdieran a su madre, tanto en la vida real como en la ficción[2], era un acontecimiento común, ya que había gran

---

[2] La mayoría de los personajes masculinos y femeninos de Dickens no tiene madre: David, Oliver, la pequeña Nell, la pequeña Dorrit, Frances; así como Evelina de Burney, Jane de Brontë, Mary Barton, Molly Gibson o Ruth, de Gaskell. Cuando todavía tienen a sus madres, éstas son malvadas o ineptas, como la madre de Edith Skewton en la obra de Dickens *Dombey and Son;*

cantidad de mujeres que morían al dar a luz. El relato de esta parte de la vida de María Graham no es excepcional; lo que vale la pena notar es la forma en que se narra la historia, con el uso de la tormenta como una metáfora para los sentimientos conmocionados, con la descripción tan vívida de la separación entre madre e hija, además de la situación de la narradora que está sólo parcialmente consciente de los hechos que relata, y la del lector, como omnisciente en esta ocasión[3]. Por lo tanto, es el lector quien debe completar la narración con la información que la protagonista proporciona, sin que ella se dé cuenta de la realidad.

Antes de ser llevada al colegio María va a Londres a visitar a unos parientes. Allí se siente en gran desventaja, tanto física como moral, al lado de su prima Mary, que es buena, linda y elegante:

> Ella había comenzado a recibir educación muy tempranamente, sus conocimientos eran muy superiores para su edad, pero su criterio era aún mayor. Escribo desde un profundo recuerdo de casi cada mirada y palabra de mi prima Mary. Aunque era tan superior a mí en todo, su dulzura, su bondad, su generosa apreciación de todo lo bueno de las otras personas era tal, que a pesar de lo ruda e ignorante que era yo, nunca me sentí avergonzada ni incómoda al lado de ella. Tenía seis meses más que yo, pero sólo vivió hasta los dieciséis años (19).

La presencia de este personaje en el relato de María también es habitual en la ficción victoriana. Es el tipo de ser humano que está siendo idealizado y que los demás perciben como demasiado bueno para este mundo y, por lo tanto, deberá morir; su función es representar un modelo para la protagonista. Uno recuerda a la Pequeña Nell y a Paul Dombey de Dickens como buenos ejemplos de este recurso, pero sobre todo a Helen Burns en *Jane Eyre* de Brontë. La prima de María cumple la función de equilibrar el texto. Aun cuando hay mayor cantidad de personajes bondadosos que negativos en las Memorias, estos últimos, que se tratarán más adelante, pesan tan fuerte en la narración que parece obvio tener que contrarrestar su influencia. Es importante observar que

---

la madre de Bella Wilfer en *Our Mutual Friend*; o la señora Tulliver en *The Mill on the Floss* de Eliot. En las *Memorias* de María Graham, la única madre descrita, una tía, es extremadamente cruel con ella.

[3] Para este viaje hacia el pasado María Graham está utilizando la misma forma discursiva (novelística) que usó en el relato de su estadía en Brasil entre 1823 y 1825, que se verá en más detalle en el Capítulo 9.

toda la caracterización de la prima está basada en su relación con María, la protagonista de la narración. Es el recuerdo de ésta o quizá un retrato literario de la prima Mary lo que el lector capta, y su mérito está dado en relación con las cualidades inferiores que posee la heroína. No obstante, son las cualidades de la narradora las que constituyen la norma, ya sean grandes o insignificantes. La mayoría de los personajes de esta historia se presenta de esta manera, pero con una fuerte dependencia de su apariencia física como representativa de rasgos personales, incluso en el caso de las figuras menores, un recurso que, una vez más, anticipa a Dickens. Por ejemplo, hay una descripción detallada del cochero que conduce a María y a su padre desde Londres a Abingdon, en Oxfordshire, donde ella asistirá al colegio. Incluso su nombre, Blewitt[4], pareciera tener una cierta significación, al igual que su coche de posta, que

> era un vehículo grande, pesado, de color amarillo, construido para dar cabida a seis "adentro" y muchos más dependiendo de la cortesía o la paciencia de los pasajeros. Mi padre era la sexta persona adulta. Por lo tanto, yo era una supernumeraria, y la intención era que yo fuera de pie… Pero esto no era tan fácil, porque todo el espacio que había debajo de los pies y sobre las rodillas de otros pasajeros estaba ocupado con paquetes, cajas de sombreros y canastos, ¡de modo que una ventana estaba prácticamente bloqueada! (14-15).

Es fácil ver la similitud entre la incomodidad de María, imposibilitada de moverse, y la situación que experimenta David Copperfield, más o menos a la misma edad, cuando es enviado al colegio por Mr. Murdstone[5]. Los paralelos son muchos, y parecen reforzar la visión de que María Graham utilizó muchos recursos de ficción en sus Memorias —tales como en esta ocasión, el simbolismo del viaje, la presencia de otros pasajeros, o el aspecto del vehículo y del cochero— de un modo que prefigura a Dickens. En otras palabras, María Graham está estrenando aquí algunos aspectos de la novela victoriana y, más específicamente, aquellos *Bildungsromane* como *Jane Eyre* (1847) y *David Copperfield* (1859). La descripción del coche y de su cochero continúa:

---

[4]   Algunos de los nombres de los personajes de María Graham parecieran anticipar la afición de Dickens por nombres sonoros como parte constitutiva del individuo, tales como Barkis, el cochero, o Steerforth, el villano encantador.

[5]   David relata que una señora mayor que iba en el coche instaló un canasto debajo de sus pies "porque tenía las piernas cortas". Él se sentía incómodo y adolorido en el trayecto, pero temía moverse (82).

era tirado por dos pesados caballos, y guiado por una excelente y venerable persona que se llamaba Blewitt, ¡que nunca puso en peligro su propio cuello ni el de sus pasajeros haciendo el viaje en menos de doce horas! Parece que lo estoy viendo ahora – un hombre enjuto, de porte mediano, con unos rizos largos y grises, una cara rubicunda, un abrigo gris con ojales negros, botones de metal tan grandes como un platillo para queso, con curiosos grabados, un chaleco de lana con dos solapas, polainas de cuero con una hebilla en la rodilla, botas altas en el invierno y medias blancas con zapatos con unas tremendas hebillas de metal en el verano; un gran sombrero y un ramillete en el ojal completaban la tenida del viejo Blewitt. Más adelante tendré la ocasión de volverlo a mencionar (15).

De esta última frase de la descripción se puede inferir que María Graham tenía la intención de usar este personaje nuevamente. Al parecer no lo hizo, y el cochero Blewitt sigue siendo una incógnita en una narración inconclusa[6]. En esta ocasión la narradora hace un paralelo entre el estilo relajado de conducir del cochero y el tiempo que le debe haber tomado vestirse tan cuidadosamente en las mañanas, con tantos artículos complicados en su vestimenta.

Sin embargo, los principales personajes en esta etapa de la vida de María son las dos hermanas dueñas del colegio al cual fue incorporada a la edad de ocho años. En este caso, la caracterización se hace a través de la ironía, la hipérbole, y lo implícito. Es fácil deducir, de los retratos de las dos Misses Bright, cuál se convertiría en la favorita de la narradora y por qué:

> El cabello de Miss Bright, parcialmente gris, era rizado por delante y tomado en forma de un moño por detrás, algo parecido a una aldaba. El cabello estaba a medio empolvar y rizado en forma muy dispareja. Una cofia y un sombrero negro completaban su tocado, pero por lo general estaban demasiado inclinados hacia atrás o hacia delante o demasiado ladeados a la derecha o demasiado hacia la izquierda… Por lo general tenía el bolsillo lleno de cosas que había ido colocando allí por distracción, de manera que parecía que tenía puesta una crinolina (28-29).

---

[6] Otra de las narraciones inconclusas es la referencia a la "desventurada" Charlotte G., cuya "historia, que terminó veinte años después, fue uno de esos desdichados romances que existen en la vida real y cuyo triste desenlace sobrepasó a cualquiera obra de ficción" (24); notable también es el extraño parecido de una práctica descrita en las *Memorias* de María Graham con otro pasaje de *Jane Eyre*. Al igual que Jane, María solía esconderse tras una cortina en un asiento junto a la ventana leyendo libros cuando se "le había prohibido ir al patio a jugar como castigo" (20).

La ex alumna insinúa que las dos hermanas eran prácticamente polos opuestos, incluso respecto del tipo de zapatos que usaban. Los tacos de Miss Bright "no tenían más de una pulgada de alto", María informa,

> muy distintos de los de Miss Mary, que eran los tacos más altos que jamás he visto, y tan delgados que siempre me maravillaba de cómo podía caminar. Su cabello siempre de lo más ordenado, era hermosamente rizado, estaba delicadamente empolvado y caía sobre su espalda, sujeto sólo con una hebilla. Los vuelos de su cofia caían en los más hermosos pliegues. Su sombrero tenía una amplia ala Leghorn, envuelta en raso verde, y una corona y lazos de lo mismo (29).

A continuación sigue una descripción detallada y contrastante del aspecto físico de las hermanas, de cada particularidad de su vestimenta y de la forma en que estaban arregladas. El resultado de la narración de María es un retrato de la hermana mayor que la representa como levemente ridícula pero atrayente. Por otro lado, hay una rigidez en la disposición de los diferentes detalles del vestido de Miss Mary que sugiere algo más siniestro, tal vez el hada "malvada" de los cuentos infantiles.

> Su vestido tan correcto y su figura diminuta y erecta siempre me hacían pensar en un hada, y el golpeteo de sus pequeños tacos cuando caminaba rápido por la casa, y que nosotros escuchábamos aunque no la viéramos, *me daba la impresión de que siempre estaba presente, aunque invisible* (*Ibíd*; énfasis agregado).

María Graham adhiere aquí a la presunción muy común de que las mujeres demasiado hermosas o demasiado preocupadas por su apariencia física son superficiales; a esto ella le agrega el poder casi sobrenatural de su profesora de estar presente en todas partes y la indicación de que su presencia no era muy grata y rara vez bienvenida, tal como la de un hada malvada. Un altercado con Miss Mary un año después de la llegada de María al colegio, intensificado por las fricciones con sus compañeras de curso[7], redundó en que fuera severamen-

---

[7] Esta situación representa otro nexo con la Jane de Brontë, a quien sus compañeras de clase rehúyen cuando entra al colegio, y otra clave personal acerca de la costumbre de María Graham de antagonizar a otras mujeres.

Más adelante estas lecturas le fueron de gran utilidad, especialmente en la composición de sus diarios de viaje.

te castigada con el tratamiento del silencio. Nadie tenía permiso para hablarle, y no podía asistir a clases hasta que pidiera disculpas a las personas que había ofendido, cosa que se negó a hacer durante varios meses. Como castigo, debía permanecer todo el día en una pequeña sala sin hacer nada, e incluso sin sus textos de estudio. Afortunadamente para María, en esa sala se guardaban los libros favoritos de Miss Bright, como *Homero* en la traducción de Pope, la versión de Dryden de *Virgilio*[8], y todas las obras de teatro de Shakespeare:

> ¡Éstas eran extrañas entretenciones para una niña de nueve años! Pero yo no tenía nada más que hacer… Lo que acabo de decir puede dar una idea del tipo de educación que recibí. Me enseñaron poco o nada, pero pusieron libros en mi camino, y pude aprender lo que se me ocurrió y por mi propio gusto, y cuando pedía ayuda, la recibía sin falta (38-39).

El tipo de heroína que María comienza a construir en esta etapa se desvía del ideal aceptado de mujer, es decir, el de esposa y madre dedicada. Aun cuando ella no articula esta situación, en aquella época las mujeres no tenían otra alternativa en la sociedad que no fuera el matrimonio y concebir hijos —era un *sine qua non*—. Por su actitud superior hacia todas las mujeres que carecían de habilidades intelectuales, ella da a entender que sólo unas pocas elegidas poseen estas dotes. Para enfatizar este punto, María Graham emplaza una antagonista frente a su heroína, pero una que sólo goza de una existencia textual muy breve. De sus compañeras en el colegio de Miss Bright dice:

> Había cuatro o cinco niñas destacadas, una de ellas era mi prima hermana, Bárbara. No le daré ningún otro nombre porque era estúpida, y malhumorada conmigo. Dormíamos en la misma pieza. Ella debería haberme presentado en el colegio y enseñado las costumbres, tenía que haberme ayudado en mis primeras lecciones; en breve, yo tendría que haber sido lo que llamábamos en el colegio, su "hija". Pero pronto me di cuenta de que ella era demasiado floja en sus propias tareas como para ayudarle a cualquiera en las suyas, de modo que pronto nos alejamos la una de la otra (24).

---

[8] Es posible que María Graham haya tenido una relación más cercana con su hermana en la vida real que la que representa en su texto. Algunos años después de la muerte de María, su sobrina le pidió ayuda a John Murray cuando quiso publicar su primera novela. Se refirió a la amistad que existió entre su tía, "la hermana de mi madre", y la familia Murray. Años después se convirtió en la exitosa novelista Annie Edwardes. Una de sus novelas, *Ought We to Visit Her?* fue adaptada por Gilbert y Sullivan para una de sus comedias musicales.

La prima Bárbara debe haber sido pariente o, quizá, incluso hermana de la prima Mary. Aquélla representa el punto más bajo de la escala con respecto a la narradora, en cambio la prima Mary ocupa el pináculo. La creación de antagonistas que no le tienen simpatía a la heroína es otro recurso narrativo común en la ficción. Su función es destacar las cualidades positivas de la protagonista o presentarle dificultades para alcanzar el objetivo final. En el caso de María, lo más probable es que sea lo primero. Ella estaba formando su persona narrativa y necesitaba establecer su superioridad intelectual.

En otra parte de las *Memorias*, cuando siente la necesidad de destacar su superioridad moral, María usa otra antagonista femenina, esta vez su propia hermana. Hacia el final de esta pieza autobiográfica María relata que ella no había visto a su padre desde el día en que la dejó en el colegio cuando tenía ocho años y que, cuando cumplió dieciocho, la familia se había vuelto a reunir por primera vez en diez años. Su hermana nunca había sido contrariada en toda su vida, y cuando se negó a asistir al colegio de Miss Bright fue enviada a otra institución, muy cara, prolongando así la separación de las hermanas. La hermana menor era muy buena moza y talentosa, admite María, quien, sin embargo, la considera ignorante y carente de autocontrol.

> Sus afectos eran fuertes, al igual que sus pasiones, y por lo tanto a menudo se producían choques de modo que todos los que estaban alrededor lo pasaban muy mal; *pero es de mi propia vida de la que estoy escribiendo, no del carácter de mi hermana*[9] *y he dicho esto sólo para dar cuenta de lo poco que la mencionaré* a medida que avanzo (70; énfasis agregado).

La introducción de la hermana de María parece innecesaria, si se ha de creer la justificación que da la narradora de su breve inclusión en la historia. Sin embargo, si la referencia se ve como una táctica para llamar la atención hacia las virtudes de la protagonista, se podría detectar una lógica en el tejido que une a todas las antagonistas con la protagonista.

Hasta este momento María Graham ha señalado, o insinuado, que ella es fuerte, intelectualmente superior a sus compañeras de colegio, y que está dotada de cualidades morales. El lado íntimo y emocional de su persona literaria está elocuentemente articulado en las *Memorias*, pero notoriamente ausente

---

[9] De Esopo: Un burro que vivía en los establos y estaba bien alimentado pero tenía que trabajar en el patio, decide entrar en la casa de su patrón porque quería vivir sin hacer nada y recibir caricias como un perro faldero. Pero al entrar a la casa rompe los muebles y es echado fuera con la lección: "Agradece tu suerte y no trates de ser lo que no eres".

en sus otras obras. En un pasaje extraordinario, una María privada y emotiva hace algunas observaciones con respecto a sus parientes y sugiere las razones de por qué más tarde en la vida tuvo dificultades para interactuar con otras personas. Este extracto también se asemeja a las recapitulaciones que eran comunes en las novelas victorianas, especialmente en las de Dickens, donde la narración se detiene para revisar lo que ya ha ocurrido, a la luz de las observaciones morales que siguen el hilo conductor de los discursos de esa época. Lo que es diferente en esta exposición de los hechos es que la narradora exhibe un profundo autoconocimiento que le permite defender su caso en forma efectiva y posicionarse como la parte perjudicada, como la víctima. Al reflexionar sobre la indiferencia de sus parientes con respecto a sus sentimientos dice:

> No tomaron en cuenta el que yo hubiese sido alejada de todo lo que había conocido, amado o me era familiar, y como no pude adoptar nuevos afectos en forma inmediata, ni desplegar sensibilidad, porque nada me llamaba la atención ni me inducía a acariciar a personas que todavía me eran extrañas, en todas partes, aunque no en el colegio, hablaban de mí y me trataban como una niña ingrata y sin sentimientos. Por cierto, esta opinión sobre mi carácter estaba tan enraizada entre algunos de mis parientes que creo que nunca la abandonaron (30).

María Graham muy rara vez recurre al patetismo en su obra como técnica para despertar la compasión del lector, ya sea hacia ella o hacia otros. Sin embargo, éste es un recurso muy común en las novelas del siglo XIX que aparece frecuentemente en Dickens en Gran Bretaña y Harriet Beecher Stowe o Louisa May Allcott en Estados Unidos. Ella maneja bien este tropo en su *Memoria* mediante la aplicación de elementos que lo restringen; es así que los hitos más tristes de su historia sólo aparecen insinuados. Su petición de comprensión en el pasaje citado más arriba termina con una simple referencia a una fábula bien conocida, sin mayores comentarios, y este método tiene éxito porque invoca la escena del suceso y el dolor de la narradora con una sola y poderosa comparación:

> Aquellos que pensaban que yo no tenía sentimientos, nunca se preguntaron cómo podía mostrarles yo gratitud por esa protección sin ternura, que sólo me daban en común con otros, al mismo tiempo que ellos prodigaban caricias a todos los demás. No es de maravillarse que mi pequeño corazón haya estado cerrado, y de que yo me abstuviera de cualquiera de esas acciones cariñosas que son naturales en los niños que han sido tratados con bondad. Una vez, y creo que fue la única, que traté

de ser cariñosa, se me apartó y se me dijo que me fuera, porque mi imitación de ------------- sólo hacía a las personas recordar la fábula del burro y el perro faldero[10] (30-31).

Es algo muy cruel decirle esto a un niño, y no es sorprendente entonces que María Graham lo recordara incluso al final de su vida. Ella se asegura de que sus *Memorias* relaten sus sufrimientos, tanto por la falta de afecto en su niñez como por la falta de comprensión hacia sus inclinaciones intelectuales durante su adolescencia, inclinaciones que no eran consideradas apropiadas para una mujer de esa época.

Estas convicciones iban acompañadas de acciones aún más crueles, como cuando ella relata que sus parientes quemaron un poema que había escrito, con el pretexto de que reflejaba "una disposición hacia pasatiempos incompatibles con los deberes domésticos que debía cumplir la hija de un hombre tan pobre como mi padre" (31). En esta etapa de sus *Memorias* María Graham incluye una declaración que puede ser considerada como el precepto que rigió su vida:

No existe clase social en la cual el conocimiento y el gusto por la literatura puedan ser una desventaja para una mujer. Esto la hace independiente de lo que se llaman los placeres del mundo; ambos pueden hacer llevaderas las rutinas más pesadas. Los recuerdos guardados en un diario pueden ser un recurso en la enfermedad y un consuelo en la pobreza, cuando las manos deben estar ocupadas en asuntos más comunes (31-32).

Aun cuando en esta etapa estaba rememorando el pasado desde el punto de vista de la madurez, María, aunque hablara en términos generales, debe haber estado pensando en los años que vivió en Escocia tras su matrimonio con Thomas Graham. Sus diarios y cartas de este periodo hablan de aburrimiento, de duro trabajo manual, y falta de dinero. En todo caso, su manifiesto no era compartido por los novelistas masculinos del siglo xix, como Thackeray y Dickens,

---

[10] Todos los biógrafos de Cochrane concuerdan en que nunca se volvieron a encontrar ni se comunicaron después del regreso de éste de Brasil. Sin embargo, cuando John Murray publicó un comentario desfavorable sobre la participación de Lord Cochrane en Grecia contra Turquía en un editorial del *Representative*, el 24 de junio de 1826, María Graham dejó constancia de que ella había obligado a Murray a pedir disculpas en una carta y a volver a imprimir el diario sin el comentario dañino. (Al parecer esta declaración parece no ser cierta, ya que la editorial negativa existe). Véase María Callcott, extracto de los diarios de Lady Callcott realizados por W.H. Callcott.

cuyas heroínas eras excelentes dueñas de casa. Por el contrario, estas palabras bien podrían haber sido pronunciadas por Jane Eyre. Los puntos de vista de María Graham demuestran cuán a tono estaba, o incluso adelantada, para su época. Esto también explica su preocupación durante sus viajes por encontrar bibliotecas, libros, diarios, teatro y toda clase de manifestaciones culturales, así como su desdén por las mujeres que simplemente se satisfacen con la belleza personal y con los elementos de la ornamentación femenina o lo que ella califica como "los placeres del mundo".

Curiosamente, hay dos narraciones incluidas en las *Memorias* donde María deja por un momento de ser la heroína, y que revelan su uso controlado y efectivo de los artilugios narrativos en una, y su capacidad para transformar un cuento de hadas tradicional en una historia romántica inspiradora, en la otra. Este cuento romántico elogia el ideal de la femineidad como se percibía en el siglo XIX, pero no debe tomarse como algo que contradiga las opiniones sobre la educación de las mujeres expresadas anteriormente por la autora de las *Memorias*. Más bien, su mensaje pareciera ser que las prácticas intelectuales no son apropiadas para todas las mujeres, sino sólo para unas pocas escogidas, como ella.

Lo que María denomina su "pequeña historia romántica" comienza con una descripción de la heroína, Miss Whiteford. Aun cuando esto está escrito como un cuento de hadas, hay algunos elementos que se desvían de la narrativa tradicional, ya que la heroína, por más que la narradora trata de ocultar el hecho, no es ni bella ni delgada ni dotada de cabello largo y rubio.

> Ella era alta y maciza, pero sumamente agraciada. Su rostro, aunque no perfectamente hermoso, irradiaba dulzura. Había sido obligada a sacrificar su hermoso pelo largo debido a severos dolores de cabeza, pero las ondas de un castaño claro que aún le enmarcaban su rostro, le asentaban tanto que uno no podía pensar que le faltara algo (77).

María maneja sus expresiones con destreza, minimiza los aspectos negativos de la mujer y coloca inmediatamente junto a cada defecto una observación positiva que lo contrarresta. Parece estar consciente de las convenciones de los cuentos de hadas y romances, porque trata de posicionar a su heroína lo más cerca posible del ideal. De modo que si su protagonista tenía sobrepeso, también era agraciada; si era una persona corriente, tenía una expresión agradable; y si era prácticamente pelada, el poco cabello que le quedaba era sentador.

La protagonista poco agraciada conoce y se casa con un soldado herido y desfigurado (el hombre que había amado en secreto durante mucho tiempo) que acaba de ser abandonado por su cruel novia; lo quiere con ternura, y él le devuelve su devoción con gratitud. Al final, ambos disfrutan de una larga y feliz vida juntos. Durante el curso de esta narración María deja de ser el personaje principal de la historia de su vida, aun cuando su presencia se siente porque su voz sigue narrando y su persona sigue en control del texto. María Graham no nos entrega –o tal vez no pudo entregar, porque era una mujer casada cuando escribió sus *Memorias*– un interés romántico personal en su autobiografía, y la inclusión de este cuento-dentro-de-un-cuento pareciera llenar el vacío. Aparte de su apariencia física defectuosa, ambos protagonistas cumplen el papel que se espera de ellos en este tipo de narración: el de héroe herido y de la muchacha fiel que lo ha amado en silencio y finalmente es recompensada. La narración, además de representar la culminación de las novelas victorianas, vale decir, el matrimonio feliz de los protagonistas, entrega una visión positiva de la naturaleza humana y del destino humano, que contrarresta el tono sombrío que impregna el todo.

La segunda narración importante tiene un alcance más amplio porque abarca muchos personajes y situaciones –todos alumnos y profesores del colegio, además de la mayoría de los habitantes del pueblo donde éste estaba ubicado– pero más significativa aún porque trata de un problema social que tal vez sólo Dickens abordó más tarde con una franqueza y una compasión similares. Es muy interesante estudiar las *Memorias* de María Graham y encontrar tantos temas de las novelas de la segunda mitad del siglo XIX así como de la novela romántica como el niño huérfano, la falta de afecto que se transforma en rebeldía, o la historia de amor con un final feliz. Asociados a estos temas hay artilugios que la autora utiliza bien, como la inclusión del suspenso en la narración, la percepción parcial de los hechos a través de la joven narradora que no los percibe a cabalidad, o de las fuerzas de la naturaleza que realzan las escenas dramáticas, por nombrar sólo algunos. En esa segunda narración María Graham también recurre a poderosas imágenes de pobreza y abandono.

Según la narradora de las *Memorias*, no había nadie que se preocupara de los pobres de la aldea. Una dura mañana de invierno, una madre de familia numerosa cuyo esposo era un campesino, murió cuando iba a ordeñar las vacas de su patrón. "El hecho fue que, como estaba desnutrida y había trabajado en exceso, se sentó un momento a descansar y el frío la cogió, y murió congelada antes de que llegara ayuda" (45). El tono indiferente de este relato no se condice con el doloroso contenido de la historia; por el contrario, pareciera ser una estrategia narrativa usada con la intención de causar un mayor impacto a través de esta disparidad. Sin embargo, el tono cambia cuando María Graham describe el estado del hogar familiar. El propio Dickens podría haber creado estas imágenes:

La paja de la techumbre se había derrumbado, las camas estaban desarmadas con las sábanas y frazadas hechas jirones. Evidentemente habría sido imposible arrastrarlas a cualquier rincón donde hubiesen estado protegidas de la lluvia y la nieve. El suelo de barro de la pieza de abajo estaba todo con hoyos, la ventana se había roto y en algunos lugares estaba cubierta con pedacitos de trapo. La ropa de los niños era delgada y andrajosa, aunque parchada por la pobre madre para que durara lo más posible. El pequeño muro del jardín, originalmente de barro, había cedido, de modo que las estacas de los frijoles que ella y los niños habían reservado para usar como combustible en el invierno estaban expuestas a la depredación de los niños y los cerdos (*Ibíd.*).

Después de la triste escena de la separación que se comentó anteriormente, María nunca vuelve a mencionar a su madre en sus textos, sin embargo hay un indicio de sus sentimientos frente a su propia pérdida en las detalladas descripciones recién citadas. Las fuertes imágenes de los estragos del invierno, la falta de refugio y la poca ropa de los niños huérfanos proporcionan una emotiva imagen de abandono. Gran parte de la fuerza de este trozo tan descriptivo está en que la narradora hace que la madre muerta sea más visible que el padre vivo y, por lo tanto, su muerte resulte más conmovedora. Su presencia se siente en los tristes intentos de parchar la ropa de sus niños, en el montón de estacas secas que ha guardado para calentarse y en los trapos que impedían que el viento atravesara los vidrios rotos. Para los niños, la pérdida de su madre significa que ahora carecerán de sus ineficaces esfuerzos por cuidarlos. María comunica estas ideas no abierta sino implícitamente, una técnica que agrega fuerza a su narración.

Una observación personal que hace María Graham al final de "Reminiscencias" puede ser más reveladora que muchas páginas de su acostumbrada retórica. Ésta es una enigmática referencia a un cierto amigo que no nombra y al hecho de que su amistad fue mal entendida:

No pretendo escribir todo lo que me ocurrió, ni todos los sentimientos que experimenté en ese periodo de mi vida [su estadía con parientes en Escocia alrededor de los años 1800-1807], sin embargo debo decir que allí comenzó una amistad que dura hasta el día de hoy, aunque desafortunamente despertó unos celos muy crueles y desagradables a la vez que injustificados. Esta situación fue causa de mucho dolor e incomodidades durante los siguientes años de mi vida. Siento mucha pena cada vez que recuerdo esas circunstancias, pero en ningún momento he visto motivo para arrepentirme o avergonzarme de alguno de mis sentimientos o acciones conectados con el tema (86).

Es posible que estas palabras se refieran a Lord Thomas Cochrane. Es un hecho que estuvo profundamente involucrada en sus asuntos, aun después de que dejaron de verse[11] María Graham nunca tuvo amigas íntimas, y si las hubiese tenido, es poco probable que una relación de ese tipo hubiese provocado celos o animosidad hacia ella "durante los siguientes años de mi vida" o que le hubiese dado motivo para "arrepentirse o avergonzarse". Es interesante constatar que al final de su vida sintiera necesidad de proclamar su inocencia en este caso, y más singular aún es que haya admitido que esta situación le causaba dolor. Admitir esto humaniza su persona narrativa y agrega una nueva dimensión a la figura distante que construyó de sí misma a lo largo de los años.

María le da un final feliz a su cuento de los niños de la casita de campo que terminan siendo bien cuidados por su padre y bajo la supervisión del colegio. Su propia historia es más rica y más triste. Después que su colegio se trasladó de Drayton a Buckland pudo visitar Oxford en varias ocasiones. Con Jack Ireland, farmacéutico y botánico además de padre de una compañera de colegio, visitó "el *Physic Garden* (jardín donde se cultivan hierbas medicinales) en Oxford, donde comencé a comprender la importancia de clasificar y ordenar en grupos las distintas categorías de plantas" (52). María relata que al comienzo fue la belleza de la ciudad de Oxford lo que la atrajo, pero después, "muy pronto aprendí a amar tanto los libros que apenas pude entré a la biblioteca de un College, provista de un permiso para acceder a los libros. Ni calles como la *High Street*, ni los prados, ni siquiera los paseos como *Addison's Walk* tenían ya encanto para mí" (*Ibíd*.).

Durante las vacaciones algunas veces iba a la casa de su tío en Richmond, donde, después de que había pasado la primera semana de recriminaciones, le era posible participar en las entretenciones y la vida social del lugar. En Richmond había un pequeño teatro donde adquirió el amor por las obras de teatro tanto en inglés como en francés, y donde tuvo la oportunidad de ver a

---

[11] Todos los biógrafos de Cochrane concuerdan en que nunca se volvieron a encontrar ni se comunicaron después del regreso de éste de Brasil. Sin embargo, cuando John Murray publicó un comentario desfavorable sobre la participación de Lord Cochrane en Grecia contra Turquía en un editorial del *Representative*, el 24 de junio de 1826, María Graham dejó constancia de que ella había obligado a Murray a pedir disculpas en una carta y a volver a imprimir el diario sin el comentario dañino. (Al parecer esta declaración parece no ser cierta, ya que el editorial negativo existe). Véase María Callcott, extracto de los diarios de Lady Callcott realizados por W. H. Callcott.

famosos actores como John Quick o Mrs. Jordan. De esta última ella dice: "Sus miradas tan dulces y su encantador tono de voz, ya sea cuando hablaba o cantaba, eran tan fascinantes que yo solía correr para lograr verla cuando iba de su casa al teatro en las mañanas" (53). La principal atracción de la vida social en Richmond eran los emigrados franceses que habían escapado de la Revolución. Con ellos, especialmente en la casa de Madame Achard, María aprendió francés. En otra casa, los miembros de una familia representaban las obras de Molière, y aparte del placer de esas representaciones, María tuvo la oportunidad de conocer importantes personajes, como el Príncipe de Gales, quien más tarde se convertiría en Jorge IV, la Duquesa de Devonshire, Lady Bessborough, "y muchas otras bellezas y talentos de la época" (57).

Estas relaciones son importantes porque formaron la base del carácter de María Graham y explican algunas de las decisiones que tomó más tarde en su vida. Ella recuerda que su "querido tío" solía alentarla a que leyera "muchos libros de historia… algunos pasajes de Historia Natural… y libros de viajes a todas partes del mundo" (59). En un episodio en que aborda la difícil situación de tantas mujeres intelectuales del siglo xix, María relata los placeres y las ansiedades de su niñez y juventud, y a menudo se encuentra,

> en sociedad, con personas mucho más elevadas de lo que habría esperado naturalmente, tanto a nivel intelectual como en rango social; sin embargo, nunca me permití olvidar que como mi padre no tenía fortuna personal, yo dependía totalmente de que a él le pudiera llegar algún premio, más allá del sueldo de Capitán de la Marina, y como yo era la mayor de sus cuatro hijos, debía educarme a mí misma de modo que por lo menos fuese capaz de valerme sola o cuando menos ayudar a los otros (59).

María no declara exactamente cuándo dejó el colegio, pero debe haber sucedido cuando tenía diecisiete años, alrededor de 1802. En esa época, lo cuenta con amargura, dejó de ser bienvenida (si es que lo fue alguna vez) en la casa de su tío en Richmond:

> Era muy probable que cuando mi padre regresara a Inglaterra no podría llevar un estilo de vida igual al de su hermano en Richmond, por lo tanto dejarme allí cultivando y disfrutando de una sociedad en la cual no había la más mínima posibilidad de que yo continuara, muy sabiamente se consideró inapropiado (62).

Mas, no sólo eran las circunstancias externas las que jugaban en contra de María; ella misma carecía de belleza y estilo, recuerda, tal vez irónicamente, y dichas cualidades podían ser una ventaja para las mujeres jóvenes en situación similar a la suya. "Yo pienso", agrega, "que mi figura poco agraciada, y la falta de elegancia de mi ropa, me hacían quizá poco presentable en la sociedad tan aristocrática de Richmond de aquella época" (62-63). Rápidamente se deshicieron de María: primero fue enviada a Bideford, al norte de Devon, para ayudar en el colegio de una dama conocida, Miss Barbara Seton, durante seis meses, y a su regreso a Richmond se decidió enviarla donde otros parientes en Edimburgo. Viajaría con su padre, que acababa de llegar al país desde las Indias Occidentales, y a quien María no había visto desde que tenía ocho años de edad. Cuando fue enviada a conocer a sus parientes escoceses en el invierno de 1804 María tenía dieciocho años. En Escocia fue recibida con cariño y afecto por sus parientes y tuvo la oportunidad de leer a los clásicos y de entrar en contacto cercano con las grandes mentes de la Ilustración escocesa. Fue allí también donde comenzó a sufrir la enfermedad que la acompañaría el resto de su vida.

Al comienzo de su visita María se dedicó por un tiempo a conocer a su numerosa familia, pero poco después se integró a la vida social e intelectual de Edimburgo. Recuerda que en la casa de su tío, James Dundas, tuvo contacto con eminentes figuras, como los profesores Dugald Stewart y John Playfair. Su educación anterior, poco sistemática, había despertado en ella el amor por el estudio, de modo que se aferró

> a todo lo que era nuevo para mí en Edimburgo, donde en esos tiempos las jovencitas eran acusadas de hablar de metafísica mientras danzaban con sus compañeros y Sydney Smith incluso declaró que cuando una pareja pasó volando al lado de él en un baile en la sala de reuniones, él escuchó a una señorita decirle a su pareja: "Bueno, señor, si usted se refiere al amor en abstracto..." (76).

María no escapaba de este ambiente de disquisiciones filosóficas. Aun cuando ella sostiene que había sido intimidada por el término "metafísica", descubrió durante una función social en la casa de Dugald Stewart que el profesor de filosofía Thomas Brown la había bautizado como "una metafísica vestida de muselina".

Ella recuerda que durante su primer año en Edimburgo la invitaban constantemente a bailes, pero como no le gustaba bailar, "prefería mil veces quedarse sentada conversando con los profesores que estaban dispuestos a soportar tanta ignorancia a favor de un real deseo de aprender y un verdadero respeto por la filosofía" (84). En una oportunidad conoció a Francis Jeffrey, quien "muy galantemente me ofreció conseguirme un poco de helado, o ir conmigo a la sala de los refrescos. Yo preferí esto último, ya que no me entusiasmaba mucho bailar, y nos quedamos un buen rato conversando mientras tomábamos nuestro helado" (82). Éstos eran los momentos que más disfrutaba, sin embargo esta libertad de espíritu que resultaba tan natural en María no era bien vista por la sociedad en general, la que exigía que las mujeres fueran más recatadas en su comportamiento de lo que ella estaba dispuesta a aceptar. Una vez más, igual que en Richmond y anteriormente en el colegio de las Misses Bright, se sintió aislada y rechazada sin tener culpa.

> Como yo amaba tanto la literatura, consideraba que la gran diferencia entre los hombres y las mujeres era la educación… que yo envidiaba demasiado; y nunca me entró en la mente que aquellos que tenían las mismas actividades y vivían entre las mismas cosas, no fueran libres para conversar como hermano y hermana sobre los temas de interés común… Como no tuve la experiencia de una madre para que me guiara, y como venía recién saliendo del ambiente de Miss Bright, donde no se admitía ni siquiera lo suficiente del mundo como para prepararme en algún grado para la sociedad, yo horrorizaba los prejuicios de muchos, y ofendía el recato de otros, por la facilidad con que yo conversaba con hombres y mujeres por igual" (85).

Esta represión forzada, sugiere María, le dañó la salud y le produjo una enfermedad cuyo nombre no menciona, pero que sin duda era tuberculosis. Estuvo gravemente enferma durante un largo tiempo, no obstante dice que aceptó con gusto su condición por dos razones. En primer lugar, porque se convirtió en el centro de atención de los amigos y la familia, y además se sintió amada como nunca antes:

> La ternura que me prodigaron mis hermanos, mi tía y su familia, y varias otras personas me encantaron aún más, porque me había parecido que en la primera parte de mi vida nunca había recibido ternura de nadie excepto de mi institutriz (Miss Bright) y de una o dos compañeras de colegio (86-87).

En un recuerdo conmovedor, María declara que después de estar enferma por muchos meses, recién entonces llegó a aceptar la muerte como "una liberación de un mundo que, salvo en mis días de colegio, me había producido mucho más dolor que felicidad y en el cual me sentía completamente incomprendida o no querida". La última palabra de su declaración es la clave para comprender muchas de las actitudes e ideas inusitadas que María adoptó más tarde en su vida, vale decir, desconfianza hacia la gente, especialmente otras mujeres; una necesidad de brillar sobre los demás gracias a sus conocimientos e intelecto superior; el deseo también de aparecer distante y analítica en sus escritos y de evitar el sentimentalismo.

La segunda consecuencia de su enfermedad fue su regreso a Richmond, ya que se pensaba que otro invierno en Escocia podría afectar aún más su salud. Su tío se sintió agradablemente sorprendido con su recuperación, pero la esposa de su tío quizá no tanto. Nunca sabremos la razón de por qué esta misteriosa tía política, tan parecida a la tía Reed de *Jane Eyre*, sentía tanta aversión hacia la joven María.

> Se convirtió en una necesidad el que yo me quedara encerrada y aislada en la casa, y por diversas razones que tenían que ver con los otros y no conmigo, gran parte del tiempo lo pasaba sola. Sin embargo, siempre tuve la posibilidad de usar la biblioteca de mi tío (88).

Durante esa época de soledad forzada María leyó *Decline and Fall of the Roman Empire* (*Decadencia y Caída del Imperio Romano*) de Gibbon, *History of the Reformation* (*Historia de la Reforma*) de Burnett, y las obras de Shakespeare, Milton, Corneille, Racine y Dante. Al parecer la tía no quería que ella se reuniera con gente de su propia edad, y aquellos que sí veía no la trataban con respeto, más bien se mofaban de ella: "Me reunía menos con lo que podría llamarse el mundo, y a mí me parecía que era un capricho de mi tía que así fuera" (91), confiesa María al final de su *Memoria*. No obstante, fue compensada con la respetuosa atención que le prestaban su tío y algunos de sus amigos.

> Me parecía que la buena opinión que se formaron de mí algunos filósofos y gente de Edimburgo aficionada a la literatura se había extendido hacia el sur, y si no hubiese habido un par de damas jóvenes que se burlaban de mí, tratándome de pedante, afectada y con poses de filósofa, en otras palabras, de insensible, quizá habría podido progresar bastante en cuanto a autoestima (*Ibíd.*).

Mientras sutilmente señala el dolor que le causaba la actitud de su tía y de sus relaciones femeninas jóvenes, estas confesiones explican algunos de los aspectos menos agradables de la persona literaria de María Graham: su tendencia a emitir juicios en sus textos, el tono de superioridad y desapego e incluso, quizá, de hostilidad hacia otras mujeres. Estos rasgos pueden ser consecuencia de una respuesta desafiante de su parte ante las expectativas negativas que otras personas pronunciaban respecto a su futuro. Si la aseveración de Lacan es acertada y las personas están hechas de lenguaje, las críticas de estas mujeres a María pueden ser el origen de la persona literaria que se discierne en su obra.

También existe la posibilidad de que la actitud de superioridad distante que demostró María hacia sus parientes durante su última estadía en Richmond haya sido un intento de compensar la falta de afecto que ella naturalmente añoraba, y que en su vida adulta esta actitud se convirtiera en parte importante de su personalidad como escritora. Esta interpretación parece confirmarse con la última justificación, y en realidad la última declaración que hace en su autobiografía:

> Después de todo, sentir que una no es querida por aquellos que naturalmente debieran prodigarle afecto, y encontrarse con la envidia donde una encantada buscaría comprensión, es tan mortificante para un espíritu joven y cariñoso que no encuentro palabras que lo puedan expresar (91).

El año y medio que transcurrió entre junio de 1807 y diciembre de 1808, mes en que María se embarcó junto a su padre en su viaje a la India, no está registrado en sus diarios o cartas. Se puede pensar con certeza que continuó con su vida triste en Richmond, pero ahora con la expectativa de un largo viaje de descubrimiento.

Capítulo 2
Un viaje a la India

Cuando llegó al año 1807 de su relato, "Reminiscencias", María hizo un anuncio muy interesante: "En este momento ocurriría otro cambio en mi vida" (91). Lamentablemente, jamás sabremos a ciencia cierta qué pensaba ella narrar. William Hutchins Callcott, el sobrino que reunió los papeles y diarios de María después de su muerte, escribió dramáticamente al final del manuscrito: "En este momento, el "lecho de enferma" se convirtió en "lecho de muerte" y no se pudo encontrar más escritos" (*Ibíd.*). La autora de la primera biografía de María Graham, Rosamund Brunel Gotch, sugiere que por dicho "cambio" María debe haber querido referirse al viaje a la India con su padre, que comenzó a fines de 1808[1]. Esto es posible, porque el viaje produjo cambios perdurables en su vida: el primero fue conocer al hombre que se convertiría en su primer marido; el segundo fue el nacimiento de María Graham, la autora.

En esa época la travesía desde Inglaterra a la India tardaba de cinco a seis meses, y el diario de la joven viajera es un registro personal y vívido de su rutina diaria, sus lecturas, algunos sucesos a bordo, los puertos en que recalaron, y el carácter de sus compañeros de viaje. Más adelante, destruyó varias páginas en que describía su compromiso con el entonces teniente Thomas Graham, pero aún queda bastante como para dar una idea de sus sentimientos. Por el contrario, sus dos libros publicados sobre la India al parecer fueron escritos con un claro propósito el de presentar la India y su gente a la flor y nata del público lector británico. Sin embargo, los dos libros "públicos" y el diario privado comparten algunos rasgos en común, ya que están bajo el control de una persona narrativa erudita, distante, que despliega, además, una manera asertiva de expresarse y muy enraizados prejuicios y creencias. El estilo cambia a veces de asertivo a confrontacional, cuando la narradora derriba los límites del decoro femenino y describe crudas escenas de muerte violenta y horribles ritos funerarios. Apenas María comienza a escribir las primeras líneas de su

---

[1]   El padre de María había sido nombrado Comisionado de la Marina allí, posiblemente por recomendación de su acaudalado e influyente hermano, Sir David Dundas.

diario de la India, sitúa su narración en el tiempo y el espacio: "El día treinta de diciembre de 1808 me embarqué con mi padre, mi hermana y mi hermano menor a bordo del HMS *Cornelia*, fragata de treinta y dos cañones, con destino a Bombay" ("Diario de la India"[2]).

Sin embargo, antes de comenzar su historia propiamente tal, María se da el trabajo de anotar el nombre y descripción de cada uno de los oficiales a bordo y de los otros cuatro pasajeros que son tenientes de la armada en viaje a asumir sus cargos en la distante colonia. Entre estos cuatro hombres están los tenientes Thomas Graham y Charles Tyler; curiosamente, es este último el que al parecer atrajo su atención primero. La gente tiende a centrarse más en las personas que le producen mayor agrado, y a través de todo el diario hay más referencias a Charles Tyler que a Thomas Graham, salvo la dramática escena al final de la narración.

Mientras al teniente Graham lo describe como "de carácter apacible" y "trato amable" en un párrafo muy corto, Tyler es retratado extensamente e incluso dotado de rasgos byronianos: había sido obligado a entrar a la Marina por su padre, aun cuando su verdadera pasión era el Ejército, "en consecuencia estaba amargado, y esas energías que lo habrían ennoblecido y adornado en otra profesión ahora son sólo causa de excentricidades que a veces obligan a admirarlo, pero a menudo provocan una sonrisa o un suspiro" (3). Aparte de proclamar sus cualidades como las de un hombre valiente, inteligente, caballeroso, culto y viajado, María lo describe como un buen profesor de idiomas. Éste puede haber sido un subterfugio para esconder sus constantes alusiones a Tyler en el diario bajo un interés, por parte de ella, en la práctica de lenguas extranjeras, en la lectura y el estudio, y en el gusto por las discusiones intelectuales.

> La mayor parte del día se pasaba en cubierta, ya sea conversando o leyendo, y yo tuve la suerte de encontrar cierta ayuda para mis estudios pérsicos de parte de Mr. Tyler, cuya familiaridad con el árabe vulgar es una gran ventaja en cuanto a la pronunciación, y su comprensión del italiano, el español y el francés es sumamente útil (8).

---

[2] El diario privado del viaje a la India de María Graham es un manuscrito que aparece como "Diario de la India" en la Biblioteca Bodleian de Oxford así como en la bibliografía de este libro. Aquí se llama "el diario privado" en oposición a los libros publicados que se mencionan por sus títulos, *Journal of a Residence in India* o *Letters on India*.

Casi hasta el final del diario privado las referencias al teniente Tyler abundan, mientras que Thomas Graham está totalmente ausente de la narración. El 28 de enero de 1809, María anota, el *Cornelia* llegó a Funchal. Ella y su hermana habían temido que no les darían permiso para visitar el puerto, pero Tyler, en un arranque de caballerosidad, prometió no bajar a tierra si las señoritas no podían hacerlo, y en consecuencia no había partido con los demás oficiales jóvenes en la mañana. Nos pareció el caballero más galante durante nuestro vagabundeo por Funchal (16).

Manifestar abierto interés por un hombre no era un comportamiento aceptable en una mujer, de modo que María profesa estar atraída sólo por la erudición de este oficial: "Mr. Tyler generosamente nos prestó [la traducción de] Froissart hecha por Johne, que es en sí un tesoro de entretención y de instrucción" (29), escribe, cuando el buque había dejado Madeira y se acercaba a la línea del Ecuador en febrero. El uso del plural "nos" insinúa que aparentemente estaba tratando de evitar dar señales de una relación más personal, ya que María nunca dice quién, aparte de ella misma, estaba interesado en leer y aprender. Ya sea con liviandad, como jugando, o eruditamente serio, Tyler es la figura masculina que domina la narración durante gran parte del viaje. En la mayoría de las crónicas del viaje, que María Graham escribirá más tarde, hay una sola figura masculina que domina el relato y a veces se convierte en objeto de un velado interés romántico. El diario privado sobre la India contiene no una, sino dos figuras, y es la segunda la que aparece en un periodo doloroso para María, como un verdadero caballero andante, como lo veremos más tarde en su biografía.

Durante su paseo por Funchal, María observa a la gente y reflexiona sobre el simbolismo de su vestimenta, como también sobre la religión y la arquitectura de las iglesias. La ropa de los boteros que se acercan al buque para vender fruta y vino, al parecer la llena de envidia, ya que "son una clara expresión de la calidez que existe en las latitudes del sur, donde pareciera que la sangre fluye con mayor fuerza" (14). Sin embargo, no es envidia lo que siente ante la vista del exterior de un convento, sino un fuerte sentimiento de aversión:

> Vimos una capilla que en su estilo era muy parecida a las que habíamos visto antes. Sin embargo, había una peculiaridad en ella que, a ratos, hacía sentir compasión y rabia —es un enrejado en el que profesan las monjas— consiste en una doble reja de fierro… [donde] hay un pequeño espacio a través del cual la novicia pone su cabeza para recibir el velo, y luego muere para todos los propósitos con los cuales recibió la vida. Era la primera vez que veía el enrejado de un convento y, salvo que el

tiempo altere o destruya la impresión que esto dejó en mi mente, espero
que sea la última vez (19).

Aparte de reflejar el consabido desagrado que puede sentir una protestante
ante una institución tan representativa de la Iglesia Católica, este pasaje del
diario privado de María llama la atención hacia una actitud permanente de su
persona literaria: la vista de mujeres menos afortunadas que ella le provoca
animosidad, no compasión. Siempre que se refiere a la situación, ya sea de conventos en los países latinoamericanos o *zenana*s en India, agrega un subtexto
de vicio, inmoralidad o estupidez.

A las mujeres no monásticas de Madeira les va un poco mejor, según la narradora, pero no mucho más. Las ve a todas prisioneras y reprimidas y, en su
opinión, las jóvenes, en vez de personas, son bienes transables para sus familias. El estilo de vestir de los hombres no le interesa mayormente, y despacha
el tema con una sola observación. Las mujeres, en cambio, son clasificadas por
categoría y apariencia física, dejando entrever que la fealdad puede reflejar falta de principios y, un cuerpo gordo, venalidad. Para la diarista, una baja condición social implica depravación:

> [Las mujeres] de más categoría llevan trajes negros con un velo que les
> cubre la cabeza, oculta la cara, luego cae hacia abajo y es atado alrede-
> dor de la cintura. Yo vi a una señora en misa con este traje. Iba seguida
> de una vieja bien alimentada, aparentemente la dueña, vestida en forma
> similar a su ama… que llevaba un gran atado de llaves suspendido de
> un fajín (20-21).

Al moverse de lo general a lo particular en su descripción, la cronista hace
que la joven de su diario sea una representación de todas las mujeres jóvenes adineradas de clase media. Además, coloca a su personaje en la iglesia,
sugiriendo así que el resto de su tiempo lo debe pasar escondida tras las re-
jas de fierro de su hogar. El lugar físico y el aspecto de su ropa, tan parecido
a los hábitos de las monjas, apuntan a la barrera entre el cuerpo de la joven
y el resto del mundo, un mundo que naturalmente incluye a los hombres y
la gratificación del deseo sexual. La dueña, como guardiana de la virtud de
la joven, es descrita significativamente caminando detrás de su custodiada
portando un manojo de llaves, como si fuera la celadora de una prisión. María concluye esta descripción que recuerda escenas de *Romeo y Julieta* con la
siguiente observación:

No pude dejar de sentir compasión por la suerte de esas pobres almas cuya vida es sólo diferente a la de un convento en la medida que se las mantiene a una distancia en que sólo pueden escuchar acerca de aquellas cosas que no podrán disfrutar, y al mismo tiempo me reía en secreto de la audacia de poner tal tesoro al cuidado de una dueña de aspecto tan sobornable (21).

El sentimiento de superioridad de María como observadora de costumbres y prácticas de países extranjeros nacía de su certeza de pertenecer a una cultura superior, la británica, y a un grupo exclusivo, los intelectuales. Esta observación está respaldada no sólo por el ojo crítico a través del cual mira los lugares desconocidos y a los extranjeros que los habitan, sino por el cuidadoso registro de sus lecturas durante el viaje. Este rasgo hace que su diario privado sea tanto una autobiografía intelectual como un documento de viaje.

Tal como observábamos en el capítulo anterior, el amor de María por aprender comenzó muy temprano en su carrera, dado que a la edad de nueve años ya había leído la traducción de Pope de *La Ilíada* y *La Odisea*, aparte de *La Tempestad* de Shakespeare. Por lo tanto, no sorprende que durante el largo viaje por mar registrara los libros que leía y la impresión que le hacían. Sin embargo, la viajera no hizo de su diario un simple depósito de sus lecturas; además de su propia interpretación de los hechos históricos, ella imaginaba resultados alternativos, comparaba situaciones en el Continente con situaciones parecidas en Gran Bretaña y, en general, al parecer tenía mucho más conocimiento de los personajes históricos y de los movimientos políticos que la mayoría de sus contemporáneos.

Tras zarpar de Madeira, el *Cornelia* se dirigió hacia Ciudad del Cabo, el próximo puerto de escala. María continuó sus estudios durante este tramo de la navegación y leyó, por ejemplo, en las *Crónicas* de Froissart que le había prestado el teniente Tyler, la relación de la revuelta de los campesinos y los pequeños comerciantes de Europa en la Edad Media. María declara en su diario que para descansar su mente del gran esfuerzo que le significaba la lectura de estas *Crónicas*, le pidió prestado el libro *On Crime and Punishment* (*Respecto del Crimen y el Castigo*) del filósofo italiano Cesare Beccaria[3] a uno de los oficiales,

---

[3] Los temas incluidos en el libro y sobre los cuales María reflexiona dentro de su diario son, por ejemplo, las bases éticas de la pena capital, del uso de la tortura para obtener confesiones, o del deplorable estado de las prisiones. El mundo no ha cambiado mucho en ese respecto desde el siglo XVIII.

no a Tyler esta vez, sino al teniente Paterson, quien tendría un rol muy importante en la última parte del viaje. Su insinuación es que necesita leer filosofía como una protección contra el excesivo entusiasmo por los "hechos de armas y valientes ladrones de aquella época [la Edad Media]" (43), en otras palabras, para evitar una lectura "femenina" o superficial de las narrativas de hazañas románticas, que en realidad son historias de actividades delictuales.

Anteriormente en el viaje, María había contrapuesto la edad de la caballería a la cruda realidad de la guerra y la violencia, y había destacado la superioridad del saber, por su carácter permanente y sus elevadas metas. Ahora, al reflexionar sobre Froissart, ella comenta:

> El periodo sobre el cual él escribe puede realmente ser la edad política de la Europa moderna, y los héroes que la honran podrían haber sido semidioses en Grecia. Eduardo III y sus hijos, Robert Bruce... Pero por el lado de la humanidad, qué corazón no se oprime con el relato de provincias enteras incendiadas y despobladas, mientras los frutos de la tierra son destruidos. (28)

La viajera termina su reflexión con la optimista conclusión de que el saber está ganando importancia entre la gente, y "en medio de la devastación de la guerra, encontramos el germen que brotaría y restauraría con su sano fruto el refinamiento moral e intelectual del hombre, largamente enterrado en las contiendas feudales y las supersticiones de frailes" (29). En sus siguientes obras María no registró otros ejemplos que mostraran igual imparcialidad al juzgar. Por el contrario, en sus diarios posteriores a veces mostró un extremo favoritismo hacia ciertas personas y sus acciones. No obstante, la ecuanimidad que muestra en esta instancia es poco común en una estudiosa tan joven (no tenía veinticuatro años en esa época) porque revela una mente acostumbrada al pensamiento contemplativo. Éste era sólo un aspecto de su naturaleza, y ella misma señala bajo estas observaciones que también practicaba otras actividades a bordo, entre ellas, dar lecciones a cuatro guardiamarinas, con la ayuda de su padre y su hermana, y en las tardes escuchar a algunos oficiales hablar y recordar a las muchachas que amaban.

El 14 de febrero de 1809 los marineros del *Cornelia* comenzaron a preparar la celebración del cruce de la línea del Ecuador, que tuvo lugar dos días más tarde. María hace un detallado y simpático relato de las festividades, las tradiciones, los discursos y los disfraces, y comenta que "no se tomaban ninguna libertad impropia con los superiores", aun cuando ese día la tripulación no podía ser reprendida. Después del cruce, María menciona los cambios de clima y se lamenta que el cielo del Sur "no exhiba esas notables constelaciones como las que posee el nuestro" (43), y continúa sus conversaciones con Mr. Tyler en las tardes, a medida que se acercan al Cabo.

El 21 de marzo el *Cornelia* ancló en Table Bay. En esta etapa aún no le sucede algo fuera de lo común, y María se concentra en anotar en su diario descripciones de lugares y registrar sus observaciones personales. El miércoles 22 de marzo de 1809 María y su familia bajaron a tierra y se acomodaron en un hospedaje en Mount Nelson, a una milla de Ciudad del Cabo.

De su estadía en Sudáfrica tenemos sus observaciones sobre la variedad de plantas, flores y árboles que convierten el lugar en un paraíso rural, y su sentimiento de que los colonizadores holandeses, que son los dueños, no se merecen tanta riqueza. Los colonos son mostrados como indolentes y crueles, y María los compara desfavorablemente con los miembros del Ejército Británico y las autoridades británicas que, en contraste, son observantes de las leyes y humanos en su trato. Ella centra su argumento específicamente en los Hottentotes[4] y en el mejoramiento que experimentó su situación desde la llegada de los británicos a Sudáfrica:

> Antes de que nuestro ejército se apoderara de Cabo [1798] estos pobres infelices [los Hottentotes] eran azotados y baleados según el capricho de sus amos dentro de la colonia y si los encontraban los boors [*sic*] en su estado natal de Hottentot Holland, eran cazados y muertos a balazos como bestias salvajes (47).

No sólo cazados y baleados, agrega, sino que, si sobrevivían, eran llevados a las casas de los colonos holandeses donde eran brutalmente maltratados.

> Aún más, en las casas de los holandeses no son alimentados como seres humanos, sino que les dan las sobras de los platos y, lo que nosotros les damos a los cerdos, allí lo tiran dentro de una tina para los esclavos; y para justificar esto (debido a que los mismos holandeses se sienten obligados a explicar su manera de actuar) dicen que su naturaleza es así... Ahora gracias a Dios que hay un remedio –se ha prohibido el tráfico de esclavos, pero aunque todavía sigue en forma solapada en el Cabo, no se hace abiertamente, y con el tiempo tendrá que terminar (*Ibíd.*).

---

4   Tribu sudafricana, conocida también como Khoikhoi. "Hottentot", Collins English Dictionary (2002).

María escribió estos comentarios el primer día de su estadía en el Cabo, y aparentemente ellos confirman que era su intención que sus anotaciones fueran publicadas, o al menos que las leyeran otras personas. Su retórica anti esclavitud, reforzada por sus argumentos sobre la superioridad de los británicos está construida sobre la base de la comparación de dos poderes coloniales y la denuncia de la bajeza de uno de ellos.

> Desde que los británicos obtuvieron la posesión de la colonia en 1796 [?] se ha abandonado el uso de la tortura, pero los holandeses [que mantuvieron su propio sistema legal] envían a sus esclavos a una casa cerca del mar llamada, creo, "el baúl", donde son castigados de acuerdo con la suma que se deposita con ellos, y me han contado que a veces son flagelados de forma tan inmisericorde, que si abandonan vivos este lugar detestable salen inválidos (56).

En éste, al igual que en otros pasajes de sus diarios y relatos de viaje, María da un paso más allá de las meras reflexiones sobre los discursos anti esclavitud[5] que prevalecían en Gran Bretaña en esa época. Más que un informe, sus observaciones son, efectivamente, una denuncia de actos específicos, aun cuando tiene cuidado de suavizar sus acusaciones con calificativos tales como "yo creo" o "me han dicho". En esta etapa, sus opiniones sobre la esclavitud están libres de las limitaciones que experimentaría más tarde en su vida al escribir sobre Brasil, y son decididamente contrarias a esta práctica.

Asimismo, las opiniones sobre asuntos religiosos son muy propias de ella. Su posición con respecto a su propia fe nunca es abiertamente partidista, y en este diario, aparentemente valoriza el Cristianismo como un instrumento para mejorar las condiciones de vida de los indígenas del Cabo, más que como una doctrina a la cual éstos se tendrían que convertir. En otras palabras, María creía que los indígenas tenían que aprovechar la benevolencia del Cristianismo sin tener que renunciar a sus propias creencias a cambio de un trato humano. Durante su estadía, ella le preguntó al hombre que se convertiría en su cuñado, el coronel John Graham, Comandante del Regimiento Hottentote en el Cabo, si tenía la intención de convertir sus tropas al Cristianismo, y

---

[5]   En *Letters on India* (*Cartas acerca de la India*) (1814), ella cambia su posición y defiende cierto tipo de esclavitud: "Un hombre comprado por un hindú o un mahometano se convierte en un miembro de su familia" (94).

tuve el gusto de saber que, aun cuando tienen un sacerdote cristiano, no se emplea ni la fuerza ni la autoridad para cambiar o confirmar su fe. El sacerdote es un misionero… al parecer tan apegado a su gente como ellos a él. Por lo que yo pude saber, nunca se ha practicado la poligamia entre ellos, y su forma de vida parece ser decente y ordenada (48-49).

En vista del gran número de mujeres misioneras y escritores religiosos que visitaron las colonias en los tiempos en que María estuvo allá, tales como Mary Carpenter (1807-1877) o Mary Martha Sherwood (1775-1851), su posición indiferente hacia la conversión de los indígenas al Cristianismo podría parecer "subversiva" para los lectores de hoy, y quizá tengan razón. Pero la joven autora era desafiante en otros aspectos también.

Hasta este punto en el viaje, ella ha estado observando y reaccionando, principalmente ante lo que ve. Después de que el *Cornelia* deja Table Bay el domingo 26 de marzo, los acontecimientos se suceden uno tras otro, y gradualmente María pasa de testigo a protagonista; sin embargo, el personaje central en su narrativa no siempre es la mujer escritora conformista y delicada, o la mujer pasiva que permite que las cosas le ocurran a ella. En esta etapa del viaje se desarrolla una nueva situación que se repetirá constantemente a lo largo de su vida en todos los países donde vivió, inclusive en el propio. No está claro por qué regularmente tuvo que enfrentar la antipatía de tanta gente, tanto hombres como mujeres, extranjeros como ciudadanos británicos. Las razones pueden ser varias y en sus recuentos de viajes y diarios, María ofrece su propia versión. A veces el lector podrá no estar de acuerdo.

En parte, el rechazo que María Graham sufrió mientras vivía, e incluso después de muerta, puede haber sido su negativa, como mujer y como escritora, a adaptarse al ideal femenino de su época. Como mujer, la historia de su vida da testimonio de su resistencia a amoldarse a este arquetipo. Como escritora, se rebela contra el estereotipo femenino de su época, invadiendo espacios reservados a los hombres, tales como descripciones detalladas de accidentes, ritos funerarios, cadáveres no enterrados, sacrificios humanos, e incluso la práctica del *sati*, y también al convertirse, a veces, en la protagonista de sus propias historias. Este rasgo también sugiere que ella compartía la preocupación de los autores románticos por la tortura, el dolor y la muerte. Sin embargo, ella también podía ser ambivalente. Por una parte, se adaptaba a las normas literarias aceptadas, ya que era clásica en sus gustos, cuidadosa en la construcción de sus frases, distante en su actitud hacia su tema, y tradicional en sus valores morales. Por la otra, era una rebelde cuando obedecía, en algunas ocasiones, los dictados del romanticismo, que surgían de un movimiento que es esencialmente subversivo. En la época en que María vivía y escribía acerca de su experiencia india el movimiento romántico estaba en su apogeo. ¿Estaba siendo conformista cuando siguió incondicionalmente el explicitismo romántico con respecto a la tortura y al lado físico del ser humano? Pensamos que más que seguir una tendencia en la literatura y en las artes en general, María Graham trataba de exceder la propensión a horrorizar que caracteriza a algunos autores del Romanticismo.

En su carta del 2 de marzo de 1816 a John Murray, cuando critica el poema de Byron "The Siege of Corinth", María no sólo encuentra defectuosa la métrica sino que tampoco se impresiona con la narración de escenas horribles, porque ella ha visto cosas peores:

> Broughty Ferry, 2 de marzo de 1816
> ¿Qué dice la gente de su descripción [de Lord Byron] de la escena bajo los muros de Corinto? Yo le concedo todos los méritos que dicha descripción pueda tener, pues he visto perros salvajes festinarse muy a menudo en las márgenes del Hoogly, cuando los cadáveres hinchados y descoloridos de los indios que van flotando hacia la orilla los invitan al horrendo manjar, para sentir algún placer por cosas como ésas[6].

Esta imagen reproduce una descripción que María había hecho cuatro años antes en su diario publicado del viaje de India:

> La otra noche, cuando subíamos por el río, lo primero que vi fue un cadáver que había estado tanto tiempo en el agua que se había hinchado y estaba flotando. Pasó cerca de nuestro bote, casi blanco por estar tanto tiempo en el río, y rodeado de peces; y cuando íbamos llegando a nuestro lugar de desembarco, vi dos perros salvajes destrozando el cuerpo, del cual uno de ellos había logrado sacarle el hueso de la pantorrilla, con el que se alejó gruñendo (148).

Durante su estadía en India, María tendió a mostrar una fijación de estilo romántico en el cuerpo humano, en el aspecto físico del dolor, en la represen-

---

[6]   Sabemos por la carta de María a John Murray con fecha 18 de junio de 1816, que este último le mostró la carta del 2 de marzo a Lord Byron. Los comentarios de la escritora de viajes deben haber molestado enormemente al poeta. Cuando en 1819 ella trató de establecer contacto con Byron en Italia él, fríamente, le dio a entender que no quería ningún tipo de comunicación con ella. Ver páginas 81-83.

tación de la muerte y la posterior descomposición, así como en las ruinas y los cementerios. Habla, además, del placer intelectual derivado de la cercanía del peligro y de la observación del dolor en los otros (no siempre directamente, pero estéticamente transformado por el arte). Esta conexión entre dolor y placer fue articulada por primera vez por Edmund Burke y representa una preocupación que comenzó al final del siglo XVIII y fue introducida en el movimiento romántico (Bruhm 1).

María Graham menciona haber leído a Burke, cuya influencia se nota en su obra, especialmente en los textos sobre la India y en su diario publicado sobre Brasil. Hay una tormenta de rayos durante el viaje a la India el día 11 de abril de 1809, acompañada de una lluvia torrencial, y éste es el efecto que la tempestad tiene en ella: "Cuando recién me desperté tuve una sensación de miedo, creo…. No conozco nada más sublime que escuchar así la furia de los elementos que luchan" (65). Sin embargo, aunque en su modo de pensar y de escribir María refleja las ideas dominantes de su época, cuando se trataba de narrar ciertos hechos no era tan "delicada" ni "femenina" como sus lectores habrían esperado que fuera.

Pasados casi tres meses de viaje hacia la India y dos días después de que el *Cornelia* zarpara de Ciudad del Cabo, ocurrió el primer hecho dramático a bordo. Este relato de la muerte del guardiamarina Campbell en el diario privado de María es una instancia de su preocupación, propia del Romanticismo, por la destrucción del cuerpo humano; sin embargo, muy pocas mujeres que escriben diarios de viaje han incluido escenas tan violentas como ésta en sus textos:

> En la mañana del martes 28 [marzo de 1809], quedé horrorizada al saber que un muchacho buenísimo, John Campbell, se había caído del palo mayor y azotado la cabeza en una chalana… Se partió el cráneo en todas direcciones, y se le reventaron algunas venas, a juzgar por la gran cantidad de sangre que salía de su boca y de sus oídos (62).

Estas descripciones tan explícitas son más escasas en los escritos posteriores de la escritora de viajes. Posiblemente, la joven María estaba interesada en mostrar la realidad en toda su fuerza y brutalidad en esta etapa de su carrera, en un intento de aparecer tan audaz como un escritor masculino. Pero, poco después de este acontecimiento, su vida a bordo se tornó bastante difícil. Un día, el 2 de mayo de 1809, María relata que su padre y el Capitán del *Cornelia* habían tenido una discusión que tuvo como consecuencia la que este último adoptó hacia toda la familia. Un día el Capitán la enfrentó, y criticó el juicio de su padre:

Luego, mirándome directamente a la cara, tuvo la temeridad de referirse en términos poco claros respecto a mi padre… yo me enojé y creo que lo miré con desprecio… Esto hizo que el hombrecito se olvidara de sí mismo y me respondiera con injurias, que no son exactamente los términos que un caballero debe usar con una dama (69).

En la entrada correspondiente a ese mismo día María escribe que desde mediados del mes anterior "han ocurrido muchos hechos de una naturaleza extremadamente desagradable que me han apenado" (*Ibíd.*). En esta instancia, lo que ella describe como una inocente travesura de su parte, resultó en que todos los oficiales a bordo del *Cornelia* la empezaron a desairar, inclusive el Capitán. María no lo dice, pero esta situación puede haber puesto término al supuesto romance con el teniente Tyler. Ella se retrata levemente culpable, pero no merecedora de la fuerza y la extensión del enojo de los oficiales:

> P.[aterson] ha estado mostrando hace algún tiempo un espíritu de malicia y venganza que nunca pensé que poseía. Mi hermana y yo, un día cuando estábamos en el Cabo y no habíamos podido salir de la casa, nos habíamos divertido imitando los modales de los diferentes oficiales, y especialmente el acento escocés de P. Esto no me lo ha perdonado jamás, y desde entonces él ha aprovechado cada oportunidad para portarse en forma insolente con mi padre e impertinente conmigo (67).

Pero no sólo Paterson se volvió hostil, dice María, él incluso ha "instruido a todos los oficiales de modo que éstos también se han tornado descorteses conmigo" (68). Esta situación también marcó las etapas posteriores de su vida, y en muchas ocasiones tuvo que soportar la hostilidad y el antagonismo de grupos concertados de gente, como se muestra en los capítulos siguientes. La situación a bordo del *Cornelia* debe haber sido muy dolorosa para la joven, especialmente porque debido a lo estrecho de los espacios del buque ella tenía que estar en contacto cercano con gente que le era difícil evitar.

Sin embargo, hubo un rayo de sol que iluminó la tristeza, y ése fue el teniente Thomas Graham. Él no siguió a los demás y se mantuvo cercano a María; se sentaba con ella en cubierta después de almuerzo y, en las tardes, leían juntos a Tácito. Es posible que su lealtad y admiración hacia ella hiciera que María lo amara a su vez. De todos modos, ella resiente un poco que él no sea el estudioso que habría deseado para esposo, pero se consuela diciendo que sus virtudes morales compensan esa carencia.

Al parecer, la dolorosa situación se tornó soportable muy pronto, porque el 4 de mayo la diarista declara que no hablará más de la pelea con los oficiales, porque "su propio corazón está tan feliz que... no puede pensar en los sentimientos de otros" (71). Ese día no dice mucho más, aparte de la observación de que los demás oficiales al parecer lamentan su comportamiento anterior. En la próxima entrada, que no está fechada pero lleva el título "Bombay", María relata las circunstancias de su compromiso. Temiendo que su diario pudiera caer en otras manos, había esperado desembarcar para escribir su narración.

> Ahora agrego que desde esa feliz hora del martes en la tarde, cada minuto que pude prescindir de mi pequeño grupo de alumnos, de mi sueño y de mis comidas, siempre con cortesía hacia el grupo de la Cabina, los pasé en deliciosos momentos felices, en las más tiernas conversaciones con mi amado Graham (73).

La voz de María cambia en esta etapa, y pareciera como si en el conflicto entre la estudiosa y la mujer esta última hubiera ganado. El punto de interés en la narrativa cambia de los acontecimientos del viaje a los detalles de una historia sentimental.

> Esa noche nos juramos mutua fidelidad. Por lo tanto, esa noche nuestras almas quedaron solemnemente unidas. Mucho antes ya habíamos empezado a vivir el uno para el otro, pero esa noche nuestros corazones ya no pudieron soportar más el silencio que el temor nos había impuesto hasta ese momento, y hablamos, no para decir que nos amábamos o para convencernos el uno al otro de la pasión que ambos habíamos sentido hace tiempo, sino de la promesa de vivir el uno para el otro (*Ibíd*).

En este pasaje de su diario privado María usa las convenciones tradicionales de las narraciones románticas, tales como los tropos del secreto y el descubrimiento, la referencia a la unión de las almas, de los corazones latiendo al unísono, de la pasión fiel; sin embargo, ella tuerce estas convenciones de tal manera que en su historia es la heroína la que controla la narración, no el héroe:

> Él no me hizo exigencias. Él me dijo que esperaba poseerme. Yo no podía fingir, pero me confesé igualmente deseosa de entregarme a él. En este momento siento su corazón latir contra el mío. Siento sus labios fríos temblando cuando tocaron los míos, todavía inciertos, inseguros de mi respuesta... Pero ninguna pluma puede describir las sensaciones

que repletaban mi corazón cuando me susurró al oído la felicidad que le embargaba al pensar en ser el padre de mis hijos (74).

Hay una paradoja en la manera en que María cuenta la historia de su romance. Comienza siendo subversiva frente a los lineamientos de una historia de amor de la época, pero termina en forma totalmente convencional. En la primera parte del pasaje hay un interesante cambio de roles, y es el hombre quien tiembla y está inseguro, por lo tanto es "feminizado". En cambio la mujer, quien por tradición se espera que tenga un rol de receptora estática y tímida de la atención masculina, es, en este caso, la compañera dominante y asertiva. Sin embargo, el pasaje termina con las posiciones convencionales restauradas, y el hombre establece su rol de padre y, por lo tanto, cabeza de la futura familia. Lo que aumenta la paradoja del romance de María es su duda unos pocos días después del relato de su escena de amor apasionado: "¿Lograré alguna vez aprender el sánscrito?" (84)

El viernes 26 de mayo de 1809 María y su familia desembarcan en Bombay. Su compromiso había tenido que ser guardado en secreto por "seis u ocho meses" según su diario, y aunque no explica la razón de esta medida, la joven pareja debe haber decidido esperar hasta que el teniente Graham hubiese recibido el mando de una nave. Al final, fueron seis meses de espera, y María y el ahora capitán Thomas Graham se casaron en la India el día 9 de diciembre de 1809.

CAPÍTULO 3

VIDA EN LA INDIA

Durante los seis meses del compromiso secreto de María con Thomas Graham las entradas que hizo en su diario fueron, en su mayoría, descripciones de la gente que conoció y los lugares que visitó. Naturalmente le producía tristeza el estar temporalmente separada de su novio, de modo que ni los encantos del nuevo país ni las conversaciones con su anfitrión, Sir James Mackintosh, tuvieron el poder de atraerla al comienzo de su estadía.

> Ni siquiera un país tan pintoresco, que tiene tantos encantos para mí, pudo aliviar la melancolía de mis pensamientos ni me permitió gozar en un principio del encanto de la conversación de Sir J. M. A la larga, el tiempo me trajo un alivio parecido a la tranquilidad. Me hice más sensible al placer que produce el contacto con gente refinada y con actividades literarias (*Diario de la India*, 74).

Naturalmente, a su llegada, la mayor parte del tiempo se ocupaba en visitas sociales, pero pocos de los británicos en Bombay contaron con la aprobación de María. Por ejemplo, "la Sra. C., aunque inculta, es realmente interesante" (76), o "vino la Sra. Woodhouse, una mujer bastante agradable, pero evidentemente se comporta como una persona de las Colonias" (78). Poco tiempo después, el *Cornelia* recibió órdenes de permanecer en Bombay por varias semanas, y los enamorados pudieron verse un par de veces, pero nunca a solas y guardando el secreto de su compromiso, al menos ante su padre. "Casi diariamente he visto a mi primer y único amor, y cada día aprendo a estimarlo más" (83). Con su afición a lo dramático, en esta etapa la narradora introduce un villano en su historia, un tal capitán Hay, que está interesado en ella. María, desempeñando el papel de una heroína tradicional, confiesa en su diario que le disgustan sus atenciones:

> Esta mañana, inmediatamente después del desayuno, llegó de visita el capitán Hay, quien se quedó dos horas. Como ya se ha sabido de mi compromiso con Graham esto impidió, afortunadamente, que me di-

53

rigiera sus odiosas atenciones, las que, sin embargo, estoy segura mi padre aprobaría. Vivo constantemente temerosa de que él pueda censurar la elección de mi alma, pero ahora no hay censura alguna que haga cambiar mi destino; he jurado mi lealtad, y nadie sino Graham puede cambiar mi suerte (84).

Después de su matrimonio en diciembre de 1809, María y Thomas Graham permanecieron en la India hasta el 27 de junio de 1811, pero no siempre juntos, ya que a él primero le dieron el mando del buque HMS *Hecate* y después el del HMS *Eclipse*. En las ocasiones en que no autorizaron a María a acompañar a su esposo en una de sus misiones, ella viajó a Ceylán y a Madras, aunque permaneció la mayor parte del tiempo en Calcuta.

Las impresiones de su estadía en la India, su gente, su geografía, sus religiones y sus monumentos, están registrados en dos libros que publicó a su regreso a Europa: *Journal of a Residence in India* (*Diario de una residencia en la India*) y *Letters on India* (*Cartas acerca de la India*). Estas publicaciones no contienen mucha narración personal, como se acostumbraba en un libro de viajes dirigido al público británico. Lógicamente, habrían deseado saber más sobre la colonia que sobre la viajera; sin embargo, gracias a su particular manera de ver las cosas, podemos inferir el carácter de la persona que habla en estos diarios.

Un par de días después de su matrimonio, el 17 de diciembre de 1809, María relata una excursión que la lleva por un sendero en la montaña hasta la gran cueva en Carli, unas pocas millas al interior de Bombay. Mientras asciende, va captando la escena para sus lectores:

> Es imposible describir la exquisita belleza del paisaje. Altas montañas e impresionantes rocas que se proyectan audaces sobre espesos bosques de árboles desconocidos para los europeos. Arbustos floridos con los perfumes más deliciosos y plantas trepadoras de variados tonos que forman enramados naturales colgando de árbol en árbol, y a veces mostrando, a veces ocultando el océano a lo lejos, son un placer para la vista a cada paso; mientras que por aquí y por allá, un claro como un prado, con manadas de antílopes, hacen olvidar que el tigre merodea en medio del bosque colgante y que la serpiente acecha bajo el enramado multicolor (*Diario de una residencia en la India*, 63).

Éste no es un tipo de descripción que se encuentre frecuentemente en los diarios [?]publicados de María Graham. Al contrario, este pasaje, que se encuen-

JOURNAL

OF

A RESIDENCE IN INDIA.

BY

MARIA GRAHAM.

ILLUSTRATED BY ENGRAVINGS.

EDINBURGH:
PRINTED BY GEORGE RAMSAY AND COMPANY,
FOR ARCHIBALD CONSTABLE AND COMPANY, EDINBURGH; AND
LONGMAN, HURST, REES, ORME, AND BROWN,
LONDON.

1812.

1. *Página de la portada de* Diario de mi residencia en la India (1812), *la primera obra publicada de María Graham.*

tra al comienzo del libro *Cartas acerca de la India,* parece haber sido compuesto con la clara intención de destacar los atractivos de la colonia ante los lectores de la metrópolis. Tiene una dosis de misterio y de novedad, de familiaridad y amenaza, y de manera tácita hay una referencia al Jardín del Edén. En este paisaje colonial no hay gente; más bien la misma naturaleza es antropomórfica y practica un juego tentador con el observador europeo, mostrándose y ocultándose como una mujer oriental. Sin embargo, lo que se revela al final son panoramas ingleses con prados verdes y antílopes pastando, no un paisaje indio. Dos años más tarde, en la primera "carta" de su libro *Letters on India (Cartas acerca de la India),* María vuelve a usar el discurso pintoresco para engrandecer el territorio colonial y hacerlo familiar para sus lectores, comparándolo sutilmente con el paraíso de Milton:

La naturaleza parece haberse deleitado en enriquecer la tierra predilecta de Indostán con magníficos dones. Bajo un cielo puro y un sol brillante, el campo produce los frutos más exquisitos y las cosechas más abundantes; las rocas son ricas en piedras preciosas, las montañas están repletas de oro, y las aterciopeladas vainas de algodón se utilizan con profusión en la vestimenta liviana apropiada para el clima. Cuando se viaja al interior nuestros ojos a menudo quedan fascinados con los paisajes más hermosos. En medio de estupendos bosques uno frecuentemente puede maravillarse ante un espacio cultivado, donde, si uno quisiera, se podrían materializar los sueños de los poetas y gozar de esa ardiente indolencia que es la madre de la poesía y de las bellas artes (*Cartas acerca de la India*, 5-6).

Este pasaje al estilo de la estética pintoresca que María incluyó en el segundo libro sobre la India puede haber sido una concesión a la demanda que esta modalidad tenía a principios del siglo xix, aunque también se podría interpretar como una de las muchas justificaciones para el colonialismo que ella verbalizó en este periodo de su vida. La elevada posición desde la cual pronuncia su discurso le permite, metafóricamente, ver la totalidad de la colonia en un solo instante. Ella despliega para el lector un impresionante retrato de las riquezas del país, desde el suelo hasta las altas montañas, desde los cultivos hasta las piedras y minerales preciosos, y desde las encantadoras vistas hasta el plano superior del placer estético, un estado que es la máxima aspiración de un europeo de la Ilustración. Desde esta altura María defiende la apropiación de un territorio tan rico que adquiere el carácter de una "tierra prometida": vacía, rebosante de riquezas y esperando ser poseída.

La apropiación que María Graham realiza en India es, principalmente, estética. Por ejemplo, todas sus descripciones de templos y edificios las entrega en un tono impersonal, con pocas referencias a la cultura que los originó o a la gente que practica sus devociones en ellos. La apropiación estética se ve reforzada, además, por los detallados dibujos que incluyó en ambos libros sobre la India (algunos hechos por ella y otros por James Storer) para iluminación de sus lectores.

Las notas privadas de María sobre la visita al templo de Elefanta no varían demasiado del recuento que apareció en su *Diario de una residencia en la India*, aun cuando, en el libro publicado, la descripción viene precedida de una relación de los principales dioses de la fe hindú. Ella deja en claro que una apreciación completa de su material requiere de un conocimiento previo del contexto cultural del cual forma parte. Ella repetirá esta relación de las deidades hindúes aún más extensamente en su siguiente libro, *Letters on India (Cartas acerca de la India)*, pero en ambos textos hay una solemnidad que marca, si no respeto por las creencias religiosas extranjeras, por lo menos la seriedad con la que realizó su tarea.

> En el relato mitológico más aceptado de la creación, la leyenda cuenta que Vishnu durmió sobre la serpiente Annanta, o la eternidad, flotando en la faz del océano lechoso. Cuando la obra de la creación hubo terminado, Brahma saltó del loto que estaba creciendo en el ombligo de Vishnu, y produjo los elementos, formó el mundo, y dio origen a la raza humana (46)[1].

En noviembre de 1809 María anotó en su diario privado que ella había estado enferma los tres meses anteriores, pero que ahora se sentía lo suficientemente bien para unirse a un grupo que "iba a Elefanta, a visitar las curiosas excavaciones que había en esa isla". En su relato indica que la magnificencia del templo se puede retratar mejor por el efecto que el edificio tuvo en ella:

> No puedo dar una idea mejor de las emociones, la magnitud y la belleza que inspiran, que relatando su efecto en mí misma; yo iba subiendo el cerro en intensa conversación con Sir James[2] [Mackintosh]. Hablábamos de Graham. Levanté la vista y quedé muda. Parecía que había perdido el uso de mis sentidos, la capacidad de moverme, todas mis facultades excepto la capacidad de maravillarme (92).

Esta misma escena, narrada posteriormente en su *Diario de una residencia en la India* pierde la manifestación personal de las emociones fuertes:

> Subimos el cerro por unos desfiladeros encantadores, a veces ensombrecidos por el bosque, otras veces amurallados con rocas, hasta que llegamos a la cueva. Nos encontramos con ella en forma inesperada, y confieso que nunca he sentido una sensación tan grande de asombro como cuando la caverna se abrió ante mí (54).

---

[1]   El punto de vista de Emily Eden de la religión hindú en *Up the Country,* escrito entre 1836 y 1842, tiene un tono muy distinto al relato de María: "Cuando regresamos a la pieza de la Ranee, nos mostró su pequeña capilla… donde había una cantidad de ídolos horribles: Vishnu, etcétera" (29). Hay otros relatos irreverentes como el de Eden, pero éste ilustra el extremo opuesto a la visión de María Graham.

[2]   Su anfitrión en Bombay. Su amistad continuó cuando regresaron a Inglaterra.

La voz privada en el diario admite que "quedó muda" y que perdió el uso de sus sentidos excepto "la capacidad de maravillarse" ante la vista de la cueva, mientras que la viajera pública es mucho más controlada en sus reacciones, como corresponde a una eminente representante del colonialismo. El pasaje en el diario privado termina en una nota de apasionada rebeldía ante la distorsión que la religión hindú ha sufrido a manos del sacerdocio.

A ambos lados de la gran cueva hay unas más pequeñas, aparentemente baños o dormitorios, y algunas con tantos recovecos que no cabe duda que pueden haber sido usadas para otros fines, como fraudes perpretrados en nombre de la religión, particularmente una celda más privada consagrada a Maha Deo[3]. ¡Aquí concurren las mujeres estériles a rogar por un hijo!

En el diario publicado, María describe la misma sección del templo en tonos más sobrios:

> A mano derecha, cuando uno entra a la cueva, hay un departamento cuadrado con cuatro puertas sostenido por ocho figuras colosales; contiene un símbolo gigantesco de Maha Deo… la caverna a la cual pertenece, sólo contiene una cámara cuadrada de Maha Deo y un baño en cada extremo, uno de los cuales está decorado con ricas esculturas (57).

María le da al edificio una estructura y un propósito definidos, ambas cualidades ausentes en su texto privado; en realidad, ella transforma el espacio con el fin de hacerlo más atractivo al gusto europeo.

La misma cueva en Elefanta fue descrita más adelante en el siglo por Mary Carpenter en su libro *Six Months in India (Seis meses en India)* publicado en 1868, y el relato de su reacción ante el templo proporciona un revelador telón de fondo para el estilo narrativo de María Graham. Carpenter publicó su obra en el apogeo de la Era Victoriana, y esto podría explicar el fuerte tono de censura de su relato. Igual que María, no puede negar su asombro al enfrentarse con el templo esculpido en una roca hueca, pero su estupefacción parece estar teñida de reprobación hacia las creencias supersticiosas que llevaron a este antiguo pueblo a realizar una increíble hazaña. En consecuencia, cada aspecto de la cueva que describe Carpenter está compensado por una referencia positiva a los íconos cristianos. La forma de la cueva misma, dice Carpenter, provoca una sensación de opresión en el observador:

---

[3]   La reencarnación de Ganesha, uno de los hijos del dios Siva.

Uno es llevado en forma irresistible al gran grupo central esculpido frente a la entrada, que se eleva sólo como un alto relieve de la roca, enmarcado, se podría decir, con grotescas figuras simbólicas, que no vale la pena comparar con las huestes querúbicas de muchas de nuestras pinturas antiguas... Todas las figuras tienen alguna significación deplorable. En ninguna parte se encuentra algo que esté calculado para elevar o purificar la mente (citado en Ghose, *Memsahibs Abroad*, 54-55).

El asombro y la maravilla que registra María al ver el templo se convierte en una "opresión" en el relato de carácter moralista de Mary Carpenter. Es interesante observar las reacciones contrastantes de las dos viajeras porque revelan mucho de quienes observan, como también de lo observado. María es más objetiva e impersonal en su descripción del templo, didáctica pero no moralista. Probablemente ella prefirió mostrarse ante sus lectores como una estudiosa bien informada más que como una devota cristiana.

La analista Sarah Mills, al hablar sobre el tema de las mujeres escritoras del siglo xix, indica que existían impedimentos que limitaban su discurso y no les permitían parecer autoritarias o "narrar incidentes de naturaleza cruenta". Tampoco podían aparecer demasiado informadas o capaces de discutir temas pertenecientes al mundo masculino, tales como las ciencias o la política (*Discourses of Difference*, 77). Es cierto que no todas las mujeres obedecían estos dictámenes, y eran principalmente aquellas que sostenían una ideología liberal (y un estilo de vida liberado) quienes se expresaban más abiertamente, tales como Mary Wollstonecraft o Helen Maria Williams. Aun cuando a veces María Graham profesa una ideología liberal, ella no calza en esta categoría[4] porque se opone a estas restricciones a su modo, es decir, simplemente pretendiendo que no existen. La lectura de sus diarios privados y cartas permite pensar que ella se consideraba una estudiosa consumada a la par con las grandes mentes de su época. Sus referencias a los temas religiosos, lingüísticos, históricos o filosóficos aparecen invariablemente coronadas con sus propias conclusiones.

Es en sus diarios sobre la India donde la viajera María Graham se resistió más ferozmente a las limitaciones impuestas a los escritos de las mujeres en el siglo xix al concentrar muchas de sus narraciones en el cuerpo humano, ya sea destruido o sufriente. Los relatos de sacrificios humanos y de la práctica del *sati* le proporcionaron, a ella y a otros escritores del Romanticismo, el ma-

---

4   La mayoría de las veces ella se declaró en contra de la esclavitud o el colonialismo (cuando lo practicaban otros países). Su opinión sobre la Revolución Francesa no está registrada.

terial adecuado para alimentar la curiosidad que sus lectores europeos sentían por prácticas extranjeras misteriosas y crueles. Tanto en el relato de los sacrificios humanos a la diosa Kali o de la ceremonia del *sati*, su voz narrativa se mantiene neutra y sin emoción. Sin embargo, se preocupa por señalar que ambas prácticas tuvieron antecedentes en las tradiciones occidentales: "El siguiente bosquejo... o capítulo sanguinario de la Cálicá Purana... ustedes lo pueden comparar... con los ritos teñidos de sangre de los antiguos griegos, sirios, o incluso de nuestros propios druidas" (*Letters*, 332). Sin embargo, María Graham no estuvo sola en esta hazaña de traer la cultura india a Occidente. Sus libros sobre la India, con su insistencia en la teoría de un solo idioma inicial, el sánscrito, para toda la humanidad, y en las similitudes entre la mitología Griega y la hindú, o entre las tradiciones bíblicas e hindúes, fueron parte de la gran empresa de los eruditos europeos consistente en descubrir fuertes nexos entre las culturas europeas y las orientales. Más adelante en este capítulo se vuelve a la relación entre María Graham y los eruditos orientalistas ingleses. Entretanto, su anunciado "bosquejo o capítulo sanguinario" continúa:

> Si ha de hacerse un sacrificio humano, éste tendrá que ser el de un hombre de veinticinco años, sin tacha o mancha y, lo que es una condición más difícil aún, debe ser una víctima voluntaria. Al ser llevado al lugar del sacrificio, que es un cementerio, es frotado con el polvo de madera de sándalo, adornado con guirnaldas de flores, y alimentado con comida consagrada que durante dos días previos ha sido su dieta. El sacrificador entonces lo adora y le reza, como si ya se hubiese convertido en una deidad; y de pie con su cara hacia el Norte, y apartando la vista, mientras la víctima mira hacia el Oriente, le separa la cabeza del cuerpo (333-334).

Los sacrificios humanos a la diosa Kali habían sido relatados en forma diferente en su publicación anterior, el *Diario de la India*. En esa oportunidad María usó una dicción propia de los autores románticos para construir el trasfondo siniestro de la escena, y los participantes no son actores dignos en un ritual remoto, sino nativos degradados que se destruyen a sí mismos pese a los esfuerzos hechos por los funcionarios británicos que pretenden civilizarlos. Ella instala la escena en una lúgubre isla:

> Nada puede ser más desolador que la boca del Hoogly. Hacia el oeste, horrorosas olas se extienden hasta donde el ojo puede llegar, y uno

está rodeado de tiburones y cocodrilos; pero en el oriente hay un objeto mucho más horrible aún, la siniestra isla negra de Sangor (*Diario de la India*, 132).

La voz que narra el sacrificio humano es distante e indiferente, casi profesional; paradójicamente, la ausencia de sentimientos agrega interés al drama que se está desplegando. Es una voz diferente, sin embargo, la que relata este otro tipo de sacrificio, como si la hablante hubiese estado tan cerca de la escena que se vio afectada por él:

> La sola apariencia de la selva oscura que la cubre es tremenda. Usted puede ver que [la isla] debe ser un nido de serpientes y una guarida de tigres; pero es peor aún, es la escena anual de sacrificio humano que ni toda la vigilancia del gobierno británico puede impedir. El templo está arruinado, pero los encaprichados devotos de Kali se zambullen en las olas… y el que llega a la ribera opuesta sin ser devorado por los tiburones sagrados se convierte en un paria… Poseídas por este frenesí de superstición, hay madres que han arrojado a sus hijos a las fauces de los monstruos marinos (*Ibíd.*).

La siniestra isla en el río se ha convertido en un símbolo viviente de los trágicos rituales que ocurren allí. María, en forma experta, aumenta la percepción de horror y temor mediante el uso de elementos góticos como las ruinas y el asesinato de niños. También, de una forma poco característica para una escritora tan impersonal, se dirige a sus lectores directamente en esta ocasión y les pide que se conviertan en testigos de esta espantosa escena. El otro participante es el Gobierno británico, cuya presencia la viajera cataloga como una fuerza civilizadora que controla ésta y otras atrocidades similares.

El otro rito que no recibió condena unánime, ni del Gobierno británico ni de los escritores de viaje que estuvieron en la India, incluyendo a María Graham, es el *sati*. Cuando ella trata el *sati* en cualquiera de sus libros publicados usa el mismo tono desapasionado de su relato de los sacrificios humanos ya mencionados. En el *India Journal* (*Diario de la India*), el *sati* parece ser de tan poca importancia que María siente la necesidad de definir el concepto para sus lectores en un pie de página: "Suttees, la quema de mujeres hindúes con sus esposos" (74). Sin embargo una breve mirada a los sucesos de la época muestra que el *sati* era una práctica bien conocida en Gran Bretaña. Existe, por ejemplo, el poema *The Curse of Kehama* de Robert Southey, publicado en 1810. Esta obra hace pensar que la costumbre no era sólo bien conocida, sino un tema de discusión y de transformación estética al estilo del Romanticismo[5]. Años antes, los misioneros bautistas Carey, Marshman y Ward, dice Lata Mani, "diligentes en sus denuncias contra el *sati*, fueron los primeros en realizar un estudio de su incidencia en Calcuta en 1803" (85). En sus anotaciones del día 20 de diciembre de 1809 en su *Diario de la India*, María se centra en los aspectos externos del *sati* como si fueran un elemento más del paisaje indio, y no le otorga mayor importancia.

A su llegada a Poonah describe sus aposentos con sugerentes toques de colores y aromas. La secuencia de los elementos que menciona, que por coincidencia están organizados en tres grupos de a tres, quizá fueron colocados allí para representar un orden:

> Los departamentos son un grupo de *bungalos* [*sic*] o invernaderos, colocados en un jardín encantador, donde las manzanas, las peras y los duraznos, las naranjas, las almendras y los higos, le dan sombra a las frutillas, y están cercados con un rosal, un mirto y un jazmín (73).

En este mundo tan ordenado donde cada elemento tiene su lugar, cada acción se realiza de acuerdo con las costumbres y los rituales, y la vista es espléndida y plácida, la escritora de viajes introduce el *sati* de pasada, como un elemento curioso agregado.

> El bungalo [*sic*] donde se sirven las comidas está cerca del río, en una pequeña elevación; la vista desde su ventana es muy hermosa; a la derecha está Poonah, rodeada de jardines en las márgenes del río; hacia la izquierda está el lugar donde se realizan los *suttees*[6], convertido en algo pintoresco por las numerosas tumbas de estilo arquitectónico muy hermoso y unos cuantos árboles (73-74).

Cuando se enfrenta con este mismo tipo de monumentos conmemorativos Fanny Parkes reacciona en forma distinta a María Graham:

> El lugar me interesó extremadamente. Es horrible ver cómo pasa lo mismo en todo el mundo, civilizado o no civilizado; siempre se oprime a los

---

[5] *The Curse of Kehama*, 12,162-173, contiene una descripción paso a paso del rito. También indica que la hermosa joven viuda tuvo que ser atada a la pira, un detalle que María Graham pasa por alto.

[6] María Graham no es consistente en su terminología.

más débiles. Tal vez algunas de estas jovencitas casadas, de entre once y veinte años de edad, fueron quemadas vivas en toda la lozanía de su juventud junto al cadáver de algún viejo enfermizo y decrépito a quien sus padres las habían dado en matrimonio (citado en Ghose, *Memsahibs Abroad*, 169).

Hay una marcada diferencia en el lenguaje usado por estas dos escritoras para describir la práctica. En el libro de María Graham el *sati* se convierte en una ceremonia civilizada, ordenada y solemne. Indira Ghose propone una explicación razonable para la renuencia de las autoridades británicas a desafiar las tradiciones hindúes, por lo menos hasta principios del siglo xix, indicando que la resistencia al dominio británico provocó en la India una tendencia a adherirse a las normas y costumbres tradicionales: "En la India se produjo una reacción conservadora generalizada que acentuó el regreso a los valores tradicionales. El régimen colonial británico estaba ansioso por alinearse con las fuerzas conservadoras, ya que éstas eran consideradas como un factor estabilizador para el imperio (*Women Travellers*, 112-113). Lata Mani tiene la misma opinión y agrega que las autoridades británicas estaban renuentes a abolir la práctica porque temían las repercusiones políticas de una acción de esa naturaleza debido a: "El temor de las autoridades por las consecuencias de prohibir el *sati* como una práctica religiosa, y a su visión de la religión como un principio fundamental y estructurador de la sociedad india" (20).

Para María estas consideraciones pueden no haber sido muy significativas. Una mirada a sus libros revela que ella percibía el *sati* como una manifestación más de la cultura india, y que, como tal, era objeto de su curiosidad. Ella se había erigido en el rol de cronista culta y rigurosa, por lo tanto sus descripciones debían ser precisas, pero también desapasionadas.

En *Letters on India (Cartas acerca de la India)*, tal vez en un intento de tranquilizar su propia conciencia y la de sus lectores, María introduce el tema diciendo: "La costumbre de las viudas de quemarse con los cadáveres de sus esposos, que ha provocado tanta indignación y conmiseración en Europa, aunque haya sido decididamente alentada por los legisladores hindúes, nunca ha sido frecuente, según afirma Mr. Colebrooke [un experto investigador del idioma sánscrito]" (303). Luego procede a describir la ceremonia paso a paso, aunque precede su relato con un recuento de prácticas similares en la antigua Grecia[7]. La cronista

<hr>

[7] En un pie de página de su libro, María Graham señala que "Evadne, la esposa de Capaneus que pereció en la Guerra de Tebas, se quemó sobre la pira fúnebre de su esposo" (*Cartas acerca de la India*, 303).

culpa a la legislación hindú por la vigencia de la práctica y no a la indulgencia británica, además concede poca validez a los informes horrorizados de algunos testigos oculares británicos, explicando que esto sucede porque una viuda no puede retractarse después de que ha hecho pública su intención de llegar hasta el final.

> Una viuda que se retracta después de haber declarado su resolución de quemarse con su esposo, es entonces obligada por sus parientes a llevar a término el sacrificio; de ahí las impactantes escenas descritas por nuestros compatriotas que han sido testigos oculares; pero en general, lo que se ha prometido con tanto coraje es llevado a cabo con igual valentía (304).

En esta instancia María Graham pareciera estar enfatizando el valor del *sati* como una representación dramática de la lealtad de una esposa hacia su marido, pero más adelante en su narración de los procedimientos lo asemeja más bien a una ceremonia religiosa que sigue un modelo establecido:

Las ceremonias que acompañan al sacrificio son como sigue: "La viuda, después de haberse bañado, vestida con dos trajes limpios y sujetando un ramo de *pasto-cusa*, sorbe agua en la palma de su mano. Luego… repite el *sancalpa*, que contiene una declaración de su nombre y el de su familia, e indica el día y el mes en que está realizando el sacrificio, y los motivos que la inducen a hacerlo, y termina con la siguiente imploración: '¡Yo os convoco a ustedes, guardianes de ocho regiones del mundo! ¡Sol y luna, aire, fuego, éter, tierra, y agua! ¡Mi propia alma! ¡Yama! Día, noche, y crepúsculo! Y tú, mi conciencia, sé testigo: sigo el cadáver de mi esposo a la pira funeraria' (301-305).

Su uso del término "sacrificio" como sinónimo de *sati* es una señal de que María apoya el discurso colonial que le daba a esta práctica una connotación religiosa. "Sacrificio" tiene fuertes connotaciones religiosas para el Cristianismo, y con esta referencia, ella refuerza, en la mente de sus lectores, la opinión comúnmente aceptada en su época. No obstante, en muchos relatos de estos hechos, como los de Mani Lata, Emily Eden, Eliza Fay o Fanny Parkes, el de María Graham es el único que deja constancia de las invocaciones de las viudas y presenta estos actos como ejecutados por un ser humano libre. Por lo tanto, en el texto de María Graham, el hecho que la viuda ejerza un acto de libre albedrío absuelve a las autoridades británicas e incluso a la propia cronista, de connivencia. La narración termina con una larga oración pronunciada por el Brahmin:

¡Om! Permite que estas esposas[8] puras, hermosas, se entreguen al fuego con el cadáver de su esposo. Después de esta bendición y repitiendo el místico *Namó Namá*, ella sube a la pira, y su hijo u otro pariente cercano de su esposo aplica la antorcha con las ceremonias prescritas con el *grihya* o el ritual de su tribu (305).

Comparada con otras mujeres que escriben sobre la India en el siglo XIX, con la excepción, quizá, de Emily Eden, la posición de María Graham es una posición solitaria. Eliza Fay, por ejemplo, en sus *Primeras cartas desde la India*, condena la práctica como algo bárbaro. Más aún, ésta usa su libro para hacer una proclama feminista militante, que recuerda el estilo de Flora Tristán:

> Y primero, con respecto a esa horrible costumbre de las viudas de quemarse con los cadáveres de sus esposos... Esta práctica es sólo un ardid político que tiene por objeto asegurar el cuidado y los buenos oficios de las mujeres a sus esposos, que no han dejado, en la mayoría de los países, de inventar un número suficiente de reglas para convertir al sexo débil en un ser totalmente sometido a su autoridad (203).

Por lo tanto, cuando se compara a María Graham con otras autoras de su época, ella aparece revisando ciertos hechos no como acontecimientos aislados, sino dentro de un contexto con significados más amplios, como lo haría una historiadora social. Luego, no es sorprendente que su narración de la única visita a un *zenana* que al parecer hizo en la India, fuera hecha desde la posición estratégica de una mujer intelectualmente muy preparada, que representa a la cultura dominante. Al comienzo mismo de su visita ella se permite una sola observación irónica, que sutilmente insinúa similitudes entre un convento y un harén, lo que permite traslucir la aversión que ambas instituciones le producen: "Ascendimos a los departamentos de las mujeres por una escalera, que es retirada cuando no se está usando, para evitar que las señoras se escapen" (*Diario de la India*, 17).

Al llegar al harén mismo, la descripción de María arremete contra el estereotipo de lugar misterioso, prohibido, con el que estaba asociado. Primero, observa que las cortinas en las habitaciones, de por sí desagradables, sin ventilación y con cielos de poca altura, "no están especialmente limpias" (*Ibíd.*). Sin embargo, la ausencia de referentes sexuales es el aspecto más impactante del

---

[8] El plural se refiere a los casos en los cuales el hombre tenía más de una esposa.

relato. Dado que la principal razón de su encierro es sexual, es paradójico que sus dormitorios, cuando los describe la visitante, parezcan los dormitorios de colegio de castas niñas en Occidente: "El recinto en que fuimos recibidos tenía aproximadamente veinte pies cuadrados, y era relativamente bajo; a su alrededor había habitaciones más chicas, la mayoría atiborradas de pequeñas camas, con cortinas de muselina blanca" (*Ibíd.*).

En el pasaje del convento en su diario privado sobre la India, María había condenado la negación de la sexualidad de las jóvenes como un acto *contra natura*; en el caso de la muchacha de Madeira, su sexualidad había sido convertida en objeto; por otra parte, las mujeres indias en el *zenana* no poseen sexualidad alguna. La omisión podría indicar el deseo de la escritora de enfatizar la pobre capacidad intelectual de esas mujeres.

> Por más preparada que estaba yo para esperar muy poco de las damas musulmanas, no podía dejar de estar impactada al encontrarlas totalmente ignorantes. Recitan sus oraciones y algunas de ellas leen el *koran* [*sic*], pero ninguna entre mil de ellas lo entiende (*Ibíd.*,18).

La mayoría de las demás autoras de la época que visitaron los harenes se concentraron más en la descripción de la conducta de las mujeres, su tipo de belleza, o los métodos que usaban para realzarla. Unas pocas incluso agregan pasajes de la historia personal de algunas, y otras describen las similitudes entre las mujeres prisioneras en el Oriente y las casadas en Occidente. No obstante, aparte de Fanny Parkes, que a veces es sutilmente irónica en sus descripciones, no hay ninguna otra mujer escritora de viajes, aparte de María Graham, que haya sido tan clara al presentar el harén como un lugar venido a menos, sin sentido y poco interesante. A través de su retrato del *zenana* María estaba enviando un poderoso mensaje a sus contemporáneos: concretamente, que la falta de actividad intelectual le quita a la vida su valor y al trabajo su importancia:

> Un número menor aún sabe leer su propio idioma o escribir siquiera, y lo único que hacen es bordar un poco. Pasan perlas, trenzan hilos de colores, duermen, pelean, hacen pasteles, y mastican bayas de betel, todo en el mismo día; y esta monotonía de sus vidas sólo se ve interrumpida cuando alguien muere, hay un nacimiento o un matrimonio (*Ibíd.*, 18-19).

En su representación del extraño mundo del harén, María habla como miembro erudito de un poder colonial. De este modo obtiene el doble efecto de destacar la superioridad de su persona textual y al mismo tiempo erosionar el

mito de un territorio sexualizado y prohibido, como se representaba comúnmente a Oriente.

Al igual que muchos otros cronistas del siglo xix, tanto hombres como mujeres, María Graham defiende la superioridad de Gran Bretaña como potencia
colonial, poniendo énfasis en la baja condición moral e intelectual de los indios
y la necesidad de una intervención colonizadora. Su concepto de una existencia de nivel inferior, como la que llevan las mujeres del harén, está avalada por
su relato de una visita a una reencarnación del dios Ganesha en un muchacho
de 12 años, que la impresiona por la ferocidad de sus ojos causada por la in-
gestión diaria de opio (*Diario de la India*, 71). Más adelante, cuando visita un
cementerio donde están enterradas las "reencarnaciones" anteriores, compara
los adoradores que hay allí con los habitantes del "Castillo de la Indolencia":

> Regresé a nuestro campamento cargada de reflexiones desfavorables
> hacia la dignidad de la raza humana, después de haber sido testigo de
> una instancia tan vil de locura supersticiosa. Si me pudieran asegurar
> que la comunicación con Europa en un futuro lejano pudiera liberar a
> los nativos de la India de su degradación moral y religiosa, hasta casi
> podría reconciliarme con los métodos por los cuales los europeos han
> adquirido posesión del país (*Diario de la India*, 72).

Este intento evidente de justificar el colonialismo no es totalmente incondicional
de parte de María, y sus reservas se pueden detectar en su aseveración que la
ocupación, en esa precisa época, fue hecha por Europa y no sólo por Gran Bretaña. De esta manera ella puede señalar una responsabilidad colectiva por las
acciones del poder colonial. Más tarde, en sus *Cartas acerca de la India* publicadas
en 1814, emitió una advertencia sobre los peligros concomitantes a la ocupación
colonial, que suena casi profética, dada la sangrienta insurrección de 1857.

> Finalmente, es sobre todo el imperio de opinión lo que nos respalda en
> nuestras posesiones, porque los nativos nos superan en número de tal
> manera que nos harían temblar, si alguna vez el daño que se les provoca,
> o la interferencia en esos puntos de religión y costumbres a los cuales es-
> tán apegados, los alentara a ejercer la superioridad física que indudable-
> mente poseen, y a deshacerse de la tímida y humilde mansedumbre que
> los ha distinguido hasta el momento (*Cartas acerca de la India*, 3).

Hasta el día de su llegada a la India la persona literaria de María Graham había estado configurada principalmente como la de una estudiosa. Una vez en

el país, adoptó la posición de representante de Gran Bretaña, el baluarte de la civilización, y sin duda esto le permitió fortalecer su autoridad moral. Obtuvo estatus socavando a los colonizados, ya sea intelectualmente, como en la descripción de las mujeres del *zenana*, o moralmente, como en la narración de los ritos religiosos.

Estas representaciones le permitieron a María Graham, y a muchos de sus colegas escritores de viajes, una instancia de participación en el discurso del colonialismo en boga en ese tiempo. Sin duda, sus relatos estaban fundados sobre todo en su percepción de los colonizados como esencialmente inferiores, una perspectiva que le permitía representar la práctica del colonialismo como moralmente aceptable. Los mensajes colonialistas se pueden encontrar en la descripción de la manera de vestir de los nativos que veían los viajeros. María Graham, por ejemplo, describe a las mujeres en forma diferente a los hombres en sus libros sobre la India: incluso, aunque a ambos se les niega la cualidad de humanidad, las mujeres son representadas como objetos sexuales (excepto, paradójicamente, en el caso de la *zenana*), mientras que a los hombres se les niega totalmente su sexualidad.

El uso del artículo definido para señalar cada parte del cuerpo convierte en objeto a la persona que se está describiendo. El género adquiere importancia en las mujeres en el sentido que el observador está enfocándose en las partes del cuerpo que las hacen sexualmente atractivas:

> Las mujeres más finas, en sus elegantes vestidos, a uno le recuerdan las esculturas antiguas… Llevan un corpiño corto con media manga, que ellas se amarran atrás, y generalmente está hecho de un colorido brocato. El *shalie* es un trozo largo de seda o algodón de color, que va envuelto en la cintura en forma de refajo y deja una parte de la pierna a la vista, mientras que la otra pierna queda cubierta hasta el tobillo con unos pliegues largos y agraciados, que se juntan adelante, de modo de dejar un extremo del *shalie* para cruzárselo en el pecho, formando un drapeado que a veces ponen sobre la cabeza como un velo (*Diario de la India*, 2-3).

Por el contrario, a los hombres nativos se les suprime la sexualidad a tal grado, que su desnudez no ofende las sensibilidades de una dama europea:

> A los portadores de palanquines los llaman *hamauls* (palabra que significa portador); en su mayoría no usan más que un turbante y un taparrabo, un grado de desnudez que no me escandaliza debido al color oscuro de su piel, que como es tan inusual para los ojos europeos parece que fuera ropa (*Ibíd.*).

El método de desexualizar a los hombres nativos también fue usado por otras cronistas aparte de María Graham. Fanny Parkes, por ejemplo, reaccionó de manera similar frente a ellos: "Realmente, el color oscuro de la gente también les sirve de vestimenta, si uno está decidida a no ser muy crítica" (William Dalrymple, 10). Emily Eden, por su parte, relacionó el estado de desnudez de los nativos con su falta de normas morales adecuadas. Es posible que María Graham se haya sometido a la regla que consideraba "apropiado" que una mujer mirara y describiera a otras mujeres en su aspecto físico, pero no a los hombres. Si así fuera, su acatamiento explicaría su extremada objetivización de los hombres extranjeros, como en el pasaje recién citado.

En consecuencia, al ser degradado el cuerpo de los colonizados, tanto de hombres como de mujeres, el de los europeos debía necesariamente ser percibido siempre como superior. Este concepto de superioridad racial que María Graham sostiene fue reforzado con la preocupación por la apariencia física de los colonizadores masculinos. Edward Said señala que el orientalismo se intensificó cuando las autoridades británicas hicieron que sus funcionarios coloniales jubilaran a la edad de cincuenta y cinco años: "A ningún oriental se le permitió jamás ver cómo un occidental envejecía o se deterioraba, igual como ningún occidental debía verse retratado a sí mismo en los ojos de la raza subordinada, excepto como el vigoroso, racional y siempre alerta joven Raj"[9]. Esta política tuvo tanto éxito, al parecer, que fue traspasada a los cuerpos de los niños. Denise Comer comenta que los niños británicos pocas veces vivieron en la India después de los siete años, y que el diario de María Graham refleja esa particularidad, porque sus referencias a los niños se limitan a los niños indios, y sus comentarios son más bien observaciones sobre lo malos padres que son los indios más que retratos reales. Señala, además, que la única referencia a un niño británico en el *Diario de la India* aparece en el relato de la visita de María a un rajá cerca de Bombay (Comer, 47).

> El rajá es un hombre rechoncho con cara de estúpido, pero simpático y hospitalario. Le rogó a nuestros acompañantes que permitieran a los niños visitarlo, porque nunca había visto un niño europeo, y los *Mahrattas*[10] dicen proverbialmente cuando quieren alabar la belleza de alguien, "es hermoso como un niño blanco" (*Diario de la India*, 70).

---

⁹ V.G. Tiernan, en E. Said, *Orientalism*, Londres, 1995, 42.
¹⁰ Rivales de los emperadores Moghul en los siglos xviii y xix.

Esta observación de la escritora de viajes revela la importancia que se le da al cuerpo en los textos coloniales, y cómo sus descripciones llevan mensajes en clave u ocultos: la piel clara de los occidentales es un signo de superioridad, mientras que la piel oscura despoja a los cuerpos masculinos de su sexualidad y además no calza con las normas occidentales de belleza.

Pareciera que en esta etapa de su vida María Graham no sólo aprobaba el colonialismo, sino que también lo justificaba. Además, al citar las palabras del rajá, estaba creando una situación de colonialismo al revés, donde el colonizado reconoce la superioridad física de los representantes del poder colonial y justifica así la práctica misma. Más adelante en el mismo diario, María refuerza su reivindicación del colonialismo al ahondar más aún en las causas de las diferencias raciales entre europeos y asiáticos. La diferencia es moral, concluye, más que física, o externa:

> No estoy dispuesta a considerar a los nativos de ningún país como naturalmente inferiores a los de otros países y, por lo tanto, trato de explicarme la gran disparidad moral entre europeos y asiáticos imaginando que las severidades del clima del norte y la dificultad para obtener alimentos estimuló la aplicación y la inventiva que ayudaron a sobrellevar las desventajas de la naturaleza y a obtener bienes y comodidades que son valorados proporcionalmente por la dificultad con que se pueden alcanzar. Pero en este clima no existe ninguno de esos incentivos para el esfuerzo, y la mente se hunde en proporción a la inactividad del cuerpo (93).

Pese a su proclamada resistencia a hacerlo, en este pasaje María no tiene inconveniente en calificar a los colonizados como indolentes e incompetentes. Dos años más tarde, en *Cartas acerca de la India*, agrega algo más a este bosquejo cuando sugiere que los nativos son falsos y tramposos y, por lo tanto, menos correctos. Esta racionalización le sirve para sostener los principios del colonialismo británico; y lo que es más, ella lo describe como una forma benigna y casi deseable de gobernar que tiene por consecuencia el progreso de los colonizados.

> Pero confío en que, como hasta el momento hemos ejercido nuestro poder en forma sobria, y en general hemos hecho que nuestro gobierno sea beneficioso para los habitantes de la India, así continuaremos con la misma sabia moderación y llevaremos a cabo las innovaciones necesarias para su mejoramiento permanente y nuestra propia seguridad (8).

En el *Diario de la India* María Graham ya había anticipado su visión de un gobierno benigno; no obstante, en esta fuerte declaración posterior modera su aprobación con veladas advertencias sobre los problemas que podrían surgir si el poder no se ejerce en forma prudente. Igual que en la narrativa del niñodios en el *Diario de la India,* María escoge articular sus puntos de vista desde una posición distante para poder adquirir una perspectiva amplia que mejore su habilidad para pronunciar juicios equilibrados. Esta técnica textual de obtener un equilibrio a través de la distancia fue perfeccionada y madurada por la escritora de viajes durante su carrera y resultó ser muy útil en sus diarios posteriores y estudios de historia del arte.

Otro aspecto del estilo de María Graham, que también usó con mayor precisión diez años más tarde en el diario sobre Chile, tiene que ver con un interesante pasaje en *Cartas acerca de la India*. En él la autora se suma al discurso colonialista británico de principios del siglo xix con una demostración de virtuosidad que comprende un grado de ventriloquia textual en otras palabras, apropiándose de las palabras de otro haciéndolas pasar como suyas.

Hacia el final del siglo anterior, dice Nigel Leask, un grupo de estudiosos británicos encabezado por Sir William Jones (1746-1794), fundador de la Sociedad Asiática de Bengala, había estado estudiando la relación entre la mitología hindú y la griega, y aparte de la religión hindú, la geografía de la India y los idiomas hablados en la región. Sobre todo, ellos buscaban validar la exactitud de las narraciones bíblicas (Leask, "Francis Wilford", 206). La Sociedad usó su publicación, *Investigaciones Asiáticas*, para comunicar sus hallazgos que estaban centrados en el estudio de textos antiguos, cosa que les permitió formar un corpus de datos sobre la geografía, la cultura y la mitología de la India. En el tema de la religión, sostenían haber detectado tres importantes puntos de semejanza entre el Hinduismo y el Cristianismo: las narraciones del Jardín del Edén, del Diluvio Universal y de Cristo. Estas hipótesis eran principalmente aciertos del mayor Francis Wilford, y es la última de estas tres la que al parecer llamó la atención de María Graham.

El mayor Francis Wilford (1761-1822) era miembro de la Sociedad Asiática y constante colaborador de la publicación de dicha sociedad. Nigel Leask menciona que en su ensayo de 1799, "Acerca de Egipto", Wilford sostenía que había encontrado "una versión en sánscrito… de la historia de Noé o Satyavrayata, y sus tres hijos Jiapete, Charma y Sharma" (Leask, "Francis Wilford", 206). María Graham tuvo un papel importante en la construcción de esta fabulación de la época que justificaba el colonialismo al destacar la existencia de raíces históricas y religiosas comunes entre Oriente y Occidente. Ella repitió en *Cartas acerca de la India* muchas teorías propuestas por el mayor Wilford, pero hace la salvedad que ella no está totalmente convencida de su veracidad. Su estrategia en este pasaje de su segundo libro sobre la India consiste en ensalzar a Wilford como un erudito y en ignorar el escándalo que se desató en la India en 1805 tras la propia confesión de este último publicada en *Investigaciones Asiáticas*.

Al admitir su culpa, dice Indira Ghose, Wilford informó que un experto hindú que lo había estado ayudando en sus estudios de los textos sagrados del Hinduismo, y que le había proporcionado los manuscritos que corroboraban la veracidad de sus teorías religiosas, había falsificado algunos de los documentos (126). La actitud de María de alabar al estudioso, pero al mismo tiempo proyectando dudas respecto a sus propuestas, anticipa un rasgo que se haría más evidente en sus diarios posteriores. Consiste en distanciarse de su narración cuando el mensaje puede parecer dudoso, o cuando ella misma tiene la certeza de que no es verdadero.

Esta peculiaridad estilística de María Graham le permitió presentarse como una persona astuta, selectiva y difícil de engañar. Debido a esto, sus lectores podían confiar en su veracidad y respetar su autoridad. En el caso específico de *Cartas acerca de la India*, ella menciona sólo al pasar, por ejemplo, que las "Sagradas Islas del Occidente" mencionadas en la religión hindú, en realidad eran las Islas Británicas (Leask, "Francis Wilford", 208), y la hipótesis que el Diluvio tuvo lugar en la India es precedida por expresiones que delatan una cierta inseguridad, tales como "se conjetura", "pareciera ser" (*Cartas acerca de la India*, 175). Estos registros en el texto indican que la narradora está meramente apuntando los hechos como los vio o los escuchó, pero sin responsabilizarse de su veracidad. El trozo más impactante de su informe es, indudablemente, el relato del niño divino, Salivahana. Nigel Leask señala que en la narrativa de Wilford este niño, nacido de una mujer virgen y de un carpintero, se convierte más tarde en un místico y finalmente es crucificado en un arado con forma de Y (Leask, "Francis Wilford", 210). María Graham eligió incluir esta narrativa tan controvertida en su obra de 1814, y se autorrepresentó de una manera que le permitió agregar interés a su propio libro sin empañar su respetabilidad de escritora seria. Aún más, tomó parte de la autodenuncia de Wilford y la hizo pasar como suya propia, a través de un sutil manejo de su discurso.

Wilford había confesado públicamente en 1805 que algunos de los manuscritos, en los cuales estuvo trabajando habían sido falsificados, aun cuando no se refirió específicamente a la historia de Salivahana. Cuando decidió publicarla, dos años después de su confesión, Wilford la precedió de un preámbulo donde desliga toda responsabilidad:

> [La historia de Salivahana] es sumamente burda y consiste en una masa
> de leyendas heterogéneas, sin orden ni clasificación, tomadas del evan-
> gelio apócrifo de la infancia de Cristo y los relatos de los rabinos y tal-
> mudistas que se refieren a Salomón... todos mezclados con... la historia
> de los reyes de Persia de la dinastía sassania (citado en Leask, "Francis
> Wilford", 211).

En *Cartas acerca de la India*, que publicó en 1814, María Graham indica que ella
tomó la historia que va a relatar a continuación de las publicaciones del mayor
Wilford, un erudito, cuya imagen de "extraordinario" ella ha cimentado a través de todo su libro. Sin embargo, en esta misma frase de introducción, arroja
cierta duda sobre la veracidad del relato que sigue, con palabras copiadas directamente de Wilford. Es decir, vocaliza las dudas del propio Wilford como
si fueran suyas, con el fin de realzar su propia imagen. A continuación está la
introducción de la historia de Salivahana en sus *Cartas acerca de la India*.

> El mayor Wilford menciona cuatro Vicramadityas[11] cuyas historias *pa-*
> *recieran ser* una masa de leyendas heterogéneas tomadas del Evangelio
> apócrifo de la infancia de Cristo, los cuentos del Talmud sobre Salomón,
> y algunos de la historia de Persia respecto a los reyes sassanios (172; én-
> fasis agregado).

La expresión calificadora "parecieran ser", que arroja dudas sobre la narración
que sigue, es de María Graham y sugiere que ha habido una evaluación de los
datos por parte de ella. Sin embargo el resto del párrafo que denuncia los orígenes sospechosos del relato está copiado literalmente de Wilford; por lo tanto,
no es el resultado de un análisis realizado por la autora de *Cartas acerca de la
India*, como ella quería quizá que sus lectores creyeran.

Sin duda el plagio era censurado en el siglo xix, y se esperaba que los estudiosos confiaran en las fuentes de información que consultaban. Al parecer
María Graham cumplió con esta norma, aunque con algunas reservas, como
se señalará más tarde. Por ejemplo, en este mismo libro, *Cartas acerca de la India*, ella indica que su estudio del sánscrito está basado en el ensayo de Colebrooke sobre el tema "y quizá de vez en cuando en sus propias palabras [de
Colebrooke]" (24), sin embargo nunca admite haber copiado a Wilford. Siempre que María se refiere a este investigador, ella se representa a sí misma como

---

[11]   Reyes en la Antigua India.

discutiendo sus teorías o explicándolas en sus propias palabras, agregando antecedentes propios.

Una posible explicación de la apropiación del texto de Wilford por parte de María Graham en la historia de Salivahana podría surgir del examen de los dos pasajes. La negación de su responsabilidad por parte de Wilford contiene dos calificativos negativos: "sin orden ni clasificación", que sugieren a sus lectores que esta historia no se debe tomar en serio. María eliminó los calificativos negativos y los reemplazó por una frase subordinada propia, "cuyas historias parecieran ser", indicando que es ella, la que habla en el texto, quien está controlando la rigurosidad de su trabajo y protegiendo a sus lectores de un engaño. Esta vocalización de las palabras de otro, o ventriloquia textual, puede haber nacido, en esta ocasión, del deseo de aparecer en una posición superior sobre todos los demás estudiosos centrados en el tema de la religión comparada. En otras palabras, ella se apropió de las dudas del propio Wilford y las presentó como suyas, lo que es una forma más sutil de apropiación textual.

La visión que María Graham tiene de la India está opacada por su propia sombra de narradora. Pese a sus esfuerzos por parecer distante e invisible, su presencia narrativa se sitúa enfrente de su texto. Esto sucede principalmente cuando ella, obedeciendo las normativas de su época, se preocupa de representar el colonialismo de Gran Bretaña como una práctica benigna, pero también cuando desafía otras normas, como las que rigen los textos escritos por mujeres. Tal vez ella fue una verdadera representante del Romanticismo y, por lo tanto, sintió la necesidad de integrar su personalidad a la esencia de su obra.

A su regreso a Gran Bretaña en 1811 logró que le publicaran dos de sus libros, los que tuvieron un éxito casi instantáneo. En cuanto a la recepción de su *Diario de una residencia en la India* de 1812, ella escribe en su diario privado el día 6 de febrero de 1813 que aunque tuvo éxito en su "entrada… al mundo de la Literatura especialmente por un camino aún no recorrido"[12], se lamenta de que su propia familia (su esposo, seguramente) la han hecho sentirse insignificante porque ellos,

> fingen que odian mi obrita que, después de todo, pensando que es la primera de su tipo no es <u>tan</u> despreciable… Además, incluso usando los

---

[12] *Original Letters from India* de Eliza Fay, aunque escrito mucho antes (a comienzos de 1799), fue publicado en 1817, cuatro años después de que María escribiera esta entrada. El libro de Lady Mary Nugent, *Journal from the Year 1811-1815*, fue publicado en 1839. Es posible que María Graham no haya sabido del libro de viajes escrito por Jemima Kindersley, *Letters from the Island of Teneriffe, Brazil, the Cape of Good Hope and the East Indies* (1777).

argumentos de los libreros, en menos de un mes se vendieron 400 ejemplares –300 en Londres y 100 en Edimburgo– ¡y mis editores me han hecho propuestas para una segunda edición! [13]

La desilusión de María por la falta de apoyo y aprobación por parte de su esposo está oculta debajo de un barniz de alegría e ironía.

Su respuesta al crítico de la *Quarterly Review* que reseñó su *Diario* fue, por el contrario, vivaz y pública. El autor incógnito valoró positivamente su libro, pero no antes de ponerla en su lugar, por así decirlo, al indicar: El *Diario de una residencia en la India*, escrito por una muchacha joven que probablemente fue para allá, como la mayoría de las jóvenes, a buscar un marido en vez de información, es una curiosidad literaria que no estamos dispuestos a pasar por alto"[14]. Rosamund Brunel Gotch relata que María respondió a la crítica agregándole un pie de página a la segunda edición de su libro, donde sostiene que "ella *no* fue a la India a buscar marido, sino que se casó allá el 9 de diciembre de 1809, fecha por la cual damos gracias a Dios" (Gotch, 142).

Con su tono paternalista, el autor de la crítica manifiesta claramente el sexismo imperante en aquella época. Una de las pocas concesiones que hace es admitir que los bosquejos de la autora son apropiados. Luego cita un pasaje de su visita al *zenana*, y dice que "la descripción de éste es entretenida"[15].

En general, la primera mujer que publicó textos sobre la India en el siglo xix[16] tuvo una mejor recepción del público que de la crítica. Los siete años que siguieron a la publicación de su segundo libro fueron una etapa de privación intelectual, y posiblemente también emocional, para María Graham.

[13]   Callcott, extractos de los diarios de Lady Callcott realizado por W.H. Callcott.
[14]   *Quarterly Review*, 8.16 diciembre de 1812: 406.
[15]   *Ibíd*, 411.
[16]   El libro de viajes de Jemima Kindersley, *Letters from the Island of Teneriffe, Brazil, the Cape of Good Hope and the East Indies* (Londres: J. Nourse 1777) citado en la nota 12 más arriba. Sin embargo, los dos libros de María Graham sobre la India son los primeros de un gran número de textos de viaje exclusivamente sobre la India escritos por mujeres, que fueron publicados en el siglo xix.

Capítulo 4
Los años estériles

Aparentemente, la euforia romántica que María virtió en su diario privado durante los meses de noviazgo con Thomas Graham no duró mucho después de su matrimonio y de su regreso a Inglaterra. De acuerdo con su diario de 1813, al parecer él no estaba muy impresionado con su éxito como escritora, y ella nunca lo retrata, ni entonces ni después, como una fuente intelectual de apoyo o inspiración. Este rasgo en la personalidad de su futuro esposo no había molestado a María al comienzo de su relación; por el contrario, lo consideraba una ventaja: "Rodeado de personas de mucho mérito, su mente no pierde nada de su brillo, *y aún si es menos culto en cuanto a libros*, también está menos mancillado por el mundo (*Diario de la India*, 84; énfasis agregado). Sin embargo, sus cartas y su diario de 1816 revelan que la vida matrimonial le pareció menos satisfactoria pasados siete años. Se puede percibir la soledad y el apetito por el intercambio intelectual en sus cartas a su editor, John Murray[1]. El 2 de julio de 1815 escribió: "¿Está usted haciendo algo interesante en este momento? ¿Qué es lo que está de moda: la poesía o la prosa? O todavía hay gente que hace cosas tan estúpidas como leer las Crónicas Antiguas… porque yo no he hecho otras cosa que eso desde que llegué aquí". Termina la carta con un grito de desesperación: "Hace un frío enorme aquí. El termómetro ha llegado a 20° (F) y menos aún….Y durante dos meses no he visto dos caras que no sean de la familia…¡Qué contraste con Londres!".

Cinco meses más tarde su estado de ánimo no había mejorado. Con el pretexto de agradecer a John Murray un libro y un diario que éste le había enviado, le hizo saber de su insatisfacción con su actual aislamiento en una carta enviada desde Broughty Ferry, fechada el 9 de diciembre de 1815.

He llegado a la conclusión de que la *Quarterly Review* y el relato de Francia[2] de la Sra. Williams que recibí hace poco a través de la Oficina de Re-

---

[1]   Todas las cartas dirigidas a John Murray en esta biografía pertenecen al Archivo John Murray, Biblioteca Nacional de Escocia [The John Murray Archive, National Library of Scotland].

[2]   Helen María Williams, *Letters Written in France: In the Summer of 1790 to a Friend in England, Containing Various Anecdotes Relative to the French Revolution. (Cartas escritas en Francia en el verano de 1790 a una amiga en Inglaterra, que contienen diversas anécdotas relativas a la Revolución Francesa).*

laciones Exteriores –los había enviado usted [.] Le puedo asegurar que ambos son muy bienvenidos en este remoto lugar separado del Tribunal de Literatura *Moderna*, por dos formidables océanos que mantienen a este rincón de Angus al menos un siglo atrasado con respecto a otros lugares en el mundo civilizado.

Esta insistencia en la oscuridad y monotonía de su vida en Escocia mientras su esposo esperaba volver al sevicio activo, se hace más notable a la luz del extraño comportamiento de María algunos años después. Su vida durante "los años estériles" consistía en hacer el trabajo del hogar, que a ella no le gustaba, y estudiar, cosa que disfrutaba enormemente. Su vida social era escasa, según el final de la misma carta.

> Los perros y las armas le proporcionan una excusa al Capitán para caminar bastante, y el jardín me permite a mí hacer suficiente ejercicio; pero en cuanto a una invitación a cenar o una visita en la tarde o en la mañana, son cosas totalmente desconocidas aquí y no se puede ni pensar en ellas. Tal vez la vida sea *mejor* que la de Londres, y si bien tiene *menos placeres* también tiene menos cuidados y desengaños porque sabemos con certeza al lado de *quién* nos vamos a sentar en la cena, y *qué parte* de nuestro libro de ayer nos divertirá o nos fastidiará esta noche.

Rosamund Brunel Gotch dice que en este periodo de su vida María gozó de una intensa vida social, visitando y siendo visitada por grandes grupos de amigos y relaciones de las familias Dundas y Graham, aunque admite que ella confesó en su diario de 1816 que estas reuniones sociales interrumpían sus estudios y la obligaban a "permanecer ociosa" por largo tiempo en el salón de su modesta vivienda (156).

El 11 de febrero de 1816 María comenzó a escribir un diario privado donde declara: "De aquí en adelante me propongo escribir un diario breve mencionando, una vez a la semana, cualquier acontecimiento relevante del quehacer nacional y anotar el avance que logre en el estudio o las lecturas en general". La mayoría de las entradas de este diario siguen un modelo similar. Comienzan con comentarios sobre asuntos políticos del día, no sólo en Gran Bretaña sino también en el resto de Europa. El día que inicia el diario ella menciona que: "Se ha reunido el Parlamento y los Ministros propondrán que se siga cobrando el impuesto a la renta". Luego se refiere a "las insurrecciones en España como consecuencia de la tiranía del Rey". En esta misma entrada también hay registros de los libros que ha estado leyendo, las personas que la visitaron, el tiempo que ocupaba trabajando en el huerto plantando verduras, y las actividades de su esposo.

María dedicaba diariamente varias horas a sus lecturas, centradas especialmente en hechos y personajes históricos. Aparte de sus apreciaciones negativas de Catalina de Médicis y, especialmente, de María Estuardo, a quien considera una asesina y una adúltera, analiza las consecuencias de la ejecución de Carlos I. Sus tendencias liberales la hacen lamentar que el rey "se haya comportado valientemente y mostrara fervor religioso" en sus últimos momentos, porque su postura digna y temerosa de Dios impulsaron al pueblo a respetar su memoria. Un respeto, agrega, que le habrían perdido si Carlos hubiese vivido. La causa de la libertad se vio dañada por este vuelco en los acontecimientos, reflexiona María, porque matar al monarca acrecentó la admiración del pueblo por el Príncipe, y lo inclinó a favor del bando realista, cosa que en realidad no debería haber sucedido.

Cuando John Murray le pidió que revisara algunos libros que él tenía la intención de reeditar, María Graham comenzó otra actividad intelectual que debe haberle producido mucha satisfacción. Las opiniones que dejó estampadas en sus cartas de respuesta revelan el marco analítico que María usaba para juzgar las obras de Jane Austen y Samuel Taylor Coleridge. Con respecto a *Emma*, una novela que John Murray había publicado un par de meses antes, el 12 de febrero de 1816 María expresa una opinión que es a la vez una alabanza y una detracción. Comienza su carta diciendo que el libro llegó en un momento en que ella se encontraba muy enferma, y ahora, que estaba en recuperación, le habían prohibido cualquier lectura sólida o substancial; por lo tanto, se alegra mucho de tener algo nuevo [que es] liviano. Estoy muy contenta con Emma [,] pero esto no quiere decir que lo encuentro a la altura de *Pride and prejudice* [sic], pero sin duda pertenece a la clase de novelas inocentes y alegres en las cuales la autora se distingue.

En cuanto al poema *Christabel*, el 18 de junio de 1816 escribe que no se siente inclinada a aprobarlo sin reservas. El lenguaje y la "Poesía" le recuerdan el estilo de Lord Byron, y declara que esa observación "ya es suficiente elogio". Agrega que se siente "bajo el influjo del ojo contrahecho de la serpiente" y le agradecería al señor Coleridge que la liberara lo más pronto posible.

Sí [,] el pasaje que comienza "Se quejó en forma muy íntima" es muy hermoso y me gusta la silenciosa entrada de las dos damas al Castillo y muchas otras cosas. Pero para qué crear expectación ante tanta maravilla que después no será satisfecha. He pensado en miles de finales para el cuento pero ninguno es apropiado....

Un par de meses antes se había quejado una vez más ante John Murray por las limitaciones de su vida en Escocia. La compañía de su esposo no parecía ser suficiente para aliviar su soledad, y había recurrido al romántico tema de la comunión con la naturaleza como consuelo. "Ustedes los londinenses pensarían que esto es increíble", escribió el 2 de marzo de 1816,

> si supieran que la mitad de mi tiempo lo paso en *tête à tête* con mi esposo, y el resto absolutamente sola. Pero veo el mar desde mi ventana y muchos barcos navegando de un extremo a otro, y hay picachos y montañas alrededor nuestro, los que siempre han sido mis mejores compañeros.

En la misma carta, y quizás impulsada por el aburrimiento, María cometió un error literario que le costó muy caro algunos años más tarde. Ella, una intelectual de menor cuantía, había tenido la audacia de criticar el poema de Lord Byron *The Siege of Corinth* (*El sitio de Corinto*) al editor de ambos:

> ¿Cómo se le puede haber ocurrido a Lord Byron, que es capaz de hacer lo que quiera con el lenguaje y la versificación, componer en una métrica que ni la mejor lectura puede evitar un sonsonete? Soy tan grande admiradora de su Señoría que no puedo tolerar que la gente le encuentre defectos y, por lo tanto, estoy proporcionalmente [*sic*] enojada con dicha métrica.

Naturalmente María se sintió angustiada cuando supo que John Murray le había enviado su carta a Lord Byron. Al parecer se arrepintió de haber sobrepasado los límites de su posición en la jerarquía literaria de su época[3]. "Debo terminar aquí con mis agradecimientos", escribió el 18 de junio de 1816,

> y preguntarle ¿qué, en nombre del sentido común, le hizo a usted mostrarle una carta mía a Lord Byron? "No recuerdo haber dicho nada impertinente sobre él ni su poesía porque los admiro demasiado [,] pero

---

[3] María era una autora "menor" comparada con los grandes nombres literarios de sus días, la mayoría de los cuales fueron publicados por John Murray (Byron, Coleridge, Southey, Sir Walter Scott). De sus cartas uno puede deducirse que tampoco era socialmente su igual; por lo tanto, ella se había tomado una libertad al criticar a uno de ellos.

yo, ciertamente, jamás tuve la intención de que él llegara a ver lo que yo le escribí a usted –no lo conozco lo suficiente [;] nunca logré que nadie me presentara, y habría dado muchísimo y [ilegible]…por conocerlo bien".

John Murray le había enviado la carta de María a Lord Byron el 22 de abril de 1816, junto a una suya que es especialmente conmovedora. Según Andrew Nicholson, ésta tiene que haber sido la última carta de John Murray a Lord Byron antes de que éste dejara Inglaterra:

Su Señoría,

Acabo de recibir la carta adjunta de la Sra. María Graham, a quien yo le había enviado sus Versos –ella le demostrará lo que se piensa de usted en los rincones más remotos, y me proporciona a mí una excusa para repetir que nunca lo olvidaré–. Dios bendiga a su Señoría.
Hasta siempre
John Murray (citado en Nicholson, 163).

Si esta acción se realizó con la intención de levantar el ánimo a Lord Byron, es posible que haya tenido éxito, pero no mejoró la posición de María en la estima del poeta. De hecho, ella tenía motivos para preocuparse cuando supo que él había leído la crítica que ella había hecho de su poema. Tres años después, durante su estadía en Italia, María trató de establecer contacto con Lord Byron, quien vivía entonces en ese país, bajo el pretexto de hacerle una pregunta a nombre del artista Charles Eastlake. Lord Byron no guardó la carta de ella, sino sólo una copia de su respuesta, que es fría y no permite ninguna posibilidad de continuar relacionándose. Sólo el 2 de julio de 1819, desde Ravena, Lord Byron le respondió:

Señora,

Su carta del 12 de junio fue enviada desde Venecia a esta ciudad, pero yo no la recibí hasta ayer.
Me honran las intenciones de su compatriota –y cualquier pregunta que él esté dispuesto a hacerme– yo le responderé.

Después de algunos detalles sobre la apariencia de un cierto personaje en un poema que no es mencionado (*The Giaour*), y la especificación de lugares en Grecia, Lord Byron da un término formal y definitivo a su intercambio:

"Debo agradecer el honor de su carta y lamentar la molestia que ésta le
ha ocasionado. Saludándola muy atentamente,…" (citado en Marchand,
172-173).

La suposición que la carta de María a Lord Byron puede haber sido una ten-
tativa suya de trabar amistad con él, queda confirmada por las apasionadas
referencias al poeta dispersas en sus diarios y cartas, así como por la carta de
Eastlake a Lord Byron el 24 de julio de ese mismo año. En ésta, él le agradece
al autor la respuesta a algunas "de las preguntas de ella [María Graham] con
respecto a la historia del *Giaour* del cual tengo la intención de aprovecharme al
armar algunos de los escenarios de Parnaso" (*Ibíd.*, 57-58). Este intento fallido
de acercarse a él no disminuyó la admiración que María sentía por Lord Byron.
En sus cartas a John Murray continuó expresando su lealtad hacia él como persona y la admiración por su poesía.

El pintor Charles Eastlake hizo algo más que proporcionar una excusa para
que la escritora de viajes tomara contacto con Lord Byron. También actuó de
enfermero para María y su esposo, el capitán Thomas Graham, cuando ambos
cayeron gravemente enfermos mientras viajaban por Italia. Además le proporcionó dibujos para el diario que ella escribió relatando su estadía en las montañas al este de Roma.

El diario *Tres meses en las montañas al este de Roma durante el año 1819*, publicado en 1820, representa una transición entre los muy exitosos diarios de India
del año 1812 y 1814 y los diarios sudamericanos[4]. Al parecer, este trabajo no
alcanzó el mismo nivel de aceptación con el público lector de Londres como
los anteriores, aun cuando fue comentado en el *Edinburgh Review* en marzo de
1821. El autor del artículo clasifica el libro como una agradable diversión y admite que, incluso, puede llegar a ser instructivo en su pequeñez. Agrega que
el mérito más grande del diario está en el hecho de que no tiene "pretensiones
de hacer observaciones profundas ni alardea grandes conocimientos" (149). Su
virtud más importante, dice el crítico, es la veracidad, no porque María Graham sea ella misma veraz, sino porque sus palabras han sido avaladas por los
dos hombres que viajaron con ella:

La narración no sólo lleva consigo la más fuerte marca de veracidad,
sino que todo lo que se dice fue escuchado o presenciado por otras dos

---

[4]   María Graham realizó este viaje a Italia en 1819 en compañía de su esposo y del artista Charles
Eastlake, quien hizo las ilustraciones para su libro.

2. *Campesinos bailando en Poli. Boceto de Charles Eastlake para el libro* Tres meses en las montañas al este de Roma (Three Months Passed in The Mountains East of Rome) *(1820).*

personas, lo que impidió las exageraciones involuntarias, que son lejos la fuente más fecunda de inexactitudes en todos los viajeros (*Ibíd.*).

Aun cuando el crítico modera su desconfianza y atribuye exageración a "todos los viajeros", da la impresión de que en toda la reseña existe el mensaje subyacente de que a esta autora se le debe creer sólo porque sus garantes son hombres[5]. Es posible que el relato que escribió María Graham de su viaje a través de las aldeas de montaña al este de la ciudad de Roma no haya necesitado

---

[5]   Véase Capítulo 6, Nota 11 sobre la referencia al artículo de *Quarterly Review* que insinúa una falta de veracidad en el diario de Chile de María Graham, contrastado con otros dos diarios sobre el mismo tema escritos por hombres y criticados en el mismo artículo. En "Notes" para las biografía de María Graham de Rosamund Gotch se encuentra una acusación más fuerte aún. En éstas ella cita a un crítico que llama a María una "falsificadora" por su trabajo como editora del libro *Voyage of the HMS Blonde to the Sandwich Islands* (*Viaje del HMS Blonde a las Islas Sandwich*, 1826) (en Gotch, 63).

la validación de sus acompañantes, ya que es el menos controvertido de todos sus diarios.

De acuerdo con la práctica habitual en sus diarios publicados, María comienza con un prefacio donde señala qué campo en particular tiene la intención de abarcar en su obra, dando como su razón que el tema ha sido descuidado por otros escritores. En esta instancia son las aldeas y la gente próximas a Roma las que han sido ignoradas:

> El objeto del librito que sigue es describir el estado actual de los vecinos más cercanos a Roma; para mostrar cómo son los campesinos de los cerros y cómo han sido, tal vez con muy poco cambio, desde que "Roma estuvo en su apogeo" (iv).

El diario propiamente tal, aparte de las referencias a obras literarias clásicas y contemporáneas, a importantes hitos arquitectónicos, y también al trasfondo histórico de la región, consiste principalmente en narraciones de personajes que relatan sus historias en sus propias palabras y rara vez pasan a través del filtro natural del narrador. Las narraciones están insertas a modo de relación de conversaciones en que a los personajes se les da su voz, o como transcripciones de cartas, método que se discute más adelante en este capítulo. Esta estrategia puede tener el efecto de acercar el texto al lector sin la interferencia del narrador, pero es poco probable que un lector educado del siglo xix se conmoviera con estas historias de gente sencilla, que son más patéticas que edificantes[6]. Los personajes que aparecen en el diario son objeto de curiosidad para la viajera y sus lectores en Inglaterra, y esta distinción los coloca en la función del "Otro" dentro del texto, como si fueran indígenas de países lejanos, en vez de europeos como ella. Los "Otros" en Europa, por lo tanto, no están definidos por su etnia sino por su clase. Poco después de su llegada al pueblo de Poli, por ejemplo, María describe una fiesta popular en la cual ella y sus acompañantes participan:

> Pocos días después de nuestra llegada a Poli asistimos a un pequeño baile dado, principalmente, en honor a nosotros por ser forasteros. Los campesinos lucían airosamente sus pintorescos trajes en esta ocasión; y el baile, la Saltarella Romana, tan bien representada en los apasionantes aguafuertes de Pinelli, exhibía toda la gama que va desde lo cohibido, pasa por lo gallardo, y llega a lo grotesco (28).

---

[6] Esto explica, quizá, la tibia recepción que tuvo este diario, un hecho que, a su vez, puede haber sido el origen de la tendencia de María Graham a exagerar en sus diarios siguientes.

En este pasaje la viajera captura a los campesinos como objetos de su curiosidad, destacándolos y haciéndolos realizar actividades (en este caso la danza popular) frente a los visitantes. La narradora es capaz de comunicar la vivacidad, pero no el carácter de gente real de los campesinos; en vez de seres humanos parecen las figuras en un animado aguafuerte de Pinelli. Más adelante continúa describiendo sus casas, sus comidas, su trabajo y sus creencias. María Graham tenía una necesidad estructural evidente de crear a un Otro en su libro, de modo que éste pudiera ser considerado un diario de viaje. Dado que no podía utilizar diferencias raciales para destacar la Otredad, convertía a sus sujetos en objetos. Por ejemplo, María indica en un pasaje que la educación de los muchachos y de las niñas es diferente, ya que a estas últimas sólo se les enseña a "coser, hilar y tejer", mientras que a los primeros se les enseña a leer y escribir (31). Sin embargo, la cronista no profundiza en esta diferencia, aunque claramente establece la superioridad de los observadores y su derecho a ver, juzgar y criticar:

> La educación, *por imperfecta que sea aquí*, demuestra sus ventajas en la conducta y sentimientos de algunos campesinos. Nosotros pudimos apreciar su extraordinaria influencia en un joven que generalmente era nuestro guía en nuestras pequeñas expediciones. Sus poderes de razonamiento eran agudos, y sus observaciones, cuando no interfería su fe religiosa, *eran muy superiores a cualquier cosa que hubiésemos esperado de este lugar rústico y remoto* (*Ibíd.*, énfasis agregado).

La religión es uno de los elementos que María Graham usa para diferenciar a los observados de sus observadores. Aquí representa el Catolicismo como una limitación al poder de raciocinio de este joven. Con una sutileza y penetración que no están presentes en el diario de su estadía en Chile, se refiere al carácter pedagógico del Catolicismo que imparte lecciones que no son impugnadas; es decir, el polo opuesto del carácter inquisitivo del Protestantismo.

Por lo demás, la narradora tenía necesidad de establecer su posición de autoridad desde el comienzo del recuento para así controlar su texto, y para lograr su cometido utiliza varios indicadores. El más obvio es su representación de sí misma como agente en la escena que describe y, en consecuencia, la que observa e informa[7], tanto acerca de hitos geográficos como de los habitantes nativos. Por ejemplo, al comienzo del viaje, antes de describir personas, la na-

---

[7] En las instancias en que ella permite a los personajes hablar por sí mismos, María Graham de todos modos sigue controlando su texto, porque es ella quien decide qué historias narrar, a las que más tarde agregará sus propios comentarios.

rradora actúa como guía turística y lleva a sus lectores a un paseo a través de las montañas y los hace apreciar los puntos de interés que ella menciona a medida que avanza el viaje.

> Comenzamos nuestro viaje, muy temprano en un día esplendoroso a mediados de junio... A medida que avanzábamos, de vez en cuando aparecía el embaldosado poligonal del antiguo camino... un gran edificio redondo, algo parecido al templo de Minerva Médica, se yergue tan cerca del camino que se le han desgastado los cimientos debido al paso de las ruedas... Más adelante, en la torre llamada Pignatara, encontramos el magnífico sarcófago de Santa Elena, la madre de Constantino (5-6).

Como si fuera una guía de viajes, María le pide a sus lectores que la sigan y observen los detalles que ella señala. Pero hay otra característica que denota la posición de autoridad de la voz narrativa en el diario, y es su distanciamiento de las escenas que describe y su constante referencia a los clásicos, a autores ingleses y a la historia europea. Aún más, María Graham establece la superioridad de Gran Bretaña de la misma manera que en el pasado, usando su país de origen como el ideal y medida de todo lo que ve. Cuando describe la campiña cerca de Roma, observa:

> No hay pueblos ni caseríos, ni siquiera casas de campo en esta parte de Italia. Todos los habitantes viven en ciudades, y esto le da al campo, especialmente alrededor de Roma, un aire melancólico. La falta de esas cómodas casas que animan el paisaje en Inglaterra se siente ostensiblemente en estos campos tan extendidos (16).

Éstas y otras comparaciones similares abundan en el texto, las cuales van desde el salario de los pastores (56), y mala calidad de las herraduras italianas (57) hasta la presencia de bandidos. María comenta que en la mayor parte de Europa se pueden encontrar forajidos, excepto en Gran Bretaña, donde

> [l]os criminales son juzgados públicamente, las leyes se cumplen a cabalidad, y la astuta política de abrir caminos y construir puentes a través de todas las Tierras Altas de Escocia ha liberado a Gran Bretaña de la desgracia que significa albergar a tales rufianes. Pero aquí el juicio es secreto, la sentencia incierta, y los caminos, generalmente en tal estado de deterioro, que el delincuente es capaz, a veces, de entorpecer la marcha de la justicia (144).

Las políticas del Gobierno Británico que lo abarcan todo, sostiene María Graham en su diario, han traído consigo la seguridad de sus ciudadanos. En su análisis, califica los aspectos negativos de la sociedad italiana como malos, porque son distintos a los sistemas británicos; los aspectos positivos, tales como el campo, cuando llega a ser hermoso, es porque se parece al de Inglaterra. Más importante aún, los poetas de la Antigüedad están filtrados a través de las traducciones inglesas; de esta manera, la supremacía británica es reina indiscutida en su texto. Virgilio es conocido a través de Dryden, las *Epístolas* de Horacio a través del reverendo Francis[8], y la historia romana a través de Gibbon. Se comprende que María Graham mencione los clásicos en su versión inglesa para hacer su texto accesible a un público más amplio, pero su intento de dar forma inglesa a Italia va mucho más allá. En el Capítulo 2 de su *Diario Italiano*, cuando describe las plantaciones, las granjas, y los bosques de Poli, señala que los árboles son elementos muy valorados en la región e identifica las diferentes variedades. Su lista, sin embargo, no es meramente informativa, porque al final sugiere que un extracto muy similar de *The Fairie Queene* de Spenser habría servido de igual manera para detallar los bosques italianos que ella está describiendo fielmente para sus lectores:

> El álamo sirve para hacer yugos, el olmo y el arce para otros implementos agrícolas. Con la encina o el arce se hacen bandejas, fuentes y tinas: el corno es más resistente para hacer los mangos de los azadones, y para hacer bastones… La enumeración de Spenser se puede aplicar casi literalmente aquí (51).

Su estrategia, por lo tanto, es realizar ejercicios de comparación entre Inglaterra e Italia, y juzgar positivamente aquellas características que se asemejan a las de Inglaterra. Lo que parecía ser un sesgo de una mentalidad colonialista en los diarios de María Graham, mencionados anteriormente, en esta oportunidad se mantiene, aun cuando la descripción corresponda a la de otro país europeo, no a un territorio colonial. Su uso de citas de poesía refuerza la transformación del paisaje italiano en un bosque inglés:

> Mucho podrán alabar los árboles tan derechos y altos,
> el frondoso Pino, y el Cedro orgulloso,
> el emparronado Olmo, y el Álamo jamás seco,

---

8 Como estas obras son principalmente traducciones, también demuestran el nivel de conocimientos y educación del narrador y de sus potenciales lectores.

el constructor Roble, el único rey de todos los bosques
el Álamo que sirve para estacas, y el Ciprés para los funerales;
(Spenser, *The Fairie Queene* 1.68–72; 51)

Inmediatamente después agrega un pasaje similar de la versión de Dryden de *Virgilio*. De este modo, hace más estética su prosa y respalda sus propuestas con citas de la poesía clásica, que a su vez son signos de percepciones inglesas de la belleza que se encuentra en la naturaleza.

> El cielo diseña el uso de las diversas plantas
> para casas los cedros, y para los buques pinos;
> los cipreses sirven para estacas y ruedas de carros.
> y todo para las quillas de los barcos que
> surcan los mares;
> los sauces son generosos en ramas, los olmos en hojas…
> (Dryden, *The Georgics*, 2.1-5; 51)

No obstante, aun cuando compara favorablemente los paisajes de bosques italianos con los ingleses, no hace lo mismo con los campesinos italianos. Por sus observaciones respecto al concepto de belleza que ellos poseen, María los sitúa en condición de "nativos" de tierras lejanas. Sus inclinaciones se manifiestan en el gusto por adornos ordinarios, tales como "hebillas de plata, adornos para la cabeza, y cuentas de coral" (60), por ejemplo, que es la única manera que tienen de ahorrar para el futuro, agrega en otra crítica velada a los campesinos, la cual contribuye a engrandecer el espíritu emprendedor de los británicos y la ideología liberal.

> Esta especie de pobreza moderada, un poco por sobre la escasez, pero debajo del estado de lujo en que *la ambición comienza a empujar al hombre para distinguirse, o para mejorar su condición*, produce una gran indiferencia con respecto al interés público, y los hace someterse a cualquier gobierno, con tal de que los dejen en paz (*Ibíd.*, énfasis agregado).

El empuje, por lo tanto, que impulsa a los seres humanos a buscar ganancias materiales –y por analogía, a países como Gran Bretaña a conquistar otras regiones del mundo– es ético y legítimo a juzgar por los efectos que la falta de ambición produce en los campesinos italianos, sugiere la viajera. Con estas observaciones y sus conclusiones, probablemente estaba interpretando las preferencias de sus lectores, que manifestaban más interés en leer textos que los ensalzaran que en saber de otros lugares. Curiosamente, el crítico que comentó su libro italiano adoptó la visión mundial sobre la superioridad de Gran Bretaña como un hecho irrefutable y una característica natural en el diario de María. Esta actitud formaba parte del discurso nacionalista británico, en el cual los escritores y periodistas participaban con entusiasmo; María Graham no era ajena a esta práctica. La novedad en su caso es que la usó tanto en Europa como en tierras lejanas.

En el diario italiano de María Graham sus observaciones funcionan como canales que introducen lo que parece ser el tema principal del libro, es decir, la descripción de la vestimenta y del relato de varios cuentos de los *banditti* o bandidos que constantemente asolaban los campos vecinos. Hay varios relatos de las actividades de los bandidos, e incluso, aunque la narradora desaprueba sus acciones, expresa admiración por su valentía de la manera propia de un escritor del Romanticismo. Su admiración por el coraje de estos hombres está expresada de una manera realmente romántica[9]. Incluso los bocetos de los malhechores incluidos en el libro parecen más bien retratos de bien parecidos héroes románticos que de asesinos y ladrones[10]. Uno de los rasgos que hace agradables a los bandidos es su tendencia a proteger a los pobres de sus patrones ricos. En una de las narraciones, un pastor que ha sido castigado injustamente por su patrón, "al no saber cómo obtener justicia en forma civilizada, apeló a la hermana salvaje de ésta, la venganza, y pidió ayuda a los bandoleros de Sonnino, quienes con gusto asumieron el castigo del patrón" (94).

En otra ocasión María Graham relata una historia que también escuchó de un pastor. Los *banditti* descendieron sobre un redil una noche y, cuando obligaron a los pastores a proporcionarles comida y éstos la cocinaban para ellos,

> hablaron muy francamente con sus prisioneros acerca de ellos mismos y de su forma de vida la que, ellos aseguran, surgía más de la necesidad que de una elección personal. Les mostraron el corazón y una medalla de la Madonna, que cada uno llevaba colgando del cuello, y dijeron: "Sabemos que probablemente tendremos una muerte violenta, pero para la

---

[9] El trato que da María Graham al tema de los bandidos aquí es calificado como temáticamente romántico. Su representación contiene la mayoría de las características que Baldick considera motivos recurrentes en los textos románticos: "Horror, melancolía o sentimentalismo… [algunos autores del Romanticismo también] cultivaban el gusto por lo exótico, lo raro o lo macabro" (223).

[10] Los detallados bocetos de los bandidos que realizó Charles Eastlake indican que él puede haber visto a algunos de ellos y contado sus impresiones a María, quien en su texto los transformó en figuras románticas.

hora decisiva tenemos éstos", e indicaban sus fusiles, "para luchar por nuestras vidas, y esto", besando la imagen de la Virgen, "para que haga fácil nuestra muerte". Esta mezcla de ferocidad y de superstición es uno de los rasgos más terribles del carácter de los *banditti* de Italia (160).

Los bandidos, aunque idealizados, también llevan a cabo salvajes asesinatos y mutilaciones que María relata con horripilante detalle, no directamente, pero a través de los relatos de los testigos y de las víctimas. Ella ilumina estas historias cuando permite que los bandidos hablen e interactúen con sus cautivos, un enfoque que los presenta como personajes dramáticos, lo que acerca el diario a una obra de ficción.

La obra de María Graham, *Tres meses en las montañas al este de Roma*, se apoya fuertemente en la temática gótica, que se manifiesta no tanto en la descripción de palacios arruinados, templos antiguos o pueblos abandonados, sino en el retrato de estos bandidos. Describe muchas de sus hazañas en detalle, pero se distancia de ellos dramatizando sus acciones, como ya ha sido mencionado. La siguiente viñeta, narrada con una voz neutra, sirve para introducir a los *banditti* en la narración:

> Una de estas historias tiene que ver con Sixto V., que se fue a un bosque disfrazado de viejo, con un burro cargado de vino. Los ladrones, evidentemente, lo apresaron y lo obligaron a meterse en una cueva mientras examinaban el vino. Sixto murmuró para sí mismo que ellos estaban felices haciendo esto. "¿Qué estás diciendo?" le preguntaron ellos. "Sólo que comeré con mucho gusto cuando esté listo el asado". "Puedes hacerlo, pero nosotros nos vamos a tomar todo el vino". "¡Ay de mí, señores! El vino no está hecho para un hombre pobre como yo, que sólo lo acarrea para otros…". Cuando la carne estuvo lista, los bandidos comieron la comida y se bebieron el vino, para gran placer de Sixto, que había vertido opio en el vino; y, apenas vio que los de la banda estaban relativamente dormidos, dio un silbido, llegaron sus soldados, y fueron todos apresados (139).

Ésta es una de las pocas instancias en que los bandidos son derrotados. Por lo general son representados como poderosos y victoriosos, pero siempre a través de otros hablantes que protegen a la cronista del contacto directo con los criminales. Otra estrategia que usa la viajera es la de representar una situación narrativa en la cual ella es meramente quien escucha y registra los hechos:

Para satisfacer nuestra curiosidad, el dueño de los rebaños ordenó a su capataz que nos hiciera un recuento de la llegada de los ladrones al redil, cosa que éste hizo más o menos como sigue: alrededor de media hora después de la puesta del sol, ocho pastores que estaban juntos en el redil vieron a tres hombres armados que se acercaron a ellos y les preguntaron qué tenían para comer (159).

Las diferentes formas de relatar las actividades de los bandidos agregan variedad al texto. Aun cuando este diario acerca de Italia cae en la categoría de diario de viaje, es más estático que los textos tradicionales de este tipo; posiblemente la cercanía de Italia con Inglaterra, y la limitada cantidad de millas que María y su grupo cubrieron durante el viaje intensifican esta percepción. Lo interesante, por lo tanto, debía provenir de las narraciones y de las diferentes formas en que éstas se podían presentar.

Uno de los pasajes más feroces del libro está incluido en forma de una carta dirigida a ella, que la autora simplemente transcribe en su texto: Un médico que había sido secuestrado por los *banditti* relata en su carta que mientras esperaba con sus captores el dinero para el rescate que su familia había sido obligada a pagar, presenció cómo el jefe de los bandidos de pronto golpeó en la cabeza a otro cautivo que estaba sentado al lado suyo:

> El golpe no lo mató, así es que se puso de pie y gritó, "Tengo esposa e hijos; por el amor de Dios no me quiten la vida", y una vez que dijo esto comenzó a defenderse como podía con sus manos. Otros bandidos lo rodearon… yo cerré los ojos… oí un grito o dos… en un lapso muy corto los bandidos volvieron, y vi al jefe envainar su daga, todavía manchada con sangre (198-199).

La estrategia de la viajera de distanciarse de acontecimientos que pudieran ser desagradables o falsos se sustenta a través de toda su obra y contribuye a mantener la imagen de una observadora eminente e inmaculada. Su persona narrativa ya había sido descrita previamente en sus diarios como erudita, preocupada de cuestiones filosóficas o de interrogantes que tuvieran que ver con teología, estructuras sociales o lenguas antiguas. Las horribles historias de bandidos no calzaban en la categoría de relatos que pudieran llamar la atención de una escritora tan superior como ella. Su forma de usar salvaguardias entre su persona y las anécdotas que ella relata sirven para proteger su integridad de narradora. María Graham no se abstuvo de incluir éstas y otras narraciones dramáticas en su diario, ya que debe haber estimado que agregaban interés a su texto a la vez que reflejaban las preferencias de los lectores de su época, mayoritariamente varones.

María Graham hizo uso de la modalidad gótica en todos sus relatos de viajes, principalmente como una herramienta para destacar, y a veces para socavar la imagen de pueblos y culturas extranjeras. En la India describió ritos religiosos y costumbres funerarias; en Chile, como veremos más adelante, creó un misterioso boticario, insinuó que ciertas mujeres agrupadas como una familia podían ser brujas y describió horribles prácticas funerarias, entre otras características góticas. Sin embargo, pocas veces usó esta forma en relación a sí misma, salvo, quizá, en el *Diario de Brasil*, en un pasaje donde imagina su propia muerte y lo que sucederá después. En esa ocasión agrega algunos toques románticos a la escena imaginada como, por ejemplo, las pocas personas que llegarían a su tumba a llorar su muerte. Los cuentos sangrientos de los *banditti* en *Tres meses en las montañas al este de Roma* son más fuertes que las instancias mencionadas más arriba, porque los acontecimientos narrados están teniendo lugar no en el pasado ni en tierras lejanas, sino en el presente y en un país vecino. No obstante, en todas las instancias, lo gótico tiene una función estructural en los diarios, sobre todo en la construcción de un Otro que sirve de referencia a la persona literaria superior que da forma a los textos.

Fuera del hecho que su *Diario de Italia* y su *Vida de Poussin*[11] fueron publicados en 1820, no es mucho lo que se sabe de María y de su esposo hasta que viajaron en barco a Sudamérica a mediados de 1821. Seis meses antes habían estado viviendo en Plymouth, dice Rosamund Brunel Gotch (183), y ésta es una indicación de que pueden haber estado esperando una destinación para el Capitán. Tres cartas dirigidas a John Murray escritas a bordo del buque *Doris* en mayo de ese año, hablan de la precaria salud de María, hacen notar que está muy ocupada y cansada, y mencionan sus planes de traer de vuelta "cualquier cosa que valga la pena publicar". El capitán Thomas Graham estaba a cargo del HMS *Doris*, una fragata destinada a proteger los intereses británicos en Sudamérica y, después de muchos retrasos, zarparon en agosto de 1821. El viaje terminó en tragedia, sin embargo, para el capitán Graham; para María marcó un nuevo comienzo.

---

[11] En este libro María, como es su costumbre, declara haber sintetizado gran parte de lo ya escrito sobre este pintor en varios idiomas, de modo que su biografía sería la primera en inglés. También critica al público inglés por tener la tendencia a admirar cualquier cosa extranjera y a desdeñar la excelente obra de los artistas ingleses.

SEGUNDA PARTE
LA AVENTURA SUDAMERICANA
1821 – 1825

La prolongada estadía de María Graham en América del Sur fue dulce y amarga a la vez. Su historia durante este periodo es narrada por ella misma en los diarios publicados sobre Brasil y Chile y en una narración posterior. Otras fuentes incluyen varias cartas dirigidas a ella y otras escritas por ella, todas guardadas en la Biblioteca Nacional de Río de Janeiro. Entre éstas hay algunas que quizás la viajera no hubiese querido que fueran preservadas. También están las notas que ella tomó para una nueva edición del *Diario de Brasil*, aparte de las cartas dirigidas a su editor, John Murray.

En 1824 María Graham publicó su *Diario de un viaje a Brasil y residencia allí durante parte de los años 1821, 1822, 1823*, y aun cuando el libro está presentado como un solo texto, comprende el relato de sus dos primeras visitas a Brasil separadas cronológicamente por su estadía en Chile en el año 1822. Además, la segunda parte del libro presenta diferencias tan marcadas con respecto a la primera que necesariamente resultan ser dos textos independientes. La tercera fuente más importante de la vida de la autora en Brasil, como ya se ha mencionado, es su diario no publicado, donde narra aspectos desconocidos de su corta estadía como institutriz de la Princesa María da Gloria de Braganza[1]. En los capítulos anteriores que trataban sobre los diarios de la India se sugería que el diario privado marcaba el nacimiento de María como persona narrativa; en el capítulo siguiente, que explora la narración de su estadía en Chile, esta persona literaria lleva a cabo interesantes proezas, como por ejemplo hacer de ventrílocua para otra voz, convertirse brevemente en heroína de novela romántica e inventar mitos acerca de su entorno. Además, hace despliegues constantes de erudición y superioridad racial, especialmente con respecto a otras mujeres.

En los diarios de Brasil la persona narrativa de María Graham adquiere nuevas aristas cuando el nuevo entorno produce cambios perceptibles en su voz, en su posición narrativa y en su enfoque. Por ejemplo, su forma de descri-

---

[1] En las Bibliotecas Británica y Bodleian está catalogado como "Brazil Journal" (Diario de Brasil), aunque en realidad es un pasaje autobiográfico.

bir el colonialismo en Brasil es diferente a la manera como lo hace en Chile, un país que hasta hace poco había sido colonia de España, o como lo pintó en la India, que sí era una colonia británica. Brasil, por otra parte, todavía era oficialmente una colonia portuguesa durante la primera visita de María en los años 1821 y1822, pero se había convertido en un imperio independiente cuando ella volvió desde Chile en enero de 1823. En ese momento su voz se vio afectada por el lugar físico, pero también por su forma de relacionarse con otras personas. Es evidente, además, que su cercanía con la familia imperial durante su segunda visita provocó en ella un suavizamiento algo oportunista de su percepción general del país, su gobernante y sus costumbres.

Su forma de referirse a la esclavitud, realidad que está ausente en sus descripciones de Chile, ya que esa práctica no existía en este país, cobra preeminencia en su diario publicado de Brasil[2], a pesar de ser cambiante y ambigua, por razones que se sugieren más adelante. Por otra parte, su descripción de diferentes prácticas religiosas, muy destemplada en el diario de Chile, es acallada en Brasil, probablemente por razones de conveniencia para la narradora. Sin embargo, es su posición respecto a la feminidad, o más bien la forma en que María Graham enfoca los problemas de género mientras se encuentra en Brasil, la que muestra la gran complejidad de su persona narrativa. Como se ha comentado en capítulos anteriores, por lo general se mostraba hostil hacia las mujeres que conocía en sus viajes, tanto compatriotas como nativas de los distintos países que visitó, con excepción de la emperatriz Leopoldina de Brasil. No obstante, en su segunda visita a Brasil es posible que haya sentido el rechazo de la sociedad. La primera vez había llegado como una "respetable" señora casada; pero en la segunda visita se había convertido en una viuda independiente. Aún más, llegaba ahora como parte del entorno de Lord Thomas Cochrane, cuya esposa, recientemente, había decidido viajar desde Inglaterra hacia América del Sur para estar con él. María disimuló esta incómoda situación mediante el uso de varios recursos textuales que irán siendo señalados a lo largo de la narración de su estadía en Brasil, y que incluyen, por ejemplo, la degradación de las mujeres brasileras al describirlas como flojas, sucias o inmorales, o el uso de rasgos físicos propios de gente morena para calificar de ignorantes de mente perversa a las damas portuguesas de la corte. Esta estrategia le permitió desacreditar a una parte de la sociedad que, como es natural, la rechazaba.

[2]   El diario publicado, que comprende la primera y segunda visitas a ese país, se denominará *Diario de Brasil* en este libro; el tercer diario será conocido como Brasil 3.

La tendencia de María Graham a construir realidades alternativas en sus textos –tal como en el barco durante su viaje a la India, o la transformación textual del humilde puerto de Valparaíso en Chile que se verá en el próximo capítulo– adquiere mayor relevancia en este lugar, ya que ahora ella se encuentra en medio de una corte imperial. Los relatos que se tratarán aquí, por lo tanto, más que diarios de viaje tradicionales bien parecen ser de viajes al interior mismo de la narradora.

Como se señaló anteriormente, los diarios publicados sobre Brasil constan de dos partes. El primer diario, que cubre los años 1821-1822, comienza en Inglaterra con el zarpe de la fragata *Doris*, cuyo comandante era su esposo, el capitán Thomas Graham. En esta primera parte ella describe una visita a Tenerife, las ceremonias del cruce de la línea del Ecuador, la vida y sociedad en diversas ciudades de Brasil, y termina con la llegada de su barco a Valparaíso, portando el cadáver de su esposo fallecido.

Los cambios que experimenta la persona narrativa de María Graham durante el relato de su estadía en Sudamérica –ya sean éstos de tono cuando pasa de una actitud de superioridad a una de subordinacion, de posición, al pasar de distante a omnisiciente, o de moralidad, ya que a veces parece veraz y otras no– hacen al lector preguntarse si la voz en el texto pertenece a un hombre o a una mujer. La objetividad y la superioridad tradicionalmente se han asociado a lo masculino; por el contrario, la subjetividad y el histrionismo se consideran características "femeninas". Es posible detectar los cambios que sufre la narradora de género neutro de los diarios publicados sobre la India, de la primera parte del *Diario de Brasil* y parte de los relatos acerca de Chile, para luego representarse como una heroína indefensa en busca de protección masculina (como ella se describe brevemente al final de su estadía en Chile), que finaliza en un histrionismo narcisista en el segundo *Diario de Brasil*. El tercer texto, por su parte, contiene una narradora que puede ser aún más "femenina", de acuerdo con el tradicional estereotipo creado por escritores masculinos, ya que a las dos cualidades mencionadas anteriormente ella agrega a su persona literaria las de sigilo y duplicidad.

Esta duplicidad se manifiesta, por ejemplo, en la manera en que María Graham representa su relación con dos mujeres que, aparte de la Emperatriz, dominan la segunda parte del diario publicado y del relato privado de su estadía en Brasil. Ellas son Lady Cochrane y Madame Bonpland, y el papel que juegan en la vida de María y sus escritos tiene una trascendencia tal que es importante mencionarlo. La actitud de la escritora con respecto a los problemas de género, nunca fácil de entender, se evidencia en su hostilidad hacia la mayoría de las mujeres y en la descripción sesgada de algunas, pero también en su desprecio por las convenciones vigentes en su época, que imponían restricciones a los textos escritos por mujeres[3]. En este contexto, lo más complejo de todo resulta ser la forma en que ella construyó su persona narrativa como la de un ser que posee "lo mejor de ambos mundos", el masculino y el femenino. También relacionada con la autocreación de María Graham está la forma en que visualizó los temas cruciales de su época, tales como la esclavitud y el colonialismo, que se examinan aquí en la medida que iluminan la imagen resultante de la narradora en el texto.

El *Diario de Brasil* publicado que consiste en dos partes, está precedido por un prefacio y por un recuento de la historia del país en forma de introducción. La propia María, al final de la introducción, declara que el recuento histórico es esencial para la comprensión de su narración y de los hechos de los cuales fue testigo. En 1808, tres años antes de que llegara a Brasil por primera vez, el país era una colonia de Portugal. Ese mismo año, y fuertemente impulsado por Gran Bretaña, el Rey de Portugal y toda la corte se refugiaron en la colonia para evitar convertirse en rehenes de Napoleón. En consecuencia, Brasil se convirtió en reino y, por tanto, la sede del Gobierno de Portugal. En abril de 1821, seis años después de la derrota de Napoleón en Waterloo, el rey João VI regresó a Portugal y dejó a su hijo Pedro a cargo del gobierno de Brasil en calidad de regente.

Luego el Parlamento portugués votó que se devolviera Brasil a su condición anterior de colonia, pero al año siguiente el hijo de João decidió quedarse en Brasil y se autonombró Emperador. "Al preservar la dinastía real, Brasil obtuvo su independencia sin el legado de la revolución que sufrieron todas las colonias españolas en el hemisferio, salvo Cuba y Puerto Rico" (Levine, 60). Mediante este acto de rebelión en contra de la "madre patria", Pedro obtuvo el apoyo de las provincias del sur, indica Harvey, especialmente de São Paulo. Sin embargo, los estados del norte, Bahía, Pernambuco y Maranhão, todavía apoyaban a Portugal, e incluso la flota portuguesa tenía su base allá (*Ibíd.*, 278). Además, la escuadra no era la única rama estacionada en las provincias del norte, dice Isaac J. Cox: en la región también había guarniciones que tendrían que ser derrotadas antes de ser enviadas de vuelta a Portugal (167-169).

En ese momento Pedro I, aconsejado por su ministro José Bonifacio de Andrada[4], obtuvo los servicios de Lord Thomas Cochrane, quien estaba finalizan-

---

[3]   Véase Mills, *Discourses of Difference* (*Discursos de Diferencia*), 77.

[4]   Él era el ministro que más tarde recomendó a María Graham como institutriz de la princesa. Posteriormente fue despedido de su puesto y más tarde fue expulsado del país. Graham y Cochrane perdieron un influyente aliado en la corte.

do su misión en Chile y en el Pacífico después de haber derrotado a la Armada española. La presencia de Lord Cochrane resultó decisiva para derrotar tanto a la marina como al ejército de Portugal; Brasil logró su independencia, pero en el Gobierno siguió existiendo un sector fuertemente partidario de Portugal, opuesto al liberal Andrada (*Ibíd.*). En estas condiciones, junto con el carácter inestable del Emperador, quien era "porfiado, enérgico, pero en ocasiones indeciso… [a veces él] recurría a pataletas de rabia y a actos de brutalidad" (Williams, 8), es posible que haya habido lugar para las intrigas a las cuales alude María Graham en su tercer diario así como en sus cartas privadas, y podrían explicar sus aprensiones ante la posibilidad de encontrarse envuelta en ellas.

En cuanto a la razón de la presencia de la Armada Real en la región, Levine corrige el final poético de la *Historia de Brasil* de Southey, que dice textualmente, "La sede de la monarquía portuguesa fue trasladada de Lisboa a Río de Janeiro, con la ayuda y protección de Inglaterra" (3:695), puesto que la ayuda no había sido un regalo desinteresado:

> El precio que tuvo que pagar Portugal por rescatar a la familia real del peligro [la amenaza de una invasión a Portugal por parte de Napoleón], fue el tratado de intercambio de 1810 que abrió los puertos de Brasil. Gran Bretaña recibió el derecho exclusivo de construir y reparar barcos en Brasil y de comprar madera (Levine, 58).

En la crítica del libro *Empire Adrift* de Patrick Wilckens, escrita por Peter Burke, éste ofrece un extenso análisis de la historia de Brasil de comienzos del siglo XIX. En lo que respecta a la "protección" de Gran Bretaña a la familia real portuguesa, Wilckens se extiende sobre el costo de retribución señalado por Levine y agrega otro elemento, el de "la apertura de Brasil a las exportaciones británicas, a las cuales se les habían denegado sus acostumbrados puertos de salida a causa del bloqueo impuesto por Napoleón. No sólo fue la corte portuguesa la que llegó a Río en 1808, sino también diversos comerciantes ingleses" (25). La razón, por lo tanto, para que la fragata *Doris* recalara en Brasil en viaje hacia Chile en 1821, junto con muchos otros buques de la Armada británica, la explica Hayward, quien señala que ellos "tenían órdenes de proteger los intereses comerciales británicos a lo largo de la costa sudamericana" (XVIII). La propia María Graham confirma esta situación en una carta a John Murray, fechada el 23 de septiembre de 1821, escrita a bordo de la *Doris,* que en ese momento se encontraba anclada en Pernambuco. En ella declara abiertamente que su presencia allí, como representantes del Gobierno británico, se debe a la necesidad de proteger "los bienes de británicos" en ese momento.

Sin embargo, la presencia de María Graham en el país como autora reconocida de diarios de viaje posiblemente no necesitaba justificación. Mucho antes, en el prefacio del *Diario de una residencia en la India*, su tono había sido desafiante cuando anunció que su libro satisfaría la necesidad de "una visión amplia de sus escenarios y monumentos, y del comportamiento y costumbres de los nativos y de los colonizadores residentes". Asimismo, en el prefacio del *Diario de Chile*, la viajera declara que el libro fue escrito con varios objetivos precisos, entre ellos el de atraer la atención hacia un país rico en recursos naturales y sus potencialidades económicas (v). Los escritos acerca de Brasil siguen la misma tendencia, pero el tono de la declaración de propósitos al comienzo, en esta ocasión, es menos firme que el que utilizó en los prefacios anteriores. A pesar de ello, la escritora de viajes insiste que su intención es la misma de siempre: "Aun cuando el diario de un viaje a Brasil, y una residencia de muchos meses en el país *no fue escrito sin la intención de que fuera publicado en algún momento*" (iii énfasis agregado)[5]. A medida que avanza la descripción de su trabajo, al parecer se produce en María Graham la misma vacilación que mostrara en las frases iniciales de su prefacio, una cualidad que es completamente ajena a la asertividad acostumbrada de la autora.

Los informes respecto a los acontecimientos en Brasil durante los últimos años, sostiene ella, fueron llegando a Europa a medida que ocurrían. El único mérito de la autora ha consistido en reunirlos y en documentar el efecto que éstos han tenido en los propios participantes. Admite no ser totalmente imparcial, sin embargo expresa la esperanza de que su diario proporcione un recuento no prejuicioso de ambas facciones en la lucha por la independencia de Brasil.

> No es con poca ansiedad que el diario es lanzado al mundo... [sostiene ella]. Tal vez la autora ha sobredimensionado sus poderes al tratar de registrar el desarrollo de tan importante acontecimiento como es la emancipación de semejante imperio del yugo de la madre patria (v).

Aun cuando la narradora del *Diario de la India* (aunque no la de *Cartas acerca de la India*) y de los dos países latinoamericanos se refiere a sí misma en tercera persona como "la escritora" en sus prefacios, es sólo en sus escritos acerca de Brasil que ella muestra una cierta inseguridad con respecto a la presentación

---

[5] El doble negativo pudo haber sido usado por la autora para disimular que el propósito final siempre había sido publicar.

de su material. Allí la escritora usa un tono defensivo, totalmente ajeno a su carácter, como se ha dicho anteriormente, dado que su voz narrativa normalmente demuestra autoridad y firmeza. Esta falta de seguridad se podría explicar por el hecho de que ella redactó esta parte del libro cuando se encontraba en Inglaterra, en 1824, mientras reunía materiales para dar clases a su futura alumna, la hija del Emperador de Brasil. Por lo tanto, es entendible que se mostrara cautelosa en sus comentarios acerca de la historia de Brasil, sus estructuras sociales y la situación política del momento, para no ofender a su empleador. Parece probable que las distorsiones en el texto, especialmente en la segunda parte del diario publicado, se deban al mismo imperativo.

La primera parte del diario publicado comienza con una introducción que comprende la historia del país desde su descubrimiento en el año 1500. María Graham señala que, para las primeras secciones del bosquejo histórico, ella usó y resumió el libro *History of Brazil* (*Historia de Brasil*) de Robert Southey publicado en 1822, aun cuando no se abstiene de mencionar que ella es tan ilustrada –o quizá más aún– que el poeta, porque ha consultado la mayoría de sus fuentes e incluso algunas que tal vez él omitió (1). En la obra de María Graham es fácil notar que ella coloca su propio dominio del tema por sobre el de otros intelectuales, por muy distinguidos que éstos sean. En el caso de la *Historia de Brasil* de Southey es notable que María haya logrado condensar tres volúmenes en apenas setenta y cinco páginas de hechos históricos.

Otra característica importante del *Diario de Brasil* es la cautivante descripción de los principales personajes de la narración, inclusive la propia María, quien pasa de ser espectadora a heroína. Sin embargo, en cualquiera de las dos funciones, sus observaciones sobre las condiciones políticas y sociales del país parecieran estar más estrictamente controladas de lo que están en el *Diario de Chile*. Estas observaciones, que son bastante positivas en la primera parte del diario brasileño, se convierten en francamente elogiosas en la segunda; de ahí la importancia del tercer diario (no publicado), que bajo la forma de un epílogo al revés, vuelve a relatar parte de la historia. El tercer texto difiere de los dos primeros tanto en carácter como en la intención declarada por la narradora[6], como se verá más adelante. Aparte del retrato de la narradora, los diarios publicados incluyen descripciones de personajes que deben haber sido conocidos para los lectores británicos de la época. Están las figuras nebulosas del

---

[6] El texto mencionado en la nota 1 está manuscrito y el original está en la Biblioteca Nacional de Río de Janeiro. Las citas en este capítulo están tomadas de un ejemplar mecanografiado de este original que está guardado en la Biblioteca Bodleian de Oxford. El original y la copia son exactamente iguales.

capitán Graham y de Lady Cochrane, los brillantes retratos del Emperador y la Emperatriz, e indudablemente el de Lord Cochrane. Aun cuando el Almirante pierde, en los diarios publicados de Brasil, la centralidad y la voz que María le otorgó en el diario sobre Chile, su valiosa contribución a la independencia de Brasil está debidamente registrada y proclamada[7].

El primer *Diario de Brasil* comienza "cerca de las seis de la tarde del día 31 de julio de 1821 (77)", cuando María zarpa desde Inglaterra en la fragata *Doris*, y termina el 20 de abril de 1822, cuando llega a Valparaíso en el mismo buque, acompañando el cadáver de su difunto esposo. La voz narrativa en este texto es menos compleja si se la compara con los diarios que le siguen cronológicamente, es decir, el *Diario de Chile* y la segunda parte del *Diario de Brasil*. En su mayor parte se lee como la voz de una turista común y corriente, que relata los paisajes, los sonidos, los sabores y las costumbres de los lugares descritos. Madeira es el primer puerto de arribo en su viaje hacia América del Sur, seguido por Tenerife, donde la narradora hace la primera referencia a Humboldt[8], situándose así como una cronista de viajes de primera categoría:

> Visitamos el jardín botánico tan alabado por Humboldt; pero está en un triste desorden, ya que ha sido totalmente descuidado por mucho tiempo… A medida que ascendíamos hacia la villa el panorama mejoró, los viñedos se mostraron en gran belleza, y todas las demás siembras seguían en pie en los exuberantes valles, las cimas rocosas de las montañas estaban cubiertas de árboles (84).

De regreso de esta excursión María Graham recurre por primera vez al lenguaje propio del colonialismo al describir, para sus lectores en Inglaterra, las características físicas de los habitantes nativos de la isla. Para hacer esto usa el mecanismo de describir a los nativos, no en su totalidad, sino concentrándose sólo en algunas partes de su cuerpo (Mills, *Feminist Stylistics*, 161), "feminizando" así a los individuos y convirtiéndolos en objeto de escrutinio.

> Vimos campesinos luciendo sus mejores atuendos… Parecen amables y vivaces, no mucho más oscuros que los nativos del sur de Europa; y

---

si hubiera una mezcla de sangre Guanche[9], se dice que se nota en los pómulos salientes, en los mentones angostos, y en las manos y pies delgados, lo cual en algunos distritos parece indicar una raza distinta de hombres (87).

A medida que la narración avanza, y estando todavía en Tenerife, la voz se hace más irónica, y los conocimientos de Humboldt se traen a colación y luego se desechan, mientras al mismo tiempo se ponen de manifiesto los conocimientos que la narradora posee acerca de las civilizaciones antiguas. Cuando la esposa de un inglés que vive en Tenerife le envía a María unas cuentas de greda encontradas en las tumbas de los *Guanches*, ella utiliza este incidente como el punto de partida para hacer gala de una gran erudición: refutando la idea de Humboldt de que se parecen a los *quipos* peruanos[10]; ella, por el contrario, sugiere que se parecen a los objetos funerarios de la India, Egipto o Mesopotamia (89), situándose así en un plano superior al de Humboldt, el más conocido entre los viajeros europeos de su época.

La amplitud de las exploraciones de Humboldt en la América española, dice Marie Louise Pratt, y el extraordinario volumen de sus publicaciones satisfacían la curiosidad de los europeos acerca de las tierras inexploradas. Su obra incluye varios volúmenes de viajes, botánica, geografía y descripciones geopolíticas (119). Curiosamente, Ángela Pérez-Mejía define la posición de autoría de Humboldt como una que genera un discurso propio para referirse a sus descubrimientos (62), una hazaña que puede ser interpretada como el epítome de la autoridad narrativa. Estas proposiciones, junto con el hecho de que Humboldt era un intelectual muy conocido y respetado en Europa, hacen pensar que María Graham puede haber estado preocupada de establecer su posición de autoridad desde el comienzo de la narración, dado que ella visitaría muchos de los lugares descritos por él en sus publicaciones. Al hacer a un lado la autoridad de Humboldt, como lo hiciera anteriormente con Southey, estaba abriendo un espacio para su propia persona narrativa.

Tras casi siete semanas de navegación, la nave *Doris* llegó a Pernambuco, en el norte de Brasil, en septiembre de 1821. El texto se llena de descripciones de paisajes, edificios y gente; la narradora, por su parte, mantiene la acostumbrada distancia de su tema. De vez en cuando compara un determinado lugar con uno similar en Inglaterra, permitiendo así a los futuros lectores ex-

---

[9] Nativo de las Islas Canarias hasta el siglo XVI.

[10] Cordeles con nudos usados por los incas para registrar las fechas, épocas de siembra y otros asuntos prácticos.

perimentar la narración desde más cerca. En otras instancias, la voz del texto hace notar su nivel de ilustración al mencionar monumentos y mitología griegos (106), señalando de esta manera que el público al cual está dirigido su libro está formado por personas instruidas. De la actitud contradictoria de María hacia la mayoría de las mujeres se puede inferir que sus posibles lectores no sólo deben haber sido personas cultas, sino en su mayoría hombres. Por lo menos los críticos que (negativamente) comentaban sus libros eran varones[11].

Hay otra consecuencia de las constantes menciones que María Graham hace a la literatura y el arte griegos, y es la de realizar explícitamente aquí lo que en el *Diario de Chile* hará en forma implícita, es decir, otorgar carácter europeo al lugar exótico. Las referencias a las mitologías griega y romana están presentes en la mayoría de sus diarios, inclusive en el de Brasil. En la India la cronista había encontrado similitudes entre las prácticas religiosas de los hindúes y los griegos. En Brasil, la vista de un grupo de gente proveniente del interior (*Certanejos*) le recuerda la vestimenta que usaban las efigies de los Mármoles de Egina[12] (105-106). La viajera aparentemente establece Grecia como el común denominador que une todas las tierras lejanas con Europa. En consecuencia, mientras más europeas parezcan las localidades sudamericanas, más se aproximarán al ideal.

Es así como María encuentra que una dama brasilera, Madame do Rego, habla inglés "como una nativa", porque su madre era irlandesa (103,) y que los dueños de las tiendas en Río de Janeiro son en su mayoría comerciantes ingleses y exhiben mercadería inglesa (189). Hay referencias frecuentes a Milton, Cowper o Burns en el texto, así como a oficiales navales ingleses y franceses. Ella también inserta en la narración a artistas europeos, especialmente en los pasajes descriptivos. Una tarde, cuando está observando una puesta de sol en Pernambuco, la narradora comenta:

> Y el sol estaba tan bajo que teñía de oro las siluetas de las palmeras y otros árboles altos que se proyectaban con sus oscuras sombras negras en la tenue y delicada luz, produciendo un efecto que ni siquiera el pincel de Tiziano en sus paisajes habría podido lograr (129).

---

[11] Véase, por ejemplo, Gotch 142, quien menciona el pasaje del *Quarterly Review* 8 citado frecuentemente, donde el crítico incluye a María Graham en el grupo de mujeres inglesas jóvenes que viajaban a la India "para conseguir marido en vez de información".

[12] También Aegina Marbles, descubierta en 1811 por Charles Robert Cockerell.

Este mecanismo de convertir lo desconocido en conocido le permitió a María Graham aproximar al lector al texto sin alterar su propia distancia de ambos. En esta etapa todavía no está involucrada en la narración; su rol es la de una presentadora impersonal. Sin embargo, el primer diario de Brasil no es meramente descriptivo, aunque el escenario del nuevo país constituye una parte importante del texto; tampoco hay una profusión de arengas colonialistas, ni una presencia muy grande de personas o instituciones religiosas. Lo que parece dominar el diario es la descripción de la práctica y de los efectos de la esclavitud retratada en toda su inhumanidad. Más interesante aún, el texto de María Graham también se puede considerar como un reflejo de los conflictos y la ambivalencia que prevalecía en Inglaterra desde fines del siglo xviii con respecto a ella. Incluso, dentro del campo de los abolicionistas también había divisiones; algunos se oponían a la esclavitud basándose en fundamentos morales, otros en razones económicas. Más o menos en esa misma época, mujeres reformistas como Elizabeth Heyrick abogaban por su inmediata abolición[13].

En varios pasajes de la primera y segunda parte del *Diario de Brasil* María Graham apoya la teoría que indica que la esclavitud es improductiva en términos económicos: "Los esclavos son los peores y más caros sirvientes" (228). Sin embargo, ella no se hace eco de la voz de Elizabeth Heyrick que exige la abolición inmediata de la esclavitud, o de otras mujeres abolicionistas como Priscilla Wakefield quien, en dos de sus libros de viajes[14], dice Johanna Smith, critica el comercio de esclavos y proclama la intención de propagar sus ideales abolicionistas, mientras que al mismo tiempo revela su conocimiento y su adhesión a las teorías de Adam Smith "de mostrar a los esclavos liberados como trabajadores productivos, y por ende, la superioridad de una economía de salarios frente a la economía de esclavos" (Smith, 182). En sus textos, María Graham se refiere a estos discursos en forma sesgada, actuando más como una cronista que como una participante en la confrontación de ideas. Esta falta de compromiso puede explicar por qué su posición con respecto a la esclavitud a veces se ve vacilante y poco clara.

La escritora de viajes no se encontraba sola en este campo. María Edgeworth, por ejemplo, una poderosa voz entre los intelectuales de Gran Bretaña y también conocida de María Graham, ha sido acusada tanto de apoyar como de oponerse a la esclavitud, especialmente, dice Frances R. Botkin, con respecto al cuento "The Grateful Negro" ("El negro agradecido") aparecido en 1804. Botkin también señala que

---

[13]   <www.theliberatorfiles.com/elizabeth-heyrick-and-other-women>
[14]   *Excursions in North America* (1806) (*Excursiones en Norteamérica*); *The Traveller in Africa* (1814) (*El viajero en África*).

Edgeworth estaba muy al corriente de las políticas y los sentimientos que existían contra la esclavitud debido a su estrecha relación con los abolicionistas, tales como Anna Laetitia Barbauld, Anna Seward, Erasmus Darwin y Thomas Day. Aun cuando Barbauld era claramente de ideas menos extremas que los demás, la diferencia es mayor en cuanto al grado que en cuanto a la esencia (196-197).

Es importante dejar constancia aquí que tanto Anna Barbauld como María Edgeworth adherían a la tesis de Adam Smith de que el trabajo pagado es más productivo que el trabajo forzado. Además, María Edgeworth y Thomas Day incursionaron tímidamente en el delicado (para esa época) tema de las relaciones interraciales (197). Es posible que María Graham también haya intentado tratar tangencialmente este asunto en su primer diario sobre Brasil, como se señala más adelante.

En resumen, de acuerdo con la opinión expresada por los intelectuales de la época de María Graham, era necesario tener en cuenta varios aspectos en relación con la esclavitud. Existía un grupo formado por la oposición cristianoevangélica a la esclavitud basada en fundamentos morales y doctrinales, puesto que todos los hombres han sido creados iguales; otro grupo lo constituían los seguidores de las teorías de Adam Smith, que calificaban la actividad como no rentable. Los dos primeros grupos estaban de acuerdo en que la eliminación de la práctica debía hacerse gradualmente, pero las mujeres abolicionistas se oponían a ello y exigían su inmediata supresión. Sin embargo, en algún momento, algunos miembros del grupo de intelectuales experimentaron diferencias en el grado de su compromiso con la causa. Como se insinuó anteriormente, María Graham no era la única intelectual que tenía una actitud vacilante ante el problema. Aparte de todas estas consideraciones, ella debe haber estado consciente de que, aunque no el mismo Emperador, al menos algunas personas de la corte leerían su relato, y si ella aparecía abiertamente contraria a la esclavitud, podría herir los sentimientos de los brasileros. Su narrativa en los diarios de Brasil sigue un sendero un poco confuso en la medida que ella trata al mismo tiempo de satisfacer a sus lectores liberales[15] sin ofender al segmento menos progresista de su público.

---

[15]   Había un importante grupo de intelectuales en Gran Bretaña que apoyaba la Revolución Francesa (en su etapa inicial) y estaba abiertamente en contra de la esclavitud; es posible que María Graham se estuviera dirigiendo a ellos. Además, aun cuando esta especulación está basada en hechos históricos, Lord Cochrane era un liberal en política y María Graham adhería a sus creencias y las apoyaba.

El primer encuentro del lector con esclavos, al inicio del diario, sucede durante la descripción que hace la narradora de un mercado de esclavos en Pernambuco, la que va acompañada de una referencia a su propia reacción de repugnancia ante la experiencia, cosa poco usual en ella. María declara que, aunque su propia sensibilidad y la de los guardiamarinas que estaban con ella se había visto afectada en Inglaterra cuando leían u oían informes acerca de la esclavitud, nada los habría preparado para esta realidad. Debido a los disturbios políticos, el mercado no estaba funcionando a plena capacidad, y sólo había unos cincuenta jóvenes allí, que estaban famélicos y enfermos, tirados en el pavimento y rodeados de animales sucios. Sin embargo, la declaración final de la narradora respecto de la escena está, al parecer, en un terreno intermedio, porque no calza con la dureza del lenguaje usado en la descripción: "Ver esto nos envió de vuelta al buque con el corazón adolorido: y la resolución "sin estridencias, pero profunda"[16] de que ningún esfuerzo, dentro de nuestras posibilidades, que no tendiera a abolir o aliviar la esclavitud debería ser considerado demasiado pequeño, o demasiado grande" (105).

Hay mucho de la retórica de un discurso político en esta promesa: los sentimientos de la narradora están profundamente afectados; por lo tanto, ningún esfuerzo *dentro de sus posibilidades* se considerará demasiado grande o demasiado pequeño para demostrar *una inclinación a abolir*, aun cuando después sigue un calificador: o *aliviar* la esclavitud. Este corto pasaje describe la actitud ambivalente hacia la esclavitud que prevalecía en Europa en aquella época, y también ilustra el tipo de cuerda floja que la narradora tiene que recorrer cuando discute esta realidad. María debe haberse visualizado como una representante de los valores europeos en el nuevo continente y, por lo tanto, era necesario que su voz narrativa llevara a cabo la misión de reconciliar los valores del "viejo mundo" tradicional con las prácticas más salvajes del Nuevo Mundo.

El 28 de septiembre, cuando todavía estaba en Pernambuco, la viajera describe un encuentro más cercano con la esclavitud:

> Esta mañana… vi a una mujer blanca, o más bien un demonio, azotando a una joven negra, y retorciéndole los brazos cruelmente, mientras la pobre creatura gritaba de dolor, hasta que intervinieron los caballeros que nos acompañaban. ¡Por Dios! Que exista un tráfico como éste, una práctica como la esclavitud (107).

---

[16] *Macbeth* 5.3.30-36.

Aparte de reflejar, al igual que en el pasaje anterior, la ambigua postura de la sociedad británica de comienzos del siglo xix, este llamado tiene además el mérito de ilustrar otra realidad. En esta ocasión la narradora está separando el tráfico de la práctica de la esclavitud, señalando de esta manera el dilema para los legisladores británicos que ya en 1807 habían abolido el tráfico de esclavos, pero no habían declarado ilegal la práctica propiamente tal. Hay una alteración en el tono de la voz narrativa en el segundo pasaje, probablemente porque tiene la inmediatez de una situación real, única, que se desplegaba ante los ojos de la viajera. El cambio de perspectiva de lo general, como en el primer ejemplo, a lo particular, en el segundo, hace que la voz sea más enérgica y el tono más personal. Cinco días antes de que ella registrara esta entrada, María había escrito a su editor, John Murray, desde el primer puerto de llegada a Brasil acerca del mismo tema, pero esta vez el mensaje es tan críptico que podría interpretarse igualmente a favor o en contra de la esclavitud: "La población negra es preocupantemente grande en relación con los antiguos habitantes portugueses. ¡Podría contar tantas historias de negros –y Nuevos Esclavos! ¡Dios nos ampare si una mitad de la humanidad naciera sin corazón!" (Pernambuco, 21 de septiembre de 1821).

El análisis de las proposiciones que constituyen este extracto revela que éstas no son tan francas y abiertas como parecen. La primera, que los europeos en Pernambuco están preocupados porque los esclavos los superan en número, es bastante obvia, pero la segunda no lo es tanto. La sugerencia "podría contar tantas historias…" indica que estos relatos son negativos y quizá hasta espantosos; sin embargo, María Graham no aclara si los esclavos son los agentes o los receptores de las tremendas atrocidades. Tampoco hay claridad en la invocación a Dios que sigue, ya que la mitad de la humanidad que pudiera nacer sin corazón podría ser cualquiera de los dos segmentos. Nuevamente la ambigüedad, que también está presente en los textos publicados[17], podría interpretarse como una manifestación de las presiones que María Graham debe haber experimentado de no aparecer definitivamente comprometida con cualquiera de las dos posiciones respecto al problema. Esta falta de definición, parecida a la de un diplomático neutral, se aviene más a una voz narrativa masculina que a una femenina.

Al final de la anotación correspondiente al 28 de septiembre en su diario, la narradora experimenta un repentino cambio y modifica su posición de ob-

---

[17] A veces, María Graham sugiere que algunos esclavos estaban en mejores condiciones que la mayoría de la gente. Los esclavos que pertenecían al Emperador, por ejemplo, tenían tierras, trabajaban sólo cuatro días a la semana, recibían buena comida, e incluso tenían un hospital; también insinúa que mientras más rico el amo, mejor trataba a sus esclavos (*Diario de Brasil*, 286-287).

3. Página de la portada del Diario de un viaje a Brasil, *de María Graham, publicado en Londres, en 1824, al mismo tiempo que el* Diario de mi residencia en Chile.

servadora compasiva por la de representante de un poder colonial. Cuando anuncia que los patriotas le han entregado armas a los *"nuevos* negros" [*sic*] con el fin de que éstos los ayuden en su lucha por la independencia de Portugal, no está segura si hicieron lo correcto. Después de todo, reflexiona, todavía deben recordar su tierra natal y el tratamiento brutal sufrido en los buques y mercados de esclavos (*Diario de Brasil,* 107). María aparece consciente de que, a veces, aquella gente que nació libre y ha sido sometida a la fuerza puede, a la larga, querer vengarse[18]. No está claro si ella pretendió que estas observaciones representaran una advertencia, pero de cualquier modo, la indicación muestra una autora que una vez más está meditando sobre causalidad y retribución. Muchos años antes de su experiencia latinoamericana María Graham había expresado la misma preocupación en sus *Cartas acerca de la India:* "[P]orque los nativos nos sobrepasan en número en una proporción tan grande que nos hace temblar ante la idea de que alguna vez el daño que les hemos causado los anime a ejercer su superioridad física" (2). La inclusión de estas consideraciones en su texto le sirve a María como una barrera que la separa de su narración a la vez que la libera de la culpa de estar asociada a prácticas de dudosa moralidad tales como la esclavitud, o quizá incluso el colonialismo.

El quebrantamiento por parte de María Graham de las normas impuestas a las escritoras de viaje femeninas, se refleja también en su constante alusión a temas "poco delicados", como quedó especialmente claro en la discusión de sus diarios de la India, tanto el privado como el publicado. En el relato de su estadía en América del Sur algunas veces tiene éxito cuando desafía estas restricciones, sobre todo cuando el foco de la narración cambia de lo visual a lo conceptual, como en el pasaje que se cita a continuación.

Una tarde durante su primera visita a Brasil, cuando María y sus acompañantes van de regreso al buque después de pasar un día en tierra, son testigos, según ella informa, de la manera en que se lleva a cabo la sepultura de los esclavos:

> Es en esta playa donde se colma la medida de las afrentas infligidas a los pobres negros. Cuando el negro muere, sus compañeros esclavos lo tienden sobre una plancha [y] lo llevan a la playa, donde, bajo la línea de pleamar, le tiran un poco de arena encima; pero al negro 'nuevo' se le niega incluso esa concesión a su humanidad. Es amarrado a un poste

---

[18] Es posible que María Graham haya estado refiriéndose implícitamente a los levantamientos de esclavos en Santo Domingo y Haití en 1791, que tuvieron éxito durante un tiempo, pero que acarrearon mucho sufrimiento y derramamiento de sangre por ambos lados.

y al atardecer es llevado a la playa y tirado sobre la arena, con la esperanza de que la marea lo arrastre mar adentro. Estas cosas nos hicieron volver a casa tristes y desanimados (*Diario de Brasil*, 111).

Invariablemente en todos sus diarios de viaje María se explaya en los aspectos espeluznantes de las prácticas funerarias, dejando así traslucir la fascinación de los románticos con la muerte y sus ritos, al mismo tiempo que proclama su indiferencia hacia las normas de delicadeza femeninas. Esta indiferencia es otra señal que apunta a su situación privilegiada de erudita.

Un estudio de la manera en que María Graham construye su persona literaria necesariamente debe incluir la descripción de las diferentes posiciones desde las cuales ella observa situaciones similares. Por ejemplo, hay una oscura observación en la primera parte de su diario publicado acerca de la desconfianza que los portugueses europeos sienten con respecto a los portugueses nacidos en Brasil. Ella agrega que los primeros tratan de evitar los matrimonios entre los dos grupos, y la explicación que da es que "han tomado conciencia del prodigioso inconveniente, por no decir el mal, que han traído sobre sí con la importación de africanos" (126). Sin embargo, en la misma frase, insinúa que el arrepentimiento de los portugueses se puede deber al temor de un levantamiento de los esclavos[19]. La falta de claridad en la posición de la narradora muestra a su persona como deliberadamente confusa. No obstante, éste es sólo uno de los pasajes oscuros del diario. El trozo que se comenta a continuación es inquietante por su complejidad.

El sábado 20 de octubre de 1821 la viajera, que en ese momento está visitando Bahía, incluye, en un solo párrafo, una visita a varias iglesias (y describe fríamente las horrendas prácticas funerarias realizadas en una de ellas[20]), los mercados de frutas, las tiendas (desfavorablemente comparadas con las de Londres o París) y, como algo sin mayor importancia, hace mención a un mercado de esclavos usando solamente media frase: "También está el mercado de esclavos, una vista que todavía no he podido aprender a mirar sin avergonzarme e indignarme: más atrás hay un conjunto de portales, donde hay orfebres, joyeros…" (*Diario de Brasil*, 137). Es sorprendente, por lo tanto, que haya agregado como pie

---

[19] No está claro si ella quiso decir que los portugueses brasileros pudieran ser de raza mixta.

[20] Una iglesia perteneciente a un monasterio es "hermosa" pero tiene un olor insoportable debido a las prácticas funerarias en la nave. "El piso está formado de cuadrados de piedra, y dentro de cada cuadrado hay un artesonado de madera de alrededor de nueve pies por seis; debajo de cada panel hay una bóveda, donde se lanzan los muertos desnudos, hasta que llegan a cierto número, en ese momento se echa un poco de cal viva, la madera se cierra hermética, y luego se abre otro cuadrado y así sucesivamente en rotación" (*Diario de Brasil*, 137).

de página a esta media frase una cita de *Voyage to the South Sea* (*Viaje al Mar del Sur*) de M. Frézier[21], publicado en 1717, sobre lo inhumano de los mercados de esclavos y de la esclavitud en general, como una práctica opuesta a la doctrina cristiana. Es muy raro para una narradora como María Graham, que está permanentemente proclamando su propia superioridad, pedir prestadas las palabras de otro viajero, escritas cien años antes, sobre un tema tan sensible. En un pie de página de su propio diario ella cita la reflexión de Frézier:

> Frézier dice de Bahía: "¿Quién lo creería? Hay tiendas llenas de esos pobres infelices que son expuestos allí completamente desnudos y comprados igual que ganado, sobre los cuales los compradores tienen todo el poder; de modo que al menor disgusto los pueden matar, casi sin temor a un castigo, o al menos tratarlos tan cruelmente como les dé la gana. No tengo idea cómo dicha barbaridad puede reconciliarse con las normas de la religión, que los hace miembros de un mismo cuerpo con los blancos, una vez que han sido bautizados, y los eleva a la misma dignidad de hijos de Dios, todos hijos del Altísimo (*Ibíd.*).

Ésta es una de las pocas ocasiones en que, en sus composiciones, María Graham prácticamente se esconde detrás del discurso de otro erudito. Parece importante que ella haya colocado este párrafo en un pie de página, relegándolo a una posición de inferioridad dentro de su propio trabajo, y no en el cuerpo de su texto. Esta estructuración podría ser señal de que ella misma no tenía opiniones definidas a favor o en contra de la práctica y la rechazaba sólo como una convención, o de que sí se oponía a ella pero no estaba dispuesta a comprometer su puesto de institutriz de la princesa imperial dándolo a conocer claramente, y en cambio usó las palabras de otro escritor, un francés, para manifestar su verdadera ideología antiesclavitud. El Emperador mismo era dueño de esclavos, y las principales fuentes de entrada del país, tales como la minería y el cultivo y procesamiento de la caña de azúcar, dependían del trabajo de los esclavos. Por lo tanto, no habría sido conveniente para ella manifestarse en contra de una práctica que era tan importante para una sociedad a la cual ella quería pertenecer.

Más adelante en el diario, María toma una posición más definida respecto a la esclavitud, aunque nuevamente se esconde detrás de los pronunciamientos y autoridad de otros. En un informe sobre un grupo de indios *Botocudo* que es-

---

[21] Este cartógrafo francés publicó varios tratados sobre las costas de las colonias españolas de América del Sur de la costa del Pacífico. Una vez más María Graham está demostrando interés por distintos campos del conocimiento.

tán visitando el palacio imperial, ella comenta que poco después del descubrimiento de América los primeros conquistadores comenzaron a cazarlos para venderlos como esclavos. Estos actos tan crueles, agrega, llevaron a los sacerdotes dominicanos a recurrir a Roma. Paulo III dictaminó que los indios eran humanos, y por lo tanto tenían un alma y, en consecuencia, podían convertirse. En un pie de página, la autora se refiere a la Encíclica Papal *Sublimus Dei,* y señala que Paulo III decretó en 1537 que "los indios de América eran hombres con un alma racional" (295).

Hay varias otras referencias a la esclavitud en la primera parte del diario, sin embargo el pronunciamiento más fuerte en contra de la práctica que hace la viajera en esta etapa aparece en la entrada del 6 de noviembre de 1821, cuando todavía estaba en Bahía. Aquí relata una conversación que mantuvo con el capitán de otro buque que "me cuenta historias que me congelan la sangre, de los horrores cometidos en los buques franceses de esclavos" (151). Ella se preocupa de puntualizar que dichas atrocidades se cometieron en buques franceses y no en buques británicos[22]. La práctica más común, relata, es confinar la mayor cantidad posible de personas en espacios pequeños y tirarlos fuera de borda si el buque está por ser inspeccionado. Cuando se acepta esta práctica, reflexiona ella, el corazón se vuelve inmune a los sufrimientos de los esclavos (151). Unos pocos días después, sin embargo, se torna más audaz en su descripción de la esclavitud y en su oposición a la práctica. En la entrada del 22 de noviembre de 1821 relata que ha estado observando el puerto desde la ventana de su cabina y que, cada vez que mira hacia afuera, invariablemente ve algo desagradable. Cuando observa un buque de esclavos entregando su carga de prisioneros, que parecen estar felices de caminar en tierra firme y van cantando canciones de su propia tierra, comenta:

> ¡Pobres infelices! Si pudieran imaginarse el mercado de esclavos y la separación de sus amigos y parientes que tendrá lugar aquí, y la caminata a través del país, y el trabajo en las minas y los trabajos en las plantaciones de azúcar, su canto se tornaría en un gemido de dolor (155).

Al registrar esta observación María Graham pareciera estar adoptando una posición de superioridad, común en su época, respecto de la habilidad de razonar de los africanos, quienes frecuentemente eran comparados con niños pe-

---

[22] En Gran Bretaña el comercio de esclavos había sido abolido en 1807. Cuando los capitanes de los buques de esclavos se daban cuenta de que estaban siendo perseguidos por buques de la Marina Real (*Royal Navy*), solían tirar a los esclavos fuera de borda para alivianar sus naves y poder escapar. Los capitanes británicos recibían un premio en dinero por los esclavos que recogían en el mar abierto (Costello, 211).

queños. Además, pese a su cita de Frézier, no parece avalar la tesis del escritor francés, quien sostiene que los esclavos comparten con los ciudadanos libres la condición de seres humanos. Es posible que en esta ocasión María Graham haya estado adoptando una actitud convencional con el fin de no despertar controversias.. La representación de los esclavos que hace la narradora está armada desde una posición de superioridad, tanto racial como intelectual; en consecuencia, ella los sitúa en categoría de masa, como seres que inspiran lástima, y como creaturas sin voluntad.

Un mes después, el 27 de diciembre de 1821, la viajera relata que ha estado visitando lugares muy interesantes de la capital, Río de Janeiro: una plantación de café, una iglesia y los jardines botánicos. También ha estado empezando a conocer gente,

> de los cuales los más divertidos, hasta donde he podido ver, son ciertamente los negros… Uno de ellos se ha convertido en buen amigo de la casa, y después que ha vendido la fruta de su patrón se gana una pequeña propina con sus cuentos, sus bailes y sus canciones (166).

Enseguida María relata la historia de este joven, que debe ser parecida a la de muchos otros. Durante una batalla con tribus vecinas fue capturado y vendido como esclavo: "Nuestro amigo la cuenta [su historia] con acción y énfasis, y muestra sus heridas, y baila su *danza guerrera* y grita su *canto primitivo* hasta que el esclavo salvaje casi se convierte en un *objeto* sublime" (*Ibíd.*, énfasis agregado).

Esta última observación, se puede afirmar, resume la percepción colonialista del "Otro" extranjero que es más un objeto para ser observado (o estudiado) que parte de la raza humana. La postura de María Graham es política en este sentido, pues si ella hubiese declarado que los europeos y los esclavos eran "iguales" le habría sido imposible designarlos como objetos de estudio o de curiosidad al mismo tiempo. Su perspectiva colonialista le permitió encapsular su discurso y alinearse con quienes ostentaban el poder. Desde esta posición ella pudo observar, analizar y sacar conclusiones. Luego estas conclusiones fueron ofrecidas a sus pares europeos como prueba de su pertenencia al grupo. Al convertir a los "Otros" en objeto la escritora de viajes afirmaba su propia identidad de manera mucho más enérgica que con meras expresiones verbales. Ella hizo uso de esta modalidad no solamente para describir a los esclavos negros, sino también a otras mujeres[23] además de personajes aislados que ella consideró dignos de atención.

---

[23] María Graham aparece criticando su moralidad y, por lo tanto, expresando sus propias normas morales.

Siempre es útil contextualizar la posición de un escritor con respecto a temas clave de su época. El origen racial y la esclavitud, observados dentro de los discursos ideológicos de otras escritoras de la época, ayudan a definir y a explicar la actitud de María Graham en sus textos. Anteriormente ya se propuso que, aunque en Inglaterra se levantaron muchas voces en contra de la esclavitud mientras María estaba en Brasil, su propia postura ambigua no era totalmente excepcional. Aparte de la posición algo tornadiza de María Edgeworth, otras mujeres intelectuales, entre ellas Flora Tristán, demostraron actitudes contradictorias similares en sus escritos, es decir, horror ante la inhumanidad de la práctica, condena de los que la practicaban, pero rechazo a los africanos propiamente tales. En su libro *Peregrinations of a Pariah* (*Perigrinajes de una paria*) publicado en 1838, cuando el buque que la llevaba a América del Sur fondea en la isla de Praia, Tristán relata una visita al Cónsul norteamericano que en ese momento estaba castigando a un esclavo: "Lo encontramos en el primer piso, golpeando brutalmente a un negro muy grande que estaba botado a sus pies. El rostro del hombre estaba cubierto de sangre" (29). Cuando el Cónsul justifica su acción acusando al hombre de ser un ladrón, Tristán comenta que es el esclavo quien realmente ha sufrido el robo mayor, cual es su libertad. Sin embargo, a medida que ella va caminando por la calle después de haber sido testigo del incidente, comenta: "Yo observaba de cerca a cada negro que veía, los hombres se veían hoscos y las mujeres bobas. En cuanto a los niños, eran horriblemente feos, se veían casi desnudos, flacos y enfermizos; una los habría tomado por monitos" (30).

Por su parte, Frances Calderón de la Barca, al escribir quince años más tarde, se refiere en su obra a las diferencias étnicas que pudo constatar, aun cuando no específicamente a la esclavitud. Cuando describe lo que ella llama "castas" en México, indica que hay siete, y éstas incluyen los españoles nacidos en Europa, sus descendientes nacidos en América, y por último "los restos de los negros africanos" (368). Su silencio sobre el tema se puede deber a un deseo consciente de evitar fricciones[24], pero sus opiniones sobre las gentes propiamente tales son casi tan crudas como las de Tristán aunque algo más perturbadoras, ya que provienen de una narradora "femenina", con una voz especialmente suave. "Hoy vimos un hombre sumamente feo, y nos dijeron que era un *lobo*, el nombre que le dan aquí a los zambos[25], que son los seres humanos más espantosos que se pueden encontrar" (373).

Es posible inferir de estos ejemplos que María Graham no era la única en vacilar al momento de hacer realidad sus principios morales declarados. Al re-

---

[24]   Su esposo era un diplomático español.
[25]   Descendientes de africanos e indios.

gistrar sus impresiones negativas, ella estaba reaccionando ante una realidad que previamente sólo había conocido intelectualmente, y puede haber habido un conflicto entre la persona narrativa independiente que ella estaba construyendo en su texto, y las autoimpuestas restricciones a su discurso, provenientes tanto de su calidad de mujer como de la importancia que esperaba gozar en la corte imperial brasilera. Esta tensión provocó una dicotomía entre sus convicciones morales y sus intereses personales, que no se podía resolver fácilmente. Su ambición de convertirse en parte de la corte imperial de Brasil[26] también está ligada a las restricciones que se le imponían por su género, en el sentido de que como mujer sin familia María no era libre de escoger su país de residencia, salvo que tuviera una excusa "respetable" para estar allí. Por esta misma razón, no había un espacio para ella en la corte, excepto como empleada; en consecuencia, su interés en convertirse en institutriz de la princesa[27] puede que no se haya debido totalmente a un amor por la enseñanza, sino más bien a su apreciación de esta realidad.

Desde esta misma perspectiva, la necesidad de suavizar su forma de retratar la esclavitud se hace más fácil de comprender. A pesar de que en sus textos se resisitió a aceptar su posición de mujer débil, la María Graham histórica no podía ser autónoma en un país extranjero sin un esposo a su lado. Dado su permanente desdén por las restricciones de género existentes en su época, tanto su ser público como su ser textual habrían rechazado esta verdad; más bien, su actitud subversiva emerge en la manera en que ella, como narradora, clasifica según su género a la mayoría de las personas que entran en contacto con ella.

El retrato que hace María de la gente en Brasil durante su primera visita en 1821 funciona en dos niveles: los hombres y mujeres nativos y esclavos están agrupados en una sola categoría, donde se les divide por género y son tratados como objetos; las mujeres portuguesas europeas y las brasileras de ascendencia europea están agrupadas en otro conjunto, donde son sometidas a escrutinio moral y juicios de valor. En ambas instancias la persona que observa se sitúa en un plano más alto que los objetos de su análisis. En el caso de los nativos y los esclavos, su superioridad surge de su estatus como representante de una cultura europea superior; en tanto que frente a otros europeos que viven en Brasil, la fuente de su poder descansa en su alto nivel de ilustración y la distinción de su familia. Obviamente, este alto estatus social le otorgaba suficiente

---

[26] "Reconozco que mientras más conocía a la familia imperial, más deseaba pertenecer a ella" (*Diario de Brasil*, 320).

[27] María Graham podría haber visto una similitud entre ella misma y la baronesa Lehzen, que era la institutriz de la princesa Victoria.

autoridad (según ella creía) para pronunciar opiniones que eran invariablemente negativas, aparte de dotar a su persona narradora de una especie de inmunidad textual. Después de todo, no se podía sospechar que ella participara en los mismos vicios y defectos que detectaba y condenaba en otros.

Los relatos de las experiencias de María Graham con la esclavitud están entremezclados en la primera parte del diario con descripciones de la forma de vestirse de los negros, tanto libertos como recién llegados, y de los portugueses criollos:

> Una chaqueta y pantalones de lino o, en los días de ceremonia, uno de tela, y un sombrero de paja, es la tenida adecuada para los caballeros, ya fuesen negros o blancos. Las mujeres, en casa, llevan una especie de vestido con un gran escote que deja el pecho al descubierto… cadenas de oro para el cuello y los brazos, y aros de oro, con una flor en el pelo… los nuevos negros [recién llegados], hombres y mujeres, no llevan más que un taparrabo (108).

El estilo en este pasaje trae a la mente aquel usado para catalogar las piezas que forman parte de una exposición. Hay un uso generalizado de los artículos 'un/una' 'el/la', que despersonaliza las partes de la vestimenta que llevan las personas descritas, y a todos ellos se les niega la totalidad de un ser humano, ya que se les representa por partes y en forma serializada. Al igual que en la India, el retrato de las mujeres en Brasil es levemente más sexualizado que el de los hombres, con la atención puesta en los pechos desnudos, los cuellos y los brazos, y también en los típicos adornos del cuerpo femenino, tales como joyas y flores. De estas descripciones nace una narradora que tiene autoridad sobre la gente que describe, ya que es ella la que está ejecutando la acción de catalogar, a la vez que se somete a las normas sociales de su época. Estas normas destacan la superioridad del hombre sobre la mujer, y la autora las señala en el uso constante de un lenguaje que enfatiza las diferencias de género. Una instancia, entre muchas, de este tipo de sometimiento a las normas es el siguiente pasaje que describe una tarde en Pernambuco:

> A nuestro regreso… llegamos a Recife justo cuando los negros y los mulatos en las calles cantaban el himno del atardecer, con voz áspera y bastante desentonados; sin embargo, todo lo que une al *hombre* en un sentimiento común es interesante. Las puertas de la iglesia estaban abiertas, los altares iluminados y el esclavo sentía que *él* estaba dirigiéndose a la misma Divinidad, gozando del mismo privilegio que su *amo* (106-107; énfasis agregado).

Es cierto que María Graham estaba comunicando su mensaje por medio del único lenguaje disponible para ella en su época, pero también es cierto que, al hacerlo, ella se estaba rindiendo ante las fuerzas sociales que dominaban en ese entonces al dar predominancia al género masculino en sus mensajes y hacer a las mujeres invisibles (salvo que fueran específicamente recordadas). Esto se puede observar claramente en el pasaje precedente. Es posible que la autora viera la necesidad de obedecer las normativas de su época con el fin de que sus relatos fueran aceptables para sus lectores, pero es más probable que estuviera usando los códigos léxicos que señalan la superioridad masculina con el fin de demostrar su afinidad con su público y lograr su aceptación.

La clasificación genérica de la gente que María Graham va encontrando en su viaje incluye las descripciones específicas de las mujeres en Brasil. La forma en que son descritas las mujeres europeas en Bahía[28], aunque negativa y hostil, sirve para señalar la superioridad y la autoridad de la narradora. Al adoptar esta postura, María se está tácitamente arrogando el derecho a emitir pronunciamientos sobre las costumbres y la apariencia física de estas mujeres. Sus hogares le parecen "desagradablemente sucios" y ellas mismas no parecen ser damas de buena familia:

> Como no usan corpiño ni barbas en el corsé, la figura es un atentado al decoro por su desaliño… Y esto es aún más repugnante cuando andan vestidas con prendas muy delgadas… el pelo negro, mal peinado y desordenado…. Y toda la persona tiene un aspecto de no haberse lavado (136).

La viajera no hace concesión alguna a la influencia que pudiera tener el clima en la apariencia de estas mujeres. A propósito de esto, raramente se menciona o comenta en sus diarios el clima de Brasil, lo que puede ser otro intento de europeizar el lugar exótico o una nueva muestra de la inmaterialidad de su persona narradora. De hecho, pareciera que ella igualara la rigidez en el vestir con la respetabilidad, así como al parecer no condena el estado de desnudez de las mujeres esclavas. La falta de decoro en el aspecto personal de las mujeres europeas, ella da a entender, es una señal de su indiferencia hacia las normas morales. Además, esta descripción parece contener un mensaje subyacente donde María proclama su propia moralidad sin tacha. La frase "es un atentado al decoro por su desaliño" tiene connotaciones sexuales, ya que es una referencia al hecho que las mujeres no usaban ropa interior ceñida.

---

[28] El segundo puerto de arribo a Brasil en la primera parte del diario. El primero había sido Pernambuco, y el tercero fue Río de Janeiro.

Estas prendas interiores representan las restricciones impuestas al cuerpo femenino para neutralizar su poder de seducción, y la narradora quiere demostrar aquí que ella acata fielmente estos códigos de vestimenta y, por lo tanto, es virtuosa. Así, su superioridad se ve acrecentada, ya que sus ventajas intelectuales y sociales ahora tienen un sello de rectitud moral. Este pasaje es uno entre muchos en sus diarios en que María Graham puede haber estado tratando de blanquear su reputación, pero el cual, al final agrega nuevos elementos a la construcción de su persona literaria[29].

El pasaje que se acaba de examinar tiene relación con la forma en que la autora describe la apariencia física de las mujeres europeas en Bahía. Sin embargo, sus mentes también pasan a través del escrutinio de la narradora. Sus temas de conversación, dice María, están limitados a "alabar la belleza de Bahía; los vestidos, los niños y las enfermedades… y, para decir verdad, su manera de hablar de este último tema es tan desagradable como sus vestimentas" (*Ibíd.*). Y la hablante utiliza un lenguaje aún más fuerte para cerrar este pasaje, cuando declara que las mujeres se casan muy jóvenes y pronto pierden su apariencia juvenil. "Pero entonces", se pregunta, "¿quién, aparte de estas mujeres, sería capaz de lucir tanta mugre y desorden esparcidos sobre su cuerpo como si se tratara de un disfraz?" (137).

El lenguaje inusualmente fuerte y hostil usado por María Graham en este pasaje es desconcertante, sobre todo porque representa una instancia de violencia innecesaria. El uso del término "disfraz" sugiere que la narradora no cree que las mujeres sean respetables, y el participio "esparcidos" amenaza con borrarlas del todo. De esta forma está comparando a las mujeres con esclavas o gente de raza mixta, un procedimiento que le permite convertirlas en objeto y representarlas como diferentes e inferiores a ella misma. Esta representación, a su vez, señala la propia singularidad e importancia de María Graham. Fuera de ser un pasaje de autopromoción por antítesis, como en el trozo examinado anteriormente, el actual también deja traslucir un crudo antagonismo. Las imágenes que invoca son extremas, y por lo tanto términos inviables de comparación. Uno de los misterios no resueltos que plantea la persona narrativa de esta autora es su evidente antagonismo hacia otras mujeres[30].

---

[29] Hay muchos casos en el texto donde se hacen estas comparaciones binarias o contrastes. Entre ellas está la superioridad de los nortinos sobre los sureños (más oscuros), el pelo rubio sobre el pelo negro, o la equivalencia de la fealdad con la malevolencia en las mujeres. Aun cuando este último ejercicio se puede aplicar en teoría a las descripciones de los hombres, esto rara vez ocurre en las narraciones, y nunca en la obra de María Graham.

[30] En *Cartas acerca de la India* quedó de manifiesto, por ejemplo, en la precisión imparcial con que detalla la ceremonia del *sati*, o los irónicos comentarios sobre una anciana y sus hijas en un huerto de Valparaíso en el *Diario de Chile* que se mencionan en el Capítulo 6.

Sin embargo, el tono de voz de la narradora se torna más conciliador algunas páginas más adelante, cuando asiste a una fiesta una tarde y se encuentra con señoras mejor vestidas –y encorsetadas– que cuando las vio la mañana anterior. Aún así, son las damas inglesas quienes deslumbran por su belleza y sus buenos modales, pese al hecho de que provienen de una clase social de "segunda categoría" (142), se apresura en agregar. Es notable comprobar que la narradora se mantiene distante de su tema en todo momento, quizás para no perder su elevada ubicación y, por lo tanto, su autoridad. Pareciera querer evitar cualquier tipo de vínculo con otras mujeres, incluso si se trata de expatriadas inglesas como ella, como si no quisiera comprometer su libertad de expresión. La actitud de María hacia las mujeres inglesas que viven en Brasil es permanentemente altiva y desdeñosa; dictamina que son superiores a las mujeres brasileras en belleza y pulcritud, pero que no se equiparan a ella en intelecto y categoría. La autora se muestra dispuesta a perdonar la falta de capacidad intelectual en mujeres sin pretensiones sociales, pero, sin embargo, las acusa de ser sumamente tediosas.

Como este recuento fue compuesto después de que sucedieron los hechos y no es la reacción inmediata que pretende ser, puede resultar de interés identificar las fuerzas que están operando en el texto en esta etapa. A la descripción negativa de las mujeres europeas (excluyendo a las británicas), María Graham agrega un retrato más aceptable de las mujeres inglesas que viven en Brasil. El texto, por lo tanto, comienza a funcionar en forma dialéctica: un sesgo negativo es contrarrestado con una carga positiva. Este ejercicio da credibilidad e imparcialidad a la narración, mientras que al mismo tiempo confirma la superioridad de la narradora sobre todas las demás mujeres, la superioridad de las mujeres inglesas sobre sus contrapartes portuguesas y, por lo tanto, la superioridad del norte sobre el sur.

Esta apreciación, sin embargo, tiene un sesgo diferente en el relato que hace la viajera sobre un encuentro con un compatriota europeo, el cual constituye uno de los pasajes narrativos más absorbentes en la primera parte del diario, pero que a la vez confirma la sospecha que la persona narrativa de María Graham es más condescendiente con los hombres que con las mujeres. En esta instancia, no está catalogando a la gente en grupos; por el contrario, su mirada se centra en un solo individuo a quien introduce con la observación de que hay un cierto sentimiento de afinidad entre los europeos cuando se encuentran en otro país: "El encontrarnos con un francés en época de paz, en un país lejano, es algo muy parecido al placer de ver un compatriota" (156).

El conde Dirk van Hogendorp no era francés pero había sido General en el ejército de Napoleón. En el relato de los dos encuentros que ella tiene con el Conde, María se sitúa estratégicamente en una posición de autoridad y de mediación, ya que en cierta manera lo obliga a aceptar sus opiniones; lo retrata como poseedor de una apuesta figura masculina, lo cual aparentemente no era efectivo, e informa que vivía en una casa interesante que tenía, además, un dormitorio misteriosamente decorado[31]. No habría servido a los planes de María Graham describir a este aristócrata como anciano y enfermo (como realmente era): he ahí la transfiguración textual. Sin embargo, en el relato logra transmitir la esencia del tropo romántico de la noble resistencia a la adversidad y el dolor del aislamiento y el exilio. Hasta ahora, en el diario se había visto que la narradora agregaba glamour a los lugares distantes y a sus habitantes con el fin de hacer su texto más atractivo a sus lectores, tal como lo hará en su descripción de Valparaíso[32], o para destruir el mito del harén oriental, como lo hizo en su *Diario de la India*[33]. En el pasaje del conde Van Hogendorp, cuya figura ha sido descrita en forma romántica para que pueda calzar en la galería de personajes heroicos, María entrega un anticipo del rol de heroína de su propia narración que desarrollará más tarde en su relato no publicado de Brasil. Con la inclusión de un personaje tan noble y fascinante como el conde exiliado que se hace su amigo, María Graham está señalando que ella pertenece a un pequeño círculo selecto, y esta condición realza su autoridad como narradora. En un pie de página de la primera parte del *Diario de Brasil*, la cronista relata que la última vez que visitó al Conde parecía estar ya muy enfermo y que ella no lo volvió a ver después del 1° de enero de 1822.

No obstante, en las entradas finales de su primera visita a Brasil hay anotaciones de una naturaleza más preocupante. El 16 de noviembre del año anterior María registró que el capitán Graham "de pronto se había enfermado de manera muy alarmante" (153). En las siguientes entradas informa que está mejor, a medida que la *Doris* navega desde Bahía a Río de Janeiro. Una vez allí, menciona funciones sociales y la ópera, aunque, a la vez, informa de disturbios políticos. El 15 de enero 1822 hubo un baile a bordo de la *Doris*, y María anota que ella no se divirtió mucho porque su esposo estaba sufriendo de gota (187). Nueve días más tarde, sin embargo, todos "están gozando de una salud pasablemente buena" y esperando el viaje a Chile, que comenzaría el 10 de marzo (191). El día veintiocho de ese mismo mes María escribe que su esposo y el te-

---

31   Para una descripción realista del Conde y de su casa, véase Kaiser 174-175: "es un hombre pequeño… con la espalda un poco encorvada". Su casa consiste en "tres chozas, dos de madera y una de ladrillos".

32   Véase Capítulo 6 (descripción de Valparaíso, p.131) o el misterioso boticario, p. 136.

33   Véase Capítulo 3, p. 65.

niente primero de la *Doris* todavía siguen muy enfermos. El capitán Graham murió a bordo de este buque cuando rodeaban el Cabo de Hornos el 9 de abril de 1822. María escribió estas conmovedoras palabras un par de días después:

En la noche del 9 de abril me desvestí como corresponde y me acosté por primera vez desde que salimos de Río de Janeiro. Ya todo había terminado, y dormí largo rato y descansé; pero me desperté con la conciencia de estar sola, y de ser una viuda, y que la mitad de la tierra me separaba de mis familiares (207).

Estas comprensibles manifestaciones de dolor, sin embargo, están reñidas con las decisiones más importantes que María tomaría poco tiempo después y en los siguientes años de su vida.

Capítulo 6

El legado colonial español: Chile

María Graham no dejó cartas ni notas privadas escritas durante este difícil periodo de su vida. El único material disponible es el *Diario de mi residencia en Chile durante el año 1822 y Viaje de Chile a Brasil en 1823*, que apareció en Londres en 1824 junto con el *Diario de Brasil*. Sin embargo, hay otra fuente de información para este periodo y es su inesperada reacción ante la muerte de su esposo. Probablemente cualquier otra mujer en su situación hubiese elegido regresar a su propio país para ser consolada por su familia, sobre todo porque tuvo la posibilidad de hacerlo inmediatamente. Pero no regresó, y esta decisión le costó caro por el daño que le hizo a su reputación y por el consiguiente ostracismo social que debió sufrir hasta el final de su vida, e incluso después de su muerte.

El diario que narra su estadía en Chile contiene algunas inexactitudes, varias desviaciones de la verdad, especialmente cuando la autora otorga un carácter mitológico a ciertas personas y lugares, pero también es un testamento de lealtad y amistad. La información que María ofrece de sus movimientos entre abril de 1822, cuando arriba a Valparaíso, hasta enero de 1823, a su regreso a Brasil, es clara y directa. Como se mencionó en el capítulo anterior, el 10 de marzo de 1822 la fragata *Doris* zarpó de Río de Janeiro hacia el puerto chileno de Valparaíso con el capitán Thomas Graham ya muy enfermo. Él murió durante el viaje, un mes más tarde, y María Graham llegó a Chile convertida en viuda. Ella relata que los capitanes de los buques británicos y norteamericanos anclados en la bahía le ofrecieron ayuda, y uno de ellos incluso tuvo la intención de retrasar el zarpe para poder llevarla de regreso a Inglaterra, pero ella se negó, argumentando que no tenía "ni la salud ni el ánimo para emprender un viaje así todavía" (*Diario de Chile*, 114). Enseguida ella tomó la extraordinaria decisión de arrendar una casa en las afueras de Valparaíso y quedarse viviendo allí sola.

Aparte de ser muy poco convencional, esta decisión sorprende si se recuerdan las constantes quejas de la escritora cuando estaba en Escocia, de sentirse sola y privada del intercambio intelectual de Londres. Pese a los brillantes colores con que lo pintó, el Valparaíso de 1822 era un lugar primitivo y poco hos-

4. *El puerto de Valparaíso (Chile) como lo vio María a su llegada.*
(Memoria Chilena; Biblioteca Nacional de Chile).

pitalario. Salvo una visita a la capital, Santiago, y a algunos pueblos vecinos, María Graham permaneció en el puerto la mayor parte de los diez meses que duró su estadía en el país. En enero de 1823 zarpó con Lord Cochrane de vuelta a Río de Janeiro, donde comenzó un nuevo capítulo de su vida y encontró material para la segunda parte de su *Diario de Brasil.* El aspecto más significativo de su historia no es el contenido mismo, sino la forma en que la narra en su diario. Para empezar, su voz continúa siendo distante, desapegada y erudita.

La voz narrativa impersonal y carente de emoción del *Diario de Chile* corresponde más a un ideal textual masculino del siglo xix que a una viajera inglesa de la misma época. María Graham nunca ocultó el hecho de que ella era una mujer, por lo tanto el tono que usa en el texto no puede ser interpretado como el intento de representar un determinado rol. Además, a juzgar por su correspondencia personal y diarios privados, esta frialdad era solamente fabricada, una máscara, no su manera habitual de expresarse por escrito. La respuesta a esta interrogante tiene dos aristas: por una parte, todo hace suponer que ella tenía una opinión muy alta de sus capacidades intelectuales y puede haber estado imitando la voz de quienes ostentaban el poder –es decir, los hombres– con el objeto de sumarse a ellos y aprovechar sus ventajas; y por otra, puede haber querido aparecer neutral y distante, de modo que las

124

transiciones a otra voz (una voz masculina), que son frecuentes en el diario, pasaran inadvertidas[1].

Sin embargo, también puede haber otras razones para explicar su tono desprendido. Durante el periodo del Romanticismo, cuando María Graham escribió sus diarios, los roles de género estaban claramente asignados; esto no quiere decir que no se hubieran comenzado a oír voces femeninas algunos unos años antes. Por ejemplo, en *Una reivindicación de los derechos de la mujer*, Mary Wollstonecraft había acusado a las mujeres de su época de frivolidad y falta de madurez (73). Pero eran los hombres los que ostentaban la autoridad, no sólo en sociedad y dentro del círculo familiar, sino también en el ámbito de la creación artística. En su ensayo "Becoming an Author" ("Llegar a ser autor"), Linda Peterson reflexiona que la mayoría de las historias sobre los poetas románticos y sus obras:

> ponen énfasis en la genialidad natural de los hombres y su discernimiento literario superior… [estos relatos] así como los estudios autobiográficos del origen de una determinada obra literaria, han tocado sólo por coincidencia a las mujeres escritoras de la época Romántica, en parte porque los mitos del Romanticismo estaban específicamente separados por género y enfocados a describir la capacidad artística de los hombres (36).

Esta observación recuerda aquellos poetas románticos[2] que hicieron de sus vidas un mito e incluso vivieron de acuerdo con un guion trágico, pero también es prueba de que esta manera de actuar por lo general estaba vedada a las escritoras mujeres. María Graham, sin embargo, sorteó este obstáculo disimulando su voz para hacerla aparecer neutra, o por lo menos no claramente femenina. De esta manera evitó antagonizar a sus lectores de ambos géneros, pese a que ella estaba reemplazando la aventura romántica y el exotismo, que le estaban vedados por ser mujer, por una manifestación de destreza intelectual. Pero sobre todo, sus escritos eran plausibles porque nunca aparentó mayor interés en persuadir a sus lectores[3]. En consecuencia, su tono de voz era

---

[1]   Una de las características más extraordinarias de este diario es que la narradora deja que otra persona hable por ella, lo que la hace actuar de ventrílocua.

[2]   De sus cartas privadas se puede inferir que María Graham sentía una intensa admiración por Lord Byron.

[3]   El análisis es válido para los diarios publicados de María Graham, con la excepción quizás de la segunda parte del *Diario de Brasil*, por razones que serán obvias en el Capítulo 8.

el apropiado para su mensaje que contenía esclarecedores análisis de culturas extranjeras; por otra parte, el género literario que eligió para expresarse era lo suficientemente flexible para abarcar toda su complejidad de narradora.

A comienzos del siglo xix las mujeres de letras tenían pocas oportunidades de expresarse artísticamente; una de éstas eran los relatos de viaje. Posiblemente, muchos de los relatos autobiográficos de viaje publicados en esa época –incluyendo los de María Graham– pueden haber sido en parte ficticios. Mills insinúa que las autoras aparentaban simplemente imprimir en forma de libro las cartas a sus familiares o sus diarios de viaje personales, pero en realidad a estos relatos a menudo se les daba esa forma porque era lo que el público esperaba: "Muchas de ellas no habían llevado diarios durante el viaje, y por lo tanto los diarios eran inventos de ficción después del hecho" (*Discourses of Difference,* 110). Deirdre Coleman, en la introducción a *Dos viajes a Sierra Leona* de Anna María Falconbridge, publicado en 1794, que está estructurado en forma de una serie de cartas a un amigo, declara que el libro fue escrito en modo epistolar para satisfacer al público, pero que las cartas no son auténticas (5-7). María Graham por su parte indica en *Diario de mi residencia en Chile,* que lo publicado había sido copiado por ella misma de su propio diario privado. Muchos lectores y críticos, naturalmente, la tomaron al pie de la letra. En su libro *The Captain's Wife* (*La esposa del capitán*), Elizabeth Mavor interpreta con mucha precisión la serie de reglas que María Graham declaró que cumplía en la composición de su diario publicado:

> Nada de citar cartas privadas, nada de citar conversaciones privadas. Si ella [María Graham] no había sido testigo de los hechos descritos, tuvo mucho cuidado de entrevistar a personas que sí lo habían sido, además de consultar documentos de todo tipo: bitácoras, gacetas, proclamas, cartas, diarios, documentos oficiales... Los borradores originales del diario, sin embargo, siguieron siendo privados. Lo que se nos ha permitido leer es lo que ella llamó "un diario copiado". Menos característico, ella misma lo admite, pero, no obstante, igualmente verídico (xii-xiii).

La escritora de viajes también señala en su *Diario de Chile* que ella anotaba puntualmente "los acontecimientos del día" (145) y propone las ventajas de un diario "copiado" por sobre las de uno auténtico. Un diario real puede ser desorganizado, insinúa ella: las entradas también pueden ser demasiado cortas o demasiado largas, y siempre existe el peligro de revelar sentimientos personales o ideas privadas de otros. Por el contrario, María opina que en un diario copiado el texto será coherente y unificado al mismo tiempo que ganará en riqueza y variedad. La riqueza viene de la inclusión de otros puntos de vista aparte del propio, y la variedad proviene de la combinación de los distintos elementos que lo forman. Estas ideas aparecen en una anotación fechada el 31 de mayo (1822), que tiene una importancia especial por el énfasis que ella da al concepto de veracidad y también porque parece una declaración de principios para su obra:

> Un *Diario* copiado es menos revelador [que un diario privado]: puede ser igualmente verídico, y entregar una mejor relación de los países recorridos, por lo mismo que es más razonado y más cuidado… Y aunque no haya variaciones intencionales, cierto temor hará que se disimulen algunos rasgos de carácter, otros se suprimirán quizás por modestia; y hay sentimientos respecto de otras personas que no podemos menos que borrar del manuscrito, sin embargo el Diario es fiel; fiel en su representación de la naturaleza de las cosas, fiel en cuanto a los hechos, y fiel, al fin, con respecto a un sentimiento superior a aquel que en algunas ocasiones suele dictar expresiones breves de tedio o de pesar. Esta fidelidad es la que me comprometo a observar en las páginas de mi diario. No puedo dar más, y confío en que nadie querrá pedirme más (145-146).

Esta declaración de propósitos que realiza la narradora cumple varias funciones para el diario en su totalidad. En primer lugar, ella anticipa posibles acusaciones de parcialidad al indicar que ha suprimido ciertos pasajes movida por el deseo de resguardar su propia privacidad y la de otras personas. Luego reitera, quizá en forma demasiado vehemente, su completa adhesión a la verdad, como si sospechara que sus afirmaciones pudieran ser cuestionadas. Pero su lealtad no es sólo hacia la verdad: María sostiene que su diario es "fiel en su representación de la naturaleza" colocando así su texto al mismo nivel que una pintura y elevándolo de un mero relato de viajes a una obra de arte.

La expresión "fiel en su representación de la naturaleza" que María Graham utiliza en este pasaje evoca la *Poética* de Aristóteles. Sin embargo, parece ser incongruente con la descripción de un texto tan prosaico como un diario de viajes, ya que, por lo general, el concepto se aplica más a manifestaciones artísticas estáticas, tales como pinturas o esculturas, o incluso a narrativas de ficción, que a escritos personales. Es posible que la autora estuviese preparando el ánimo de sus posibles lectores para que aceptaran los cambios en la esencia de su obra. Después de todo, aunque fue presentado al público como un diario de viaje, el texto en sí también se puede leer como un panegírico, un manifiesto político, o una serie de relatos de ficción. María cierra el pasaje señalando que considera su obra trascendente. Esto se deduce por la terminología que usa aquí: la expresión: "Me comprometo solemnemente..." confiere a su diario la calidad de una misión sagrada.

La suma de todos estos elementos (profesiones de veracidad, de calidad artística, de trascendencia) va operando gradual pero firmemente en la elevación del yo narrativo de María Graham, hasta el punto en que el lector se ve obligado, en forma subconsciente, a someterse a su autoridad. Sin embargo, pese a sus manifestaciones de veracidad, hay instancias específicas, tanto en su correspondencia privada[4] como en el mismo diario, que hacen pensar que, haya llevado o no María un diario privado, lo que finalmente se publicó no puede haber sido éste, ni siquiera una copia editada del original. En una carta que ella escribió a John Murray desde Río de Janeiro el quinto día del mes de agosto de 1823, se pueden encontrar algunas claves de cómo se escribieron realmente los diarios publicados:

> Me he ocupado en ordenar mucho de lo que había recopilado anteriormente, y creo que tengo material auténtico para un relato más interesante de los hombres y cosas de los países que he visto, que cualquier otro pueda tener hasta el momento. Es cierto que no hay naufragios en cada Canto, pero he presenciado Terremotos y Guerras Civiles, que son calamidades suficientes, se lo aseguro, para toda una vida.

Los términos clave en este pasaje de la carta son "ordenar", "recopilar" y "auténtico". Éstos sugieren más bien la compilación de notas sueltas que las anotaciones diarias de una persona que lleva un diario regularmente. La importancia de esta carta reside en que refuerza la idea que los diarios publicados fueron estructuras armadas con posterioridad al viaje mismo y además adornadas con situaciones ficticias. Asimismo, es muy extraordinaria su referencia a "material auténtico", que se puede relacionar con su profesión de veracidad en la declaración de principios citada anteriormente. Esta carta proporciona, sobre todo, una prueba textual de la existencia de dos entidades distintas en María Graham, la pública y la privada, y de la imagen cuidadosamente armada que ella presentaba a sus lectores. El recuento detallado de su metodología, incluido en su diario, no debe considerarse como una digresión sino como un elemento agregado a su autorrepresentación de intelectual consumada, meticulosa y precisa.

---

[4] Aquí se refiere a las cartas de María Graham desde Brasil. No se pudo encontrar ninguna de las cartas que debe haber escrito desde Chile.

5. *Plaza de Armas de Santiago, alrededor de 1850. (Memoria Chilena; Biblioteca Nacional de Chile).*

La persona pública de María Graham ejerció gran poder sobre su texto. La composición posterior de las notas en forma de diario le otorgó a la narradora la cualidad de omnisciencia y la capacidad de mirar al pasado y al futuro. Además le permitió la libertad de intercalar argumentos secundarios que armonizaban más con el hilo de sus pensamientos y la ayudaban a elevar situaciones corrientes a la categoría de mitos, o a agregar nuevos personajes para hacer más impactante la narración. Más importante aún, esta metodología le permitió la flexibilidad suficiente para cambiar su posición narrativa cuando le convenía a la historia, y de comunicar el objetivo principal de su *Diario de Chile*, que era la glorificación de Lord Thomas Cochrane.

Hacia el final de su estadía en Chile, en noviembre de 1822, María incluye otra reflexión en la estructura de su diario que traiciona la inquietud de que sus lectores en Inglaterra tal vez puedan percibirlo como no veraz. Muy sutilmente, ella define su diario como obra menor carente de coherencia; sin embargo, entre líneas, señala que es justamente la fidelidad para con la verdad la

129

que ha hecho este diario menos homogéneo, dado que es una anotación exacta de los hechos tal como realmente ocurrieron:

> He echado una ojeada a mi diario de las últimas seis semanas, y he encontrado que tiene semejanza con una galería de pinturas en que hay cuadros históricos, retratos, paisajes, naturalezas muertas, flores, uno al lado del otro. Cualquiera de los otros textos que se han escrito pretende ser un todo independiente y completo, ya sea historia, descripción o retrato… Pero mi pobre diario, escrito en un país nuevo, en tiempo de agitaciones políticas, no puede aspirar a tener unidad de plan, pues ¿puedo acaso prever lo que acaecerá mañana? (299).

No está claro lo que María Graham quería decir por "diario" en este pasaje. ¿Era su diario privado o el que ella sostiene que había copiado para su publicación? Dada la naturaleza de la obra terminada, la respuesta más probable es que se refiriera al manuscrito que estaba componiendo para ser publicado.

Las inconsistencias que se señalan en este capítulo sugieren, de vez en cuando, que la cronista sentía la necesidad de enfatizar el hecho de que su diario era auténtico. María sostiene que no puede controlar los acontecimientos, y mucho menos los personajes de su narración, como lo haría si hubiese estado escribiendo una obra de ficción.

> Y como mis héroes y heroínas, más escasas éstas que aquéllos, son personajes independientes, *no puedo, como si fuera una novelista, obligarlos a figurar en mis páginas como a mí me plazca*, sino que ellos se mandan solos; lo cual… tal vez sea para mejor: la incertidumbre del final mantiene el interés" (*Ibíd.*, énfasis agregado).

Quien escribe un diario, insiste María Graham, no tiene control sobre su narración; por lo tanto, ella sólo está informando acerca de las acciones de personas de la vida real, que poseen voluntad propia. El motivo por el cual sintió la necesidad de señalar este hecho queda abierto a la especulación[5]; lo que está claro es que su insistencia revela la tensión que existe a través de todo el texto entre ficción y realidad; la imaginación opuesta al realismo, o la verdad opuesta a la invención.

---

[5] Posiblemente María Graham quiso enfatizar la autenticidad de su narración y disimular sus propias exageraciones.

A pesar de que María Graham asevera que su texto es fiel a la verdad, hay instancias en el *Diario de Chile* que sólo pueden ser interpretadas ya sea como totales desviaciones de la realidad o como construcciones mitológicas propias del Romanticismo. La transformación mitológica ocurre cada vez que la narradora transforma situaciones corrientes en relatos de importancia trascendental. María Graham lleva a cabo esta proeza y revela su estrategia cuando liga estos relatos a estructuras narrativas tradicionales, como por ejemplo, aquella acerca de la hermosa niña salvada de un peligro inminente o del peregrino solitario que al llegar a su destino se fascina con la belleza del nuevo país. En el caso que se cita más adelante así como en otros donde María alaba a Valparaíso se hará evidente, al examinar otros relatos de viajes de la época, que el puerto distaba de ser la tierra hermosa descrita en su diario. Aquí una narradora más madura que la jovencita que visitó la India trata de describir una tierra llena de riquezas estéticas y espirituales que promete satisfacciones personales y de tipo romántico. Probablemente la viajera tenía necesidad de exagerar la belleza del lugar, ya que un relato más realista habría convertido su decisión de quedarse sola en el país extranjero y llevar una vida independiente, más reprobable socialmente de lo que ya era[6]. Por ejemplo, en su entrada del domingo, 28 de abril de 1822, la voz que narra en el diario informa que cuando su barco, el *Doris*, se aproximaba a la bahía de Valparaíso esa mañana:

> No puedo concebir espectáculo más glorioso que la vista de los Andes, los que divisamos esta mañana al despuntar el alba, cuando íbamos acercándonos a tierra; como si surgieran del fondo mismo del océano, sus cumbres eternamente nevadas brillaban con toda la majestad de la luz, mucho antes de que se iluminara la tierra; súbitamente apareció el sol detrás de ellas, y navegamos durante horas antes de divisar la costa (113).

María comienza su *Diario de mi residencia en Chile* con esta poderosa imagen de la cordillera de los Andes surgiendo del mar al amanecer, y este retrato se convierte en una evidencia aun mayor de que esta obra es más una ficción que un diario. Basta recordar que su esposo acababa de morir y que traían su cuerpo al puerto para su sepultura; su estado de ánimo, por lo tanto, no le habría permitido apreciar las glorias de la naturaleza. Recurriendo a un artificio textual, ella transforma el destino final del buque en un espacio místico, en vez

---

del humilde puerto que Valparaíso era en esa época. El capitán Basil Hall, de la Marina Real Británica, quien visitó Chile aproximadamente en la misma época que María Graham, describe de la siguiente manera su llegada a Valparaíso el 19 de diciembre de 1820:

> Después de un peligroso y prolongado viaje, los marinos están preparados para considerar cualquier costa encantadora; y tal vez sea por eso que los primeros aventureros españoles le dieron a este lugar el nombre de Valle del Paraíso, *una designación que su actual aspecto no justifica en absoluto* (6; énfasis agregado).

La opinión del capitán Hall no es la única impresión negativa del puerto. Alexander Caldcleugh, cuando escribió acerca de su estadía en Chile entre 1819 y 1821, no fue más entusiasta que Hall en su visión del lugar: "Valparaíso, incluyendo El Almendral, forma una calle de tres millas de largo... Las casas por lo general son miserables, incluso la Casa del Gobernador y la Aduana tienen un aspecto muy feo" (45). William Rauschemberg, de la Marina Norteamericana, escribió en 1831,

> Aquellos que durante el viaje al "Valle del Paraíso" habían anticipado una experiencia y se habían imaginado una pintura que representaba el lugar ... encontraron que se les apretaba el corazón con la desilusión de la primera mirada.... "No siento ningún deseo de bajar a tierra al mirar ese lugar [dijo un oficial]. ¡Más bien parece un horno para ladrillos que una ciudad!" (11).

Contradiciendo estos informes, María Graham en cambio describió a Valparaíso como un lugar auspicioso, dotado de magia, belleza y luz. El aspecto mágico lo da la imagen de la tierra surgiendo milagrosamente del mar, y la belleza y la luz la proporcionan las montañas cubiertas de nieve, que, a propósito, María Graham no puede haber visto[7] –al menos ese día–. Pero son los conceptos de "mañana", "aurora" y "amanecer" los que sugieren una sensación de liberación y el comienzo de una nueva vida más feliz para ella.

---

[7]   Una comunicación con la Armada de Chile (correo electrónico, 27 de enero de 2004) indica que aunque no imposible, es muy poco probable que María Graham haya podido ver la cordillera de los Andes desde la cubierta de su barco (tendrían que haberse dado condiciones meteorológicas muy especiales) y lo más probable es que lo que ella vio hayan sido las cadenas montañosas de la costa, boscosas y mucho más bajas que las de los Andes, pero que bordean la costa y nunca tienen nieve en sus cimas.

Hay varias otras inconsistencias en el texto, tales como la mención de frutas fuera de la estación, o colocar la aurora y la puesta del sol en el Oriente: "¿Pero qué pluma o lápiz puede describir la milésima parte de la sublime belleza de una puesta de sol en los Andes?" (205). Estas desviaciones de los hechos avalan la afirmación de que María no escribió un diario, sino que organizó sus notas muy rápidamente[8] y no se dio el tiempo de revisarlas antes de su publicación. Evidentemente, la metodología de María Graham no se ajusta estrictamente a la imagen de escritora cuidadosa que ella trataba de transmitir. La inconsistencia más extraordinaria, sin embargo, aparece muy temprano en el diario y tiene que ver con el director supremo[9] Bernardo O'Higgins. En la entrada del 28 de agosto de 1822 narra que durante su estadía en la capital fue invitada a cenar al Palacio de Gobierno. Cuando conversaba con el Director sobre amistades que ambos tenían en común en Inglaterra, María relata que "vio a varias niñitas de aspecto salvaje entrar a la pieza y correr hacia él, y colgarse de sus rodillas"; más adelante supo que eran "pequeñas indígenas huérfanas que habían sido rescatadas de una matanza en el campo de batalla" (206). María Graham introduce muy repentinamente a los nuevos personajes en la narración, pero su explicación de esta rara aparición es cautelosa:

> *Aparentemente* [sugiere] los indios cuando incursionan en terrenos reclamados, traen a sus esposas y familias con ellos; y si llega a haber una batalla y la situación se torna desesperada, las mujeres por lo general toman parte en ella. Si pierden, no es raro que los hombres asesinen a sus esposas e hijos para evitar que caigan en manos del enemigo. Sin duda, hasta ahora *sólo se estaban anticipando, por un par de minutos, a la muerte de estas desgraciadas criaturas; ya que ninguno de los dos lados toma ni da cuartel.* Las huestes indígenas y españolas continúan practicando sus propias costumbres guerreras pese a estar ya parcialmente civilizados (206-207; énfasis agregado).

Aparte de hacer una contribución al mito del "buen salvaje" de tierras lejanas, la escena dramática presentada aquí sugiere hazañas heroicas y nobles,

---

[8]   Ella regresó a Inglaterra en diciembre de 1823, se quedó allí sólo unos pocos meses con el fin de publicar sus diarios y regresó a Brasil en septiembre de 1824. La carta número 36 de María Graham a John Murray atestigua el hecho de que dos de los editores más importantes de Londres estaban prácticamente peleándose sus manuscritos en mayo de 1824. No puede haber tenido tiempo para revisarlos acuciosamente.

[9]   Jefe de Estado.

y exaltadas virtudes que serían apreciadas por los lectores de Byron, Shelley o Southey. La sensación de urgencia que María Graham agrega a su narración, dado que las niñas son salvadas sólo minutos antes de sufrir un destino terrible, realza la fuerza dramática del episodio. Sin embargo, también cabe notar que cada vez que la escritora de viajes está renuente a comprometerse, ella introduce sus historias con expresiones tales como "aparentemente" o "me han dicho". En esta instancia específica, "las varias niñitas de aspecto salvaje" en realidad eran sólo dos: Petronila, la menor (aparentemente la hija de O'Higgins), que entonces tenía trece años; Patricia, la otra, era mucho mayor y se cree que era la madre de Petronila y, por lo tanto, la amante de O'Higgins. El historiador Jorge Ibáñez Vergara[10] señala que a María Graham se le dijo que las niñas eran huérfanas y que habían sido adoptadas en el sur del país, porque esa era la explicación "oficial" de su presencia. El resto fue posiblemente inventado por María, porque su versión de la situación calza mejor con los parámetros del romance que ella estaba construyendo en su diario, en el cual no había espacio para la realidad de la amante y la hija ilegítima del Jefe de Estado.

El número de niñas presentes esa tarde, su origen étnico, su aspecto, su edad, y la razón por la cual están allí, son transformados por la narradora del diario en otra instancia de creación de un mito propio del movimiento Romántico. No hay registros de esta costumbre en la historia mapuche; por el contrario, cuando María Graham visitó Chile, las "batallas" que menciona eran menores. En realidad eran encuentros esporádicos en que los indígenas nativos luchaban al lado de los soldados españoles (Koebel, 219). Sin embargo, esta instancia de la fabricación de mitos no habría sido importante si hubiese sido un episodio aislado, o si su historia hubiese terminado allí. No fue así: la escritora incluso perfeccionó su mitología agregando una "princesa" india al cuento:

> Una de ellas [las niñas] me agradó particularmente: es la pequeña María, la hija de un Cacique [jefe de una tribu] quien, con su esposa y todas las personas mayores de su familia, fueron muertos hace poco en una batalla. Doña Rosa [la hermana del Director], se encarga especialmente de las pequeñas *prisioneras* femeninas y actúa como una madre cariñosa hacia ellas" (207; énfasis agregado).

[10]   "Los Hijos del Padre de la Patria".

Es posible que en esta situación la narradora haya estado convirtiendo una reunión familiar normal en un relato de ficción que hiciera su texto más atractivo para los lectores europeos. Además, la inclusión de la joven "princesa" aparenta seguir el precepto aristotélico en que un personaje debe ser de noble cuna para que sus tribulaciones inspiren piedad y temor. Detrás de una construcción literaria hay un esfuerzo sostenido. María Graham estaba armando un retrato atractivo de un país exótico, lejano e indómito y las situaciones que relata, por lo tanto, debían satisfacer las expectativas del público lector de principios del siglo xix, interesado en leyendas, en épocas pretéritas, en lo exótico, y en las historias de hazañas heroicas. Al mismo tiempo, ella también estaba construyendo su propia imagen de narradora eminente, de modo que su temática debía ser acorde con su elevada persona textual. La realidad algo indecorosa de la familia en el palacio de gobierno no tenía cabida en su texto tal como ella lo había concebido.

Es posible que ésta sea la razón de que la presencia de las niñitas se mencione dos veces más en el diario: "Encontramos a las señoras sentadas en el jardín con sus pequeñas indiecitas jugando a su alrededor" (236). Más adelante, cuando el grupo pasa a cenar, las niñas están allí también: "Las pequeñas indiecitas tenían una mesa baja en una esquina, donde presidía la pequeña hija del Cacique y donde eran servidas con tanto respeto como a la propia doña Rosa" (238). Con la reiteración de la presencia de las niñas en el texto, María le agrega más veracidad a su relato.

La manipulación de la verdad le da el control a la viajera no sólo sobre su narración sino, además, sobre la reacción de sus lectores. Algo semejante, aunque menos dramático, ocurre cuando la narradora describe un grupo de indios bailando vestidos de mujer frente a la iglesia del pueblo de El Monte, o un misterioso boticario en Valparaíso. Es cierto que la mayoría de los lectores en Inglaterra no se habría dado cuenta de cuándo, exactamente, la escritora de viajes se estaba desviando de la verdad; no obstante, la hipérbole en la descripción de las montañas a su llegada, el dramatismo de la narración de las niñitas indias, o la representación gótica del dueño de la botica en Valparaíso, pueden haber parecido sospechosas, al menos para algunos lectores con experiencia[11].

[11] El artículo en la *Quarterly Review* 30:60 (enero de 1824) que criticó su libro junto con otros dos sobre el mismo tema, hace un comentario muy relevante: "Mr. Smidtmeyer y el capitán Hall [otros dos autores que publicaron diarios sobre Chile] han relatado todo lo que vieron con *marcada veracidad* y con gran simplicidad (442; énfasis agregado). No es necesario destacar que el nombre de María Graham fue excluido de la lista de escritores veraces de diarios de viaje. Se puede concluir que los críticos dudaban de su veracidad, aunque no así el público.

Otra razón que sugiere que el retrato del boticario puede ser ficción es que él y su establecimiento parecen estar fuera de lugar entre la gente simple y los edificios humildes del puerto. Sin embargo, su presencia agrega otro golpe de efecto a la narración:

> De vuelta de las compras, pasé donde el boticario... Su apariencia me hizo pensar en un boticario del siglo xiv, porque es de un aspecto mucho más anticuado de los que he visto en Italia y Francia. El hombre tiene cierto gusto por la historia natural, de manera que además de sus potes de medicina anticuados, rotulados con signos cabalísticos, confusamente revueltos con paquetes de medicamentos patentados traídos de Londres, hierbas secas... hay cabezas de pescado y cueros de serpiente. En un rincón se ve un gran cóndor arrancando la carne de los huesos de un cordero; en otro, un monstruoso carnero que tiene una pata demás que le nace en la frente (133-134).

María Graham representa al boticario a través de los objetos de su tienda; sin embargo, cosa interesante, él nunca aparece en persona, un hecho que añade misterio a este personaje de por sí bastante siniestro. Es fácil imaginarlo como un mago, por los "signos cabalísticos" en sus frascos, o como un envenenador, dadas las connotaciones europeas y medievales de su retrato y las hierbas desconocidas que tiene en exhibición. El único toque de normalidad en la tienda lo dan "los medicamentos patentados traídos de Londres"; el resto de los elementos que hay allí son símbolos de violencia, como el cóndor, o de verdaderas monstruosidades, como la oveja. Este puerto lejano, insinúa la narradora, es una mezcla del Mundo Antiguo y el nuevo y, por lo tanto, digno de atención. Sin embargo, la descripción parece exagerada, y la botica y su dueño parecen ser una creación de ficción, fuera de época y fuera de lugar en el Chile de la época de 1820. Ninguno de los tantos viajeros que escribieron relatos sobre Valparaíso en el mismo periodo menciona al boticario de María o su siniestra tienda[12]. La inclusión de este personaje en el texto convierte al puerto en un lugar enigmático y calza con el plan general de hacer aparecer dramático y romantico al nuevo país.

Más adelante en el diario, María Graham se torna más realista cuando incluye un pasaje de indios bailarines. Allí ella narra que observó un grupo de

---

[12] Por el contrario, William Rauschemberger señala que la mayor parte del comercio en Valparaíso la realizaban vendedores ambulantes que gritaban sus mercaderías en las calles (90-91).

indios (varones) vestidos de mujer, bailando frente a un convento franciscano durante una visita al pueblo de San Francisco del Monte. Los misioneros franciscanos, explica, han permitido que los indios sigan con su práctica de bailes paganos con la condición que se "conviertan" al Cristianismo. Como el baile tenía que realizarse frente a la iglesia, los nuevos conversos debieron aceptar ciertas condiciones: "Y los danzantes en vez de pintarse los cuerpos y adornarse las cabezas con plumas, y la tradicional cinta –que todavía consideran sagrada– se presentan ahora con trajes y atavíos femeninos, los mejores que puedan procurarse" (265).

Es posible que María Graham, al escribir varios meses después de ocurridos estos hechos, decidiera adornar su descripción agregándole elementos coloridos, e incluso exóticos, a su narración. Los mapuches y los araucanos eran (y todavía lo son) muy sobrios en su vestimenta y no usaban plumas ni pintura de guerra. Además, nada los habría inducido a usar ropa de mujer, y aún menos, ropa de mujer blanca[13]. Lo más probable es que la viajera haya combinado relatos oídos acerca de otros pueblos indígenas del continente, incluyendo los de Norteamérica, con elementos de su propia imaginación. De esta manera hacía su tema más interesante y digno de notar, mientras, de paso, lograba agregar entre líneas una idea inquietante dentro de una descripción aparentemente inocua de las costumbres indígenas: la Iglesia Católica destruía la identidad de los nativos convirtiendo sus ceremonias originales en una farsa. Como se señalará más adelante, para María Graham el Catolicismo constituía una de las facetas más oscuras del colonialismo español. Estas apreciaciones y su forma de presentarlas en el texto serán analizadas desde el punto de vista de los discursos que prevalecían en Europa durante la primera parte del siglo XIX.

A través de los años los teóricos han proporcionado innumerables definiciones del discurso literario (en contraposición al discurso lingüístico); sin embargo la más completa parece ser aquella de Michel Foucault en *La arquelogía del saber* [*The Archaeology of Knowledge*]:

> Por último, lo que hemos llamado práctica "discursiva" ahora puede ser definido más precisamente. No se debe confundir con la operación expresiva mediante la cual un individuo formula una idea, un deseo, una imagen; ni con la actividad racional que puede operar en un sis-

---

13 El domingo después del Domingo de Resurrección, hombres a caballo, que llevan pañuelos de seda en la cabeza y capas cortas de seda, acompañan al sacerdote cuando lleva la hostia a los feligreses enfermos, pero como la entrada corresponde al 11 de septiembre de 1822, la fecha y el rito no coinciden.

tema de inferencia; ni con las aptitudes de un sujeto parlante cuando construye frases gramaticales; se trata de un conjunto de reglas históricas de origen anónimo, siempre circunscritas al tiempo y espacio de un periodo determinado, dirigidas a un área social, económica, geográfica o lingüística preestablecida, [que rige] las condiciones de operación de la función enunciativa (131).

Mills discute las opiniones de Foucault acerca de los discursos y posteriormente entrega su propia definición del término: "Una serie de enunciados aceptados por la mayoría de las personas, que poseen fuerza y estabilidad, lo que significa que tienen una profunda influencia sobre la manera en que los individuos actúan y piensan" (*El discurso,* 62) [*Discourse*]. Por lo tanto, los discursos se pueden describir como grupos de pronunciamientos que tienen una realidad histórica en un determinado periodo, cohesión interna y la fuerza de la autoridad. Estos mecanismos lingüísticos e ideológicos no son estáticos cuando participan en la génesis de la persona textual, por ejemplo, o en texto dado; por el contrario, ellos interactúan en forma antagónica, ya sea eliminándose o reforzándose unos con otros. En este caso particular del *Diario de mi residencia en Chile,* un discurso puede servir para enmascarar otro que se mantiene oculto. Por ejemplo, el discurso religioso Protestante utilizado para denunciar en este diario lo nefasto del Catolicismo, también actúa como un arma para atacar la incompetencia del trato que España da a sus colonias y, en consecuencia, para destacar la sustentación ética del colonialismo británico. Sin embargo, es necesario dejar constancia que el ejercicio particular de María Graham de yuxtaponer ambos tipos de reglas coloniales era una práctica que había estado en boga desde el siglo xvii, o aun antes en Europa. A medida que pasó el tiempo el contraste se intensificó:

> Durante el curso del siglo xvii, a medida que la imagen de poder global con aspiraciones de monarquía universal fue reemplazada por la de un coloso vulnerable, España adquirió connotaciones de atraso, superstición e indolencia que la Ilustración europea se complació en condenar (Elliott, 13).

La narradora del diario coloca un discurso sobre otro, como en estratos, un método que le permite criticar a España en forma indirecta. Sus condenas más enérgicas las hace a través de observaciones respecto de manifestaciones religiosas, las que a su vez encubren el análisis referente al colonialismo español. Cabe mencionar que sus puntos de vista coinciden con la interpretación de Elliot antes citada.

Por otra parte, el discurso de la feminidad, aunque no siempre fiel al ideal de clase media[14] las veces que María Graham recurre a éste, lo usa principalmente para acentuar la superioridad de la narradora a la vez que denigra a la Iglesia Católica y, por consiguiente, a España. La voz narrativa que pronuncia estos discursos utiliza determinados mecanismos lingüísticos que los hacen únicos, como se ha dicho. La voz que habla en el *Diario de Chile* está definida principalmente por su tono de autoridad, que se logra en primer lugar por el uso de indicadores de clase social o nivel de erudición; en segundo lugar por su posición dentro del texto; y finalmente por la forma en que trata los problemas de género, tanto los que ella misma enfrenta como aquellos que afectan a mujeres con quienes se encuentra. Su registro en el diario es, como se describió anteriormente, sobre todo el de una persona de gran cultura, con un amplio dominio del vocabulario, que construye frases gramaticalmente correctas y separadas por una puntuación impecable. La voz de María Graham dentro de su texto es notable porque su discurso no es autorreferente (salvo en pasajes donde habla en favor de Lord Cochrane), y porque su tono es frío e irónico. En otras palabras, asume una actitud y tono de voz masculinos.

La posición de María Graham afecta la configuración de su voz narrativa. La ubicación que normalmente escoge como hablante es la de miembro de una sociedad civilizada observando a otra en un estado más primitivo, con el fin de informar sus conclusiones a sus pares. Se muestra confiada, en el párrafo final de su prefacio, en que su obra llenará una necesidad y será útil tanto para sus compatriotas como para los habitantes del nuevo país. Tras indicar que el clima de Chile es benigno, que el suelo es fértil y que la gente tiene gran dignidad, ella destaca la utilidad de su trabajo:

> [Sin embargo] éstas no son dificultades corrientes que habrá que vencer ni carencias sencillas que satisfacer, y si las siguientes páginas pueden en el grado más mínimo contribuir directa o indirectamente a satisfacerlas o paliarlas, llamando la atención hacia dicho país, ya sea como uno particularmente apto para el intercambio comercial, o uno cuyos recursos naturales y capacidades aún falta por cultivar, la escritora sentirá la más grande de las satisfacciones (v).

El ambicioso proyecto de la narradora está disimulado bajo frases formales de humildad, sin embargo sus aspiraciones son de largo alcance puesto que tie-

---

[14] Mills sugiere que en el siglo XIX el discurso de feminidad consistía en diversos pronunciamientos sobre la generosidad, la modestia o la dulzura del carácter (*Discourse*, 62).

nen que ver con el comercio internacional y el bienestar de la gente. Hay una nota inequívoca de confianza en su voz y los símbolos de su postura privilegiada y asertiva se ven reforzados en este pasaje por las mismas consecuencias que éstos traen aparejadas: la superioridad moral, intelectual y social le da credibilidad, avala sus conocimientos y le otorga respetabilidad. Sin embargo, dichas cualidades se atribuían más a los escritores que a las escritoras en el siglo XIX. María Graham se apropia de ellas y hace la importante declaración con respecto a las restricciones y las licencias de género: en su caso, éstas no tienen validez. Incluso rara vez en su texto pone de manifiesto o representa como inusual su propia situación de mujer viviendo sola en un país extrajero. Por el contrario, su vigoroso uso de discursos referentes a prácticas religiosas la sitúa aparte de otros escritores de viaje en América del Sur en esa época, como se señalará más adelante.

En el *Diario de Chile* María Graham denuncia prácticas que lleva a cabo la Iglesia Católica, que a primera vista parecieran tener alguna relación con el género de las personas, tales como conventos y monjas, pero que en realidad son declaraciones políticas en clave. En la entrada del 7 de septiembre de 1822 la narradora describe una visita al convento de San Agustín en Santiago y da gracias a Dios que éstos hayan quedado tan pobres "debido a las nuevas disposiciones del Gobierno, porque así hay esperanzas de que pronto disminuyan" en cantidad. Añade con toda crudeza que las monjas son "feas y viejas, con excepción de una sola joven y de bellos ojos" (235). Su tono se endurece aún más cuando informa lo que ve en el patio del convento:

> En el centro de un estanque se levanta una estatua de piedra de la Virgen, la más fea que jamás haya tallado la mano del hombre. Ha sido dispuesta de modo que pueda arrojar agua del pecho y de la boca[15], pero actualmente no funciona porque la fuente está en reparaciones; en la obra se ocupan varios albañiles custodiados por media docena de soldados, no sé si para proteger a los obreros o a las monjas (*Ibíd.*).

El supuesto estado del estanque permite a la viajera tratar el tema de género en forma confrontacional. A las monjas, descritas como grupo, se les niega su

---

[15] Parece poco probable que la narradora hubiese sabido cuáles eran las salidas para el agua, ya que ella misma había declarado que la fuente no estaba funcionando. Menos probable aún es que el agua hubiese manado de la boca de la imagen religiosa; éste más bien puede haber sido un intento de rebajarla al compararla con algunas grotescas figuras de la mitología romana que son comunes en las fuentes italianas.

calidad humana, su singularidad como personas, y su género. Más adelante, sugiere que estos seres sin nombre, silenciosos, de sexualidad frustrada, se pueden tornar sexualmente agresivos y deben ser contenidos si ven un hombre. La narradora menosprecia a las monjas no sólo en cuanto a su calidad de seres humanos y a su género, sino también por su condición de miembros de una orden religiosa, cuando las llama "enclaustradas".

La metáfora que iguala un convento a una prisión no es algo novedoso[16]; lo que es inusual es la postura antagónica de la cronista respecto a otras mujeres, y la manera en que va encajando un discurso dentro de otro, como en una caja china. Su crítica a las mujeres reprimidas sexualmente oculta una censura a la Iglesia que ampara la práctica y, en consecuencia, al país que se identifica en forma más cercana con ella, es decir, España. Sin embargo, el Catolicismo también destruye las mentes de la gente, no sólo sus instintos naturales, argumenta María más adelante.

En otra entrada para el mes de septiembre de 1822 la viajera cuenta la historia de una joven conocida:

> Antes de que yo me fuera, ella era alegre y jovial, el alma de la casa de sus padres… [no obstante] la mente sobresaliente de María, de naturaleza eminente, es especialmente susceptible a las impresiones religiosas. Bajo estas circunstancias, la joven de nobles y elevadas virtudes… llevada por la delicadeza de su carácter, resolvió ir a pasar diez días en una *Casa de Exercisio*[17][*sic*] para combatir un amor que su familia desaprobaba (270-271).

María relata que en dichos lugares los jóvenes viven rezando día y noche, dedican escasas horas al sueño y se alimentan mal. Además deben asistir a servicios religiosos prolongados y deprimentes, y cuando no están asistiendo a alguno tienen la obligación de permanecer en absoluto silencio. La niña finalmente regresó a su casa con el ánimo quebrantado y sufriendo ataques de llanto histérico seguidos de largos periodos de oración. Y éste no es el único caso, agrega la narradora, ya que ha escuchado de "un joven muy ilustrado e inteligente que regresó de una de estas casas convertido en poco más que un idiota" (271). Estas narraciones son ejemplos del estilo panfletario de María Graham,

---

[16] Frances Calderón de la Barca usa el mismo término en su *Vida en México* (143), pero aunque ella se opone tenazmente a la práctica, es más bondadosa que María Graham en sus representaciones.

[17] Una casa de oración.

muy comunes en este diario que trata de Chile, pero que no se dan con frecuencia en los otros. Aun cuando es cierto que en todos sus libros defiende sus puntos de vista con razones y ejemplos, en el *Diario de Chile* sus argumentos sobre casos que tienen que ver con la religión son a menudo estridentes controversiales o sesgados.

Esta característica, como se sugirió anteriormente, le permite a la autora adornar los hechos de modo que se ajusten a su mensaje. Su mensaje esta vez es un ataque directo a la Iglesia Católica:

> ¡Oh, si tuviera poder o influencia aquí, acabaría con estos funestos establecimientos! Aun cuando no provoquen, como en este caso, un extravío de la inteligencia, fomentan la *beatería y el fanatismo* (*Ibid.*; énfasis agregado).

La fuerza que posee el estilo de María Graham se puede apreciar por las cosas que no dice, porque al acusar a la Iglesia Católica de "beatería y fanatismo" está proclamando, por oposición, que el Protestantismo y, por lo tanto, los británicos, son liberales e iluminados.

Hay varios relatos de viaje sobre Chile escritos por hombres que visitaron el país en la misma época que María, y sus descripciones ofrecen interesantes diferencias. Todas las demás historias de viajes en Chile a comienzos del siglo XIX que se pueden estudiar parecen más sinceras al lado de la complejidad de la persona narradora de María Graham y sus mensajes entre líneas. Estos escritores de viaje masculinos se referían a las mujeres que encontraban en sus viajes respetando el concepto de ideal femenino que predominaba en esa época. En algunos casos las mostraban angelicales, en otros no tanto, pero por lo general las describían con nombre, edad y rasgos personales, y sobre todo, les permitían hablar por sí mismas. María Graham, en cambio, retrata a las mujeres en Chile como si fueran levemente siniestras, y en otras ocasiones, amistosas pero no inteligentes, pero en la mayoría de los casos masificadas en grupos, sin mente ni voluntad propias. Por ejemplo, en la entrada del 22 de noviembre de 1822 María relata que han sucedido varios temblores en Valparaíso y que la gente, especialmente las mujeres, estaban aterradas y que se aglomeraban frente a la imagen de la Virgen María, con clamores y sollozos mientras le imploraban su protección, "mesándose los cabellos y prodigándole los más tiernos nombres que la Iglesia de Roma permite para los objetos de su devoción" (310). Este pasaje, que ostensiblemente trata de la fe religiosa, se relaciona más con las ideologías de la feminidad prevalentes a principios del siglo XIX. La narradora describe a las mujeres como miembros de una multitud sin nombre ni rostro, y a la "madre" celestial a la cual recurren como un símbolo femenino imperfecto.

Por contraste, María Graham se representa a sí misma como una observadora valiente que es testigo de una escena que encuentra melodramática y ridícula. No puede disimular su satisfacción, por lo tanto, cuando narra que la imagen no acudió a socorrerlas y era tan inútil que ni siquiera se pudo salvar a sí misma, ya que a la mañana siguiente los sacerdotes la encontraron descabezada (*Ibíd.*). De manera muy semejante al relato de la imagen del patio del convento, la narradora registra otro caso de violencia, real o inventada, contra un ícono femenino que le provoca gran antagonismo. Increíblemente, esta actitud no se repite cuando describe imágenes religiosas de santos masculinos en otros pasajes de su diario, como por ejemplo la fiesta de San Pedro, que se trata en el próximo capítulo. Esta diferencia podría indicar que la hostilidad de María Graham hacia la imagen de la Virgen María proviene del hecho que representa más bien una mujer de posición elevada que por ser una figura Católica. Un pasaje muy curioso donde María describe a una mujer anciana con todo detalle puede quedar abierto a, por lo menos, dos interpretaciones divergentes y podría tal vez arrojar alguna luz sobre las razones de su antagonismo.

La manera en que la narradora del diario describe a su vecina puede ilustrar la observación de Mills que en los textos donde se enfatizan las diferencias de género, se usan diferentes parámetros para describir a hombres y a mujeres. (*Feminist Stylistics*, 161-162). Por lo general, los cuerpos femeninos están representados en fragmentos, y se da preferencia al aspecto físico y a la vestimenta. Por el contrario, los retratos de los hombres se centran más en el efecto general que en detalles minuciosos (161). El pasaje que sigue avala las observaciones de Mills sobre los textos que privilegian las diferencias de género, pero también fortalece la percepción de que María Graham mantiene una postura contradictoria con respecto a otras mujeres, particularmente en este diario. En el caso de la anciana de noventa años que vive con sus hijas y nietos cerca de la casa de la narradora, necesariamente debe haber habido un yerno, pero no lo menciona, probablemente para otorgar prominencia al retrato de la mujer.

Me impresionó mucho el *aspecto* de mi venerable vecina; quien, aunque encorvada por los años, no presenta ninguna otra señal de enfermedad; su andar es rápido y ágil y en sus ojos grises chispea la inteligencia. Siguiendo la costumbre del país, lleva descubiertos sus *cabellos plateados*, que le cuelgan por la espalda en una gruesa trenza; usa una camisa de hilo, recogida muy arriba cerrando *el escote*, y cuyas mangas le llegan hasta *las muñecas*... alrededor *del cuello* le cuelga un rosario" (*Diario de Chile*, 119-120; énfasis agregado).

La descripción de la mujer está regida por el término "aspecto", que es seguido por una representación de su cuerpo en fragmentos, como pelo, escote, muñecas y cuello. Dado que la mujer tiene noventa años, la concentración de la atención en su cuerpo no puede tener connotación sexual. No obstante, la descripción fragmentada sí produce el efecto de que ella es un objeto; en otras palabras, la narradora le niega a la mujer la categoría de ser humano. Esta percepción está reforzada por el tono neutro del pasaje, que concluye con una descripción del vestido de la anciana, incluyendo lo que se puede ver de su ropa interior: "lleva una enagua de un género de lana blanco, y el vestido de lana de color es como una chaqueta cerrada, a la cual va unida una falda llena de plegados y adornos con una doble corrida de botones al frente" (120).

Sin embargo, igual que los individuos, los grupos de gente también pueden ser descritos por género, como se puede concluir de la instancia que se discute a continuación.

El jardín que pertenece a la anciana vecina de María y a sus hijas aparece transformado en un paisaje romántico en la entrada fechada algunas semanas después. El 10 de junio de 1822 la narradora hace otra visita a su vecina y a sus cinco hijas. Las hijas son altas y musculosas, aunque no jóvenes, y al parecer hacen todo el trabajo necesario en su huerta sin ayuda externa:

> Estas mujeres han adornado la arboleda[18], o huerta, de duraznos, cerezos y ciruelos con todas las flores silvestres de la vecindad, algunas de las cuales crecen cerca del pequeño arroyo que surca el terreno, y otras se enredan en los troncos de los árboles frutales que recién comienzan a florecer. Yo desearía, sin embargo, ver todo esto mejor cuidado. Hasta Eva desmalezaba su jardín (158).

En su libro *Imperial Eyes: Travel Writing and Transculturation* (*La mirada imperialista. Literatura de viajes y transculturación*), Mary Louise Pratt señala que aunque María Graham compara el jardín de estas mujeres con el Jardín del Edén, aquél "es un Edén mal tenido" (168). Sin embargo, toda la escena parece ser una alegoría, sugiere: "La familia de mujeres está descrita en términos que

---

[18] Un grupo relativamente pequeño de árboles, pero no necesariamente árboles frutales como señala María Graham.

evocan y replantean la representación alegórica de América en figura de mujer, que tradicionalmente se hacía en Europa, mostrándola como una Amazona con el pecho descubierto" (*Ibíd.*).

Al poner énfasis en el hecho que la madre y las hijas son viejas, dice Pratt, María Graham está refutando la percepción de las mujeres como fecundas, y del continente americano como "joven" (*Ibíd.*). Sin embargo, María puede haber estado refutando sólo en parte la percepción del nuevo continente como joven. Es verdad que la mayoría de las mujeres que describe son maduras, viejas o estériles, como las monjas; pero, por otra parte, la tierra misma es descrita como un lugar de experiencias positivas y nuevas, como lo ilustran las metáforas de "mañana", "amanecer", y "aurora" al comienzo del diario. Lo más probable es que la narradora haya estado simplemente preocupada de relatar circunstancias poco usuales como ésta. No es común encontrar una comunidad de mujeres que vivan en armonía, cultivando su huerto (aunque no demasiado bien) y constituyendo una familia bien estructurada y autosuficiente. No obstante, una vez que se establece este hecho en el texto, la narradora decide cambiar la escena y transformarla en un campo de misterio gótico y quizá perverso:

> Aproveché la oportunidad para hacerle una pregunta [a la vecina anciana] acerca de la creencia de la gente del pueblo respecto a las brujas. *Hay algo en su aspecto cuando la rodean sus cinco altas hijas* que me hace pensar irresistiblemente en las brujas de Macbeth (*Diario de Chile*, 160; énfasis agregado).

El repentino cambio en el punto de referencia textual de la narración detiene el flujo natural del texto y hace desaparecer los indicadores que ya se habían hecho familiares. Al igual que en el retrato de las monjas, la voz del texto asume una postura antagónica frente a su materia. Sin embargo, a diferencia del pasaje del convento, el cambio de actitud aquí es repentino e inesperado. "Lo que no se dice" de Foucault (28) muchas veces puede ser más poderoso que lo que realmente se dice; aun cuando María Graham no verbaliza ciertas ideas, el contenido implícito en su texto está claramente sugerido: una comunidad de mujeres que viven y trabajan solas, sin la supervisión y protección de varones[19], es sospechosa y, por lo tanto, perversa. Estas insinuaciones

---

[19] El hecho de que no se incluyó ella misma en la categoría de mujeres solas podría sugerir que ella creía estar por sobre el común denominador.

están respaldadas por la representación de las mujeres como maduras, altas y fuertes, capaces de comunicar su supremacía a un observador, y haciendo guardia en torno a su anciana madre[20], dando así la idea de unidad, pero también de una cábala.

No cabe dentro del ámbito de este estudio investigar los orígenes psicológicos del antagonismo de la autora hacia otras mujeres. Posiblemente las raíces de este rasgo tan notorio en su estilo yacen en las relaciones familiares de la María Graham histórica (en oposición a la persona textual). Hay algunas señales en el último fragmento autobiográfico, tratado en un capítulo anterior, que indican que esto podría ser efectivo. La presente biografía literaria simplemente señala esta realidad textual, porque la representación que María Graham hace de otras mujeres se refleja en su voz y afecta su equilibrio narrativo. La voz del texto, sesgada a su vez, afecta al texto en su totalidad, y lo hace aparecer predispuesto en contra de las mujeres. Los textos se pueden percibir como inclinados a favor de uno u otro género, no sólo en las descripciones de personas sino también en los retratos de grupos y sociedades. En la instancia citada anteriormente, la narradora está incorporando otra visión negativa de la feminidad a su texto. Con la excepción de este retrato de la vecina de María Graham y sus hijas, la mayoría de los episodios que describen mujeres en el *Diario de Chile* tienen también que ver con la religión. Como ya se ha dicho, las críticas a las manifestaciones religiosas en esta antigua colonia española son en realidad expresiones de censura a la Madre Patria.

Mientras otros viajeros se concentran más en detallar las particularidades de los acontecimientos cotidianos, María Graham refleja en su diario la fuerte retórica de su época[21]. Con este ejercicio estaba realizando una función más importante que la mera transmisión de información acerca de un espacio poco explorado; al atacar el sistema español de colonialismo que venía unido a la Iglesia Católica, estaba actuando como abogada de las nuevas naciones[22]. Además, su obra realizaba otra función, la de informar al gobierno británico sobre el estado de los nuevos países que todavía no habían sido reconocidos por Inglaterra. En este sentido es interesante observar el paralelo que ella traza entre

---

[20] "Anciana" es concomitante con brujería.

[21] Un editorial en el *Representative*, tratando el tema de la pérdida de entradas de la Iglesia Católica provenientes de las colonias, declaraba: "La tiranía de Roma tiene buenas razones para temblar por su influencia transatlántica" (25 de enero de 1826:2).

[22] Su tarea autoimpuesta ayudó a María Graham a justificar su decisión de quedarse en el país; sin embargo, este rol no se podía replicar en su segunda visita a Brasil (1823) un par de meses después, porque la relación entre la metrópolis y la colonia era totalmente diferente allí, como se discute en el próximo capítulo.

Estados Unidos, una ex colonia británica, y los países sudamericanos recientemente liberados y el análisis perspicaz que ella ofrece en sus páginas.

En la introducción de su diario la cronista sostiene que los Estados de Norteamérica tuvieron la ventaja de que la mayoría de los colonizadores originales habían emigrado impulsados por los dictados de su conciencia y su "espíritu independiente". Desde un comienzo administraron sus propios asuntos y organizaron la forma de gobernarse. Su pragmático sistema de distribución de la tierra trajo consigo la necesidad de aumentar la población, lo que a su vez tuvo como consecuencia el surgimiento de un buen número de hombres cultos que actuaron como consejeros, legisladores y gobernadores (14). Las antiguas colonias españolas, por el contrario, eran gobernadas directamente desde Madrid a través de un laborioso, anticuado y lento mecanismo consistente en el Rey, la Iglesia, el Ejército y empleados civiles. Todos los cargos importantes en las colonias eran ocupados por españoles, lo que significaba que los nativos del país nunca podían practicar el arte de gobernar (*Ibíd*).

> De modo que los Estados de Norteamérica, firmes y unidos en su propósito, y preparados con una buena educación… se elevaron de inmediato del estado de colonias desunidas, tras una guerra muy onerosa, a la dignidad de gran nación, mientras que, quizás, tendrán que pasar muchos años antes de que las devastadas provincias de la América Española puedan asumir un carácter nacional, incluso ahora que el yugo de España ha sido casi destruido, por falta de material interno… para formar un Gobierno (14-15).

Este pasaje realiza una comparación entre un sistema de gobierno colonial de mirada amplia y benigna, como lo practicó Inglaterra, y la exigente y onerosa opresión perpetrada por España contra sus colonias. Fuera de cumplir una función como parte de un discurso más amplio contra el colonialismo español en su diario, este pasaje revela una narradora que ha leído y estudiado acerca de la Revolución Norteamericana tan profundamente que puede emitir declaraciones políticas con toda autoridad. Éste era el campo que las escritoras femeninas de la época supuestamente debían evitar: María Graham, en cambio, se sirve de sus declaraciones políticas para hacer saber a su público que ella está por sobre las restricciones gracias a su erudición y poderes de análisis. Las observaciones acerca de la fe religiosa también sirven al propósito de comparar los dos países europeos: Inglaterra y España.

El *Diario de Chile*, a diferencia de otros diarios escritos por María Graham, exhibe un proceso de permanente contraste entre las chabacanas muestras de devoción que simbolizan a España y las sobrias prácticas Protestantes que representan a Inglaterra. Sin embargo, esta comparación es sólo superficial, ya que bajo el texto yace una acusación más siniestra aún en contra del Catolicismo. Bajo la apariencia de una explicación de por qué la Iglesia de Roma, que antes había apoyado a España, ahora está al lado de los patriotas, la narradora sugiere:

> La influencia de la Iglesia, que hasta ahora había sido casi omnipotente en favor del antiguo orden de cosas, comenzó a ser ejercida… en la causa de la Independencia. Para evitar que América del Sur cayera en manos de los franceses, una nación sin inquisición [*sic*], que toleraba igualmente a los judíos, los herejes y los infieles, comenzó a ser un serio problema con los sacerdotes; y, de ahí que cuando los revolucionarios comenzaron a proceder, muy cautelosamente al principio, y sólo declararon que resguardaban el país para su legítimo soberano frente a la usurpación francesa[23], siempre se encontró a los sacerdotes de lado de los patriotas"[24] (12-13; énfasis agregado).

A medida que el diario avanza, hay pruebas crecientes de que María, como narradora, se siente libre de realizar análisis políticos, de expresar sus puntos de vista sobre diversos temas, de juzgar hechos, o de discutir diferentes aspectos del poder colonial. Esta inmersión en el lugar que está visitando y describiendo separa su texto de aquellos publicados por otras escritoras de viajes de su época[25]. No obstante, éste no es el aspecto más importante de su diario. Por medio de estas afirmaciones la narradora logra captar la atención del tipo de público que desea atraer. Las restricciones de género no tienen peso en su texto, el cual está estructurado de tal manera que el mensaje encubierto es más importante que el discurso manifiesto. Por razones que no están claras, la Iglesia Católica ha cambiado de lado en esta lucha, dice la narradora, y ahora está apoyando a

---

[23] Napoleón había enviado a su hermano José Bonaparte a gobernar España. El "legítimo soberano" para quien los revolucionarios sostenían que estaban preservando el gobierno de Chile era Fernando VII de España.

[24] El editorial del *Representative* dos años más tarde entregó un análisis parecido, al sostener que el temor a perder influencia en los nuevos países hizo que Roma apoyara a las colonias victoriosas; también celebraba la apertura de pensamiento de los nuevos gobiernos con respecto a los otros credos religiosos, llamándolo "su segunda emancipación" (2).

[25] El pasaje citado anteriormente incluye una pieza de retórica relativamente burda acerca de la Inquisición, la cual, aunque maligna durante siglos, estaba prácticamente moribunda en esa época.

los patriotas. Con esto ella también está dando señales de que es una persona liberal que conoce muy bien la religión y la política, y que quiere llegar a las personas de ideas similares y de un nivel cultural parecido al suyo. Al alabar a los franceses por ser tolerantes y por haber destronado la monarquía absoluta como forma de gobierno, está circunscribiendo su ideología y sentando las bases de su autoridad narrativa. En consecuencia, está reclamando un lugar junto a las mentes liberales de su generación, tanto masculinas como femeninas, tales como Shelley, Byron, María Edgeworth, Helen María Williams o Jeremy Bentham. Sin embargo, la narradora de este diario no siempre exhibe su ideología tan directamente; a menudo hay significados ocultos disimulados bajo sus descripciones y análisis, como en el revelador pasaje que sigue.

Es comprensible que en una antigua colonia de España el Catolicismo tuviera un espacio prominente en la vida diaria de los ciudadanos. Esta práctica, bajo diferentes apariencias, está constantemente presente en el *Diario de Chile* de María Graham, introducida ya sea por figuras retóricas o digresiones irónicas, y generalmente en forma implícita o sugerida, no abiertamente. Estos elementos reprimidos contienen una censura a España disimulada entre comentarios acerca de prácticas religiosas foráneas. En otra ocasión, cuando al principio del diario describe las viviendas de la gente pobre en Valparaíso, María comenta que son vulgares y primitivas. Lo que es más, ella encuentra difícil creer que el país haya sido ocupado por España durante trescientos años. En el siglo XVI España era un país culto y desarrollado, reflexiona, sugiriendo que ha dejado de serlo (124). Además, sus autoridades no lograron traspasar sus propias ventajas a la colonia y la dejaron en el estado atrasado en que se encuentra ahora. El principal legado de España, aparte del idioma, fue la fe Católica, sus iglesias, sus conventos, sus prácticas y sus tradiciones, no la cultura europea:

La gente aquí es tan española en sus costumbres que sería difícil para cualquiera detectar cuáles de sus supersticiones [María Graham aquí también se refiere a la brujería], sus modales y costumbres provienen de los indígenas chilenos; y lo es especialmente para mí, ya que nunca he estado en la vieja España... *Las supersticiones y el arte culinario que se practica actualmente* son decididamente españoles, aun cuando parte del material de ambos es nativo americano; no es algo malo, me imagino, dado el carácter de la nación (161; énfasis agregado).

El poder colonial vio el territorio conquistado sólo como una fuente de ingresos para la nación soberana, insinúa la narradora. Aunque señala que nunca ha visitado España, está segura de que la "superstición" y el arte culinario son definitivamente españoles. La conjunción de estos dos elementos parece extraña, ya que pertenecen a dos categorías diferentes; sin embargo, está claro que estas dos actividades tradicionalmente tienen una connotación de género y, al juntarlas, María está menospreciando el legado español a la vez que se distancia de su tema afirmando de esta manera su superioridad narrativa. Las dos actividades, tradicionalmente consideradas de segunda clase, las practicaban casi exclusivamente las mujeres; la narradora, una mujer, destaca aquí la superioridad de Inglaterra sobre España mediante el uso de la ironía y la burla. No obstante, la ironía no es la única arma retórica que María Graham esgrime contra España. Algunas veces utiliza la hipérbole, imaginería poderosa, o desviaciones de la verdad, como en el pasaje que se cita más adelante.

Al principio del diario la escritora de viajes describe el nuevo cementerio en Valparaíso. Hasta el día de hoy éste se halla en un cerro que mira a la bahía llamado *Panteón*, y que tiene la peculiaridad de estar dividido en dos partes; los no católicos tienen su sección aparte llamada *Cementerio de Disidentes*:

> Separado de éste [el Cementerio Católico] sólo por un muro, es el lugar asignado por la superstición católica romana como camposanto a los herejes; o más bien, el que se le ha permitido adquirir a los herejes. Hasta aquí, los que no tenían permiso para ser enterrados en los fuertes[26] donde podían ser custodiados, preferían ser lanzados al agua en altamar; ya que en muchos casos sucedió que nativos fanáticos exhumaron cadáveres de herejes, que ya habían sido enterrados en la playa, y expusieron sus cuerpos a las bestias y aves de rapiña (144).

Este fragmento ilustra una de las pocas instancias en que la narradora recurre a elementos góticos en el diario para animar la narración: las imágenes de los nativos cavando en la playa para exhumar los cadáveres son históricamente inexactas, pero textualmente apropiadas a la línea argumental de la narradora. Cabe hacer notar que el pasaje realiza dos funciones simultáneas dentro del texto: una política y otra retórica. Además de atacar al Catolicismo y, por lo tanto, a España, satisface el apetito del público del Romanticismo

---

[26] Aparentemente, el capitán Graham primero fue enterrado en el fuerte de Valparaíso (Castillo San José), que la narradora esboza como ubicado en la playa al pie de un cerro bajo (otero) que domina la bahía. La tradición, los informes de otros viajeros, el sentido común y los dibujos de la época ubican el fuerte sobre este mismo cerro. En la playa sólo hay restos de baterías más pequeñas (Poeppig 84) en el diario de María. El destino final de los restos del capitán Graham no se conoce, y su esposa nunca menciona que haya visitado su tumba.

por detalles macabros. Los elementos góticos de los cementerios, las formas no ortodoxas de sepultar a los muertos, las exhumaciones o la profanación de cadáveres, por mencionar sólo algunos, refuerzan el mensaje que impregna todo el texto con respecto a la superioridad de los civilizados visitantes ingleses ante los salvajes descendientes de la España colonial. El mensaje entre líneas que encierra el texto parece ser que el colonialismo, realizado al estilo español de sectarismo intolerante, es éticamente censurable: como una prolongación del fanatismo de la Inquisición, aquellos que no se sometieran a los dictámenes católicos tendrían que sufrir una postrera profanación, la de sus restos mortales. Los repentinos cambios de foco narrativo en el pasaje, ya que a veces la voz del texto presume representar a los católicos (como cuando llama a los protestantes "herejes"), y en la misma frase se refiere a los nativos como "fanáticos", es una muestra de la indignación de la narradora ante la situación que está relatando.

Sin embargo, hay varias observaciones más que hacer sobre este pasaje en particular que podrían indicar que la narradora, en vez de informar sobre hechos reales, está fusionando prácticas que había visto en la India y en Brasil para crear una situación ficticia novedosa. En primer lugar, hay un pasaje parecido en el *Diario de un viaje a Brasil* (111), que describe el entierro de esclavos en la playa de Río de Janeiro, y otro en el *Diario de mi residencia en la India* (11 *et al.*). Además, el Cementerio de Disidentes fue abierto en 1821, un año antes de la llegada de María Graham; por lo tanto las historias que relata habrían sido, a lo más, oídas. Finalmente, la mayoría de los ciudadanos británicos en Chile, si es que no todos[27], eran oficiales de marina o comerciantes exitosos. Lo más probable es que éstos hayan sido enterrados en los fuertes antes de que el cementerio fuese creado, y no en las playas. Sin embargo, el discurso más fuerte sobre religión aparece en la entrada del 28 de agosto de 1822, cuando María Graham estaba visitando Santiago.

En este extracto la narradora describe, con desagrado no disimulado, una procesión que ha visto en la calle. Primero relata que escuchó campanillas, sonido que le recordó las que suenan en Londres cuando se aproxima el vendedor de bizcochos. Al usar este símil que iguala una ceremonia religiosa con un vendedor callejero, rebaja el significado espiritual de la ceremonia y, además, le da al Catolicismo un tinte mercenario. Tras el muchacho que hace sonar las campanillas viene otro portando velas. En ese momento,

---

[27]   Antes de 1818, el año que fue declarada la Independencia de Chile, a los no católicos no se les permitía entrar a la colonia.

todos al verlos se detenían con la cabeza descubierta, y en actitud de rendir homenaje. Detrás de los dos niños apareció una calesa azul oscuro con imágenes pintadas de glorias y espiritusantos. Dentro de ella venía un señor vestido de raso blanco con bordados de plata y seda de varios colores[28]. La precedía un hombre con un farol dorado; otros con quitasoles la seguían. Pregunté qué significaba aquello, y me contestaron que era el Padre Eterno. Expresión chocante para nosotros los protestantes, mas no para un español católico, que reconoce la presencia de la Divinidad en la hostia que se lleva a un moribundo (211).

Esta relación es un ejemplo de la manera en que María Graham se incorpora a sí misma en la narración, como espectadora en este caso, y también como testigo y juez, algo muy poco común en los relatos de viaje tradicionales de la época. Su frase "pregunté qué significaba aquello" es un mecanismo retórico; sus palabras revelan que ella sabía muy bien lo que supuestamente contenía el "farol dorado", y por lo tanto su pregunta era innecesaria. Esta procesión descrita en forma levemente ridícula parece simbolizar para la narradora el legado siempre presente de la España colonial. A diferencia de los británicos, los españoles conquistadores de América siempre estaban acompañados de representantes de la Iglesia. Una vez que la región era sometida militarmente, los sacerdotes procedían a bautizar a los "salvajes" que la habitaban, completando y sellando así el acto de colonización. Por lo tanto, la Iglesia Católica era un agente colonizador de España tanto como su ejército conquistador, pero con una gran diferencia: dado que era un poder espiritual, se le permitió quedarse después de que el poder militar hubo sido derrotado y expulsado. Es esta continuidad la que María Graham denuncia por medio de sus connotaciones negativas, ira y ridiculización. Por el contrario, una escena similar en Santiago es narrada en forma muy diferente por Rauschemberger en 1836:

La procesión comenzó a salir de la Catedral, que estaba brillantemente iluminada. Primero venían… los hermanos de Nuestro Señor, que llevaban capas de raso blanco bordado con dorado… todos llevaban una vela larga de cera. Después venían los cadetes de la Escuela Militar vestidos

---

28 La descripción detallada de la vestimenta que llevaban los sacerdotes puede haber sido hecha para dar la impresión que "el hombre que iba adentro" (¿escondido?) estaba vestido de mujer, y una mujer muy rica. Por lo tanto, las connotaciones de extravagancia al parecer están hechas con la intención de acompañar aquellas de ambigüedad sexual.

con su uniforme completo, y un canónigo… que precedía… y luego la hostia, llevada por sacerdotes, debajo de un toldo de seda (140-141).

En este ejemplo el narrador se limita a relatar lo que ha visto y evita expresar su opinión. Otros escritores, cuando comentan el tema de la religión, despliegan mayor tolerancia que María Graham. Basil Hall, por ejemplo, narra el caso de un sacerdote que ha estado viviendo en un lejano pueblo indígena, mejorando las condiciones de vida de los nativos, convirtiéndolos al Cristianismo, e "introduciendo la educación junto con el arte de la vida civil" (36).

Es cierto que aquí Hall estaba narrando un caso aislado, pero sirve para ilustrar una actitud muy diferente a la de María Graham. George Hibbert, por su parte, muestra una actitud de superioridad hacia la población nativa, pero al igual que Hall[29] ve la práctica de la religión (incluso de la religión católica) como positiva: "El entusiasmo de todo tipo de gente por asistir al servicio religioso es impresionante porque muestran la misma actitud decorosa y sincera que tanto agrada en el país de Inglaterra" (12). Esto no quiere decir que todos los viajeros británicos describieran los ritos católicos en las ex colonias españolas en forma benevolente, pero estos relatos realzan el fuerte antagonismo de María Graham hacia estas manifestaciones. La narradora del *Diario de Chile*, por lo tanto, está continuamente criticando e ironizando, muy en la vena de una europea con sentimientos de superioridad que visita una antigua colonia de una potencia rival. Este tono masculino de superioridad que ella usa le resulta útil para transitar hacia otra voz, o un "efecto de ventrílocuo" como llama O'Neil a este fenómeno textual[30] (58), en las ocasiones que este fenómeno sucede en el curso de la narración. Cuando actúa como ventrílocua la narradora presta su voz y el vehículo, que es su texto, a un hombre que posee una personalidad conflictiva y que necesita limpiar su nombre a ojos de sus compatriotas; un hombre que es un oficial de marina y un hábil político, un héroe de guerra así como un intelectual. Cuando él aparece, el texto se enriquece con la duplicación de las voces, la suya propia y la de María Graham. Las voces de ambos alternan fluidamente y nunca chocan; por el contrario, este intercambio permite apreciar que hay varias lecturas implícitas en el texto. La forma en que funciona este efecto narrativo es tan particular que puede ser considerado el eje del *Diario de Chile*, y es tratado en más detalle en el próximo capítulo. Como

---

[29]   Cabe notar que Hall, Hibbert y Graham visitaron Chile en la misma época.

[30]   O'Neil señala que la ventriloquia opera "al esconder el punto de origen de su propia voz discursiva" (58). María Graham la practica en sus diarios, pero es en el *Diario de Chile* que este hecho es particularmente significativo.

se insinuó anteriormente, el *Diario de mi residencia en Chile* funciona como un documento político en sus intentos de reivindicar las acciones de Lord Cochrane y restaurar su prestigio. Este ejercicio provoca interesantes cambios en el texto, pero antes de examinar estas situaciones es importante explicar por qué un famoso oficial naval británico estaba al mando de la escuadra en un joven país de América del Sur.

Capítulo 7
Lord Thomas Cochrane

Chile realizó un primer intento de emancipación de España en el año 1810, pero no fue hasta 1818 que se declaró y consolidó oficialmente la independencia. El General argentino don José de San Martín había comandado el ejército chileno en las batallas de Chacabuco y Maipú un año antes, y poco tiempo después se le ofreció el cargo de Director del Gobierno. Él no aceptó el nombramiento, pero sugirió al general Bernardo O'Higgins para el puesto. San Martín prefirió concentrarse en llevar a cabo la derrota definitiva de las fuerzas españolas que en esa época estaban concentradas en Valdivia, en el sur de Chile, y en el Virreinato del Perú, ubicado en la costa occidental de América del Sur, al norte de Chile.

María Graham narra estos hechos de la historia de Chile de manera algo diferente en su introducción al diario, y le niega a San Martín todo mérito en los exitosos resultados de las batallas. Como se demuestra más adelante en este capítulo, el general San Martín era el principal adversario de Lord Cochrane en Chile, y por lo tanto la narradora casi nunca tiene un comentario favorable acerca de su persona o sus actuaciones. Cuando llega al año 1817 en su narración de la historia de Chile, su tono, impersonal hasta ese momento, se torna notoriamente apasionado:

> Las condiciones en que se encontraba la Marina chilena hacían necesaria la presencia de un hombre prudente y a la vez valiente, de gran temperamento y firmeza, cualidades que en ningún hombre se habían reunido en un grado tan sobresaliente. Su [de Lord Thomas Cochrane] mente, naturalmente poderosa, había recibido todos los grandes beneficios y gran parte de los dones que otorga la cultura; y su trato singularmente bondadoso y cortés, que ocultaba a la vez que adornaba la firmeza de su carácter... (*Diario de Chile*, 39-40).

En los diarios de América Latina, Lord Cochrane es constantemente descrito como el arquetipo del oficial y caballero británico: bondadoso, valiente, y justo. Sus cualidades justifican el rol central del que goza en estos textos, especialmente en el *Diario de Chile*.

Muy pronto, sin embargo, las fuertes personalidades del almirante Cochrane, Comandante de la Escuadra, y del general San Martín, a cargo del Ejército, entraron en conflicto. María Graham dedica el resto de su introducción a denunciar las iniquidades de San Martín, que contrastan con la inteligencia, valentía y sensibilidad de su compatriota. Parece probable que en esta tarea María haya contado con todo su apoyo. Los informes de las batallas navales contra España en el Perú (dirigidas por Lord Cochrane) están muy detallados, con fecha, hora, estado del tiempo y del mar, dirección y velocidad de los vientos, número de cañones tanto de los buques chilenos como los del enemigo, y la posición de los distintos miembros de la tripulación, entre otras informaciones específicas. Al lector también se le permite leer transcripciones de las cartas de felicitación enviadas a Lord Cochrane por el Ministro de Marina chileno. Los relatos pormenorizados de las batallas contienen detalles que sólo se pueden obtener a través del estudio de los informes oficiales de un oficial superior, o bien escuchando su propia versión de los hechos. Por ejemplo, la siguiente narración tiene que ver con los planes de Cochrane para capturar un buque español en la costa del Perú:

6. *Retrato de Lord Thomas Cochrane (Memoria Chilena; Museo Histórico Nacional de Chile).*

Lord Cochrane había estado diligentemente ocupado en reconocer Callao, habiendo diseñado el plan para capturar la fragata *Esmeralda*, de 40 cañones, que en ese momento estaba fondeada en la bahía bajo la protección de los castillos. Aparte de las 300 piezas de artillería en tierra, la *Esmeralda* estaba defendida por un fuerte botalón y amarras de cadena, varias filas de buques viejos, armados como buques de bloqueo que la custodiaban y estaba rodeada de 27 cañoneras de diferentes tamaños; el enemigo, que temía que pudiera ser atacada, la había provisto, así como a los buques de bloqueo, con más hombres, de manera que tenía aproximadamente a bordo 370 de los mejores marineros y oficiales que podían conseguirse (70).

Después del relato del número de fuerzas chilenas, y la fecha y hora que eligieron para comenzar su incursión, la narración se centra en Lord Cochrane:

> [Una vez que comenzó el ataque] Lord Cochrane fue el primer hombre que subió a bordo, e inmediatamente recibió un disparo, que le atravesó la carne en el muslo derecho, justo arriba de la rodilla; pero una vez que hubo capturado al centinela que le disparó, lo tomó por el talón y lo lanzó por la borda, se sentó en las mallas de una hamaca y siguió dando sus órdenes (71).

Estos relatos tan detallados insinúan que María tenía acceso a esta información cuando escribió su informe, y el hecho de que transcribiera copias de las cartas dirigidas a Lord Cochrane hace pensar seriamente que los registros y cartas fueron proporcionados por él, e incluidos con su permiso. Esta situación da una de las primeras señales de que Lord Cochrane puede haber participado en la redacción del *Diario de mi residencia en Chile*. La prueba más significativa de esta colaboración, sin embargo, consiste en un extraño documento en forma de diario escrito por María Graham, y que actualmente se encuentra en una colección privada, que incluye una lista numerada de acusaciones que el general San Martín hace en contra de Lord Cochrane, y una lista de las respuestas de este último, igualmente numerada, pero más extensa aún.

Esta lista, si no fue escrita por el propio Cochrane, al menos parece haber sido dictada por él, dada la exactitud de los detalles que contiene. El diario es sorprendente porque es grande, grueso y está hermosamente encuadernado, como si María hubiese tenido la intención de escribir un importante tratado en él, pero que no pudo lograr su propósito, ya que la mayoría de sus páginas está en blanco. También es importante que María Graham, aparte de anotar su nombre y el título del diario, "Chile y Perú", registrara la fecha en que lo comenzó: 2 de junio de 1822. Hay un registro en su diario publicado, fechado 1º de junio de 1822, de la llegada de Cochrane a Valparaíso tras la exitosa campaña en la costa del Perú.

Lord Thomas Cochrane es el héroe naval británico más recordado en América del Sur que en su propio país. En Chile el nombre Cochrane es muy familiar, dice Robert Harvey, autor de una biografía del marino. Hay calles que llevan su nombre en casi todas las ciudades, y un gran monumento con su gallarda figura en la proa de un buque domina una imponente avenida en el puerto de Valparaíso. Actualmente no es recordado en Inglaterra, pero en su época era un héroe nacional sólo igual, quizá, a Nelson (Harvey, 169).

> Cochrane fue mucho más, tal vez, que el Capitán más importante de Gran Bretaña. Fue un miembro del Parlamento partidario de grandes reformas, que abrazó la causa de los oprimidos de su época sin avergonzarse por ello. Ganó una de las batallas más espectaculares de las Guerras Napoleónicas, desafiando a su propio Comandante en Jefe. Tuvo participación en un intrincado escándalo de la Bolsa de Comercio –que parece más bien salido de las páginas de Wilkie Collins– quizá el juicio penal más grande y famoso de sus días y fue a la vez, quizá, el más visionario y más grande innovador de la estrategia naval de su época, así como un prodigioso inventor (*Ibíd.*, xi)[1].

"Es posible que Nelson haga difícil para la mayoría de los británicos recordar cualquier otro héroe naval del siglo xix", dice Andy Beckett para explicar el desconocimiento de Cochrane hoy en día (18). Él descendía de una familia escocesa muy antigua, agrega Beckett, y entró a la Marina durante las Guerras Napoleónicas; muy pronto fue conocido por sus extraordinarias acciones y triunfos. En 1799 capturó por sí sólo un barco pirata, y dos años más tarde "capturó un fragata española con siete veces más poder de fuego que su propio buquecito, el *Speedy*, que había sido camuflado como un velero danés neutral" (19). Más tarde se volcó hacia la política y fue elegido miembro del Parlamento por Westminster. Su caída llegó en 1814, cuando fue acusado[2] de

---

[1]   Para comprender por qué el héroe naval y político de tal calibre estaba tan lejos de su patria en las costas de América de Sur, véase Harvey 179-192, y Beckett 22.

[2]   La mayoría de los biógrafos concuerda en que a Cochrane se le tendió una trampa para acusarlo en este *affaire*. Al final de su vida fue rehabilitado y se le restauraron los honores concedidos.

participar en un fraude del mercado de valores. Fue sentenciado a prisión e incluso pasó una hora en el cepo, informa Harvey: la última persona en ser sentenciada a este tipo de castigo en Inglaterra. Y no sólo eso, porque

> Cochrane fue dado de baja de la Marina en la que había servido tan valientemente por tanto tiempo, una semana después del veredicto. Luego, a medianoche su estandarte de Caballero Comandante de la Orden del Baño, junto con su escudo de armas, casco y espada, conferida después de la gran victoria de Aix Roads, fueron retirados de su asiento en la Capilla de Enrique VII en Westminster Abbey y pateados escala abajo en las afueras de la Abadía (209).

Se presentó como candidato para su propio escaño en el Parlamento (el que había perdido en su juicio y posterior condena) mientras todavía estaba en prisión, fue reelegido y casi al final de su vida se le otorgó el perdón real (214). Algún tiempo después de 1816 Cochrane fue contactado por agentes del nuevo gobierno chileno que necesitaba urgentemente un "comandante capaz", en las palabras de María Graham, para establecer las bases de la Marina. Ella sabía de él, porque su difunto esposo y Cochrane habían sido Guardiamarinas en el *Thetis* muchos años antes, y ella lo había conocido socialmente en Londres (Gotch, 207)[3]. Sin embargo, también cabe la posibilidad de que lo haya conocido antes, en Edimburgo, y que él sea la persona que ella menciona en sus Memorias cuya amistad fue malentendida y le causó tanto dolor[4].

En junio de 1822 Lord Cochrane se convierte en un participante directo en la historia de María Graham y en héroe del drama que se comienza a desarrollar. Ella se declara encantada con la perspectiva de verlo y de beneficiarse con su amistad, porque su valiosa presencia en el país corregirá algunos males y evitará que ocurran otros. La narradora parece estar muy bien informada de todos los asuntos de gobierno ya que puede pronunciar juicios respecto de ellos y predecir desgracias si estos errores no son corregidos (por Lord Cochrane). A los lectores se les induce a olvidar que la cronista había llegado al país hacía menos de seis semanas, y que durante una parte de ese periodo debe ha-

---

[3]   El interés de María Graham puede haber comenzado antes y haber sido más profundo que lo que sugiere Gotch. En un pie de página de su introducción al *Diario de Chile* ella dirige a sus lectores a las *Gacetas Inglesas* (*English Gazettes*) de agosto de 1801 que contienen una relación de los actos heroicos de Cochrane en el *Speedy*, "una serie de hazañas de las cuales todos los ingleses deberían estar orgullosos" (72). Ella debe haber tenido dieciséis años en esa época.

[4]   Véase Capítulo 1, p. 33.

ber estado viviendo su duelo, buscando una casa para arrendar, e instalándose en ella. Esta observación también puede servir de respaldo al argumento de que el *Diario de Chile* es una ficción inventada posteriormente, ya que aquí el tiempo real no está en sincronía con el tiempo textual, como suele darse en el caso de los diarios auténticos.

La admiración de la narradora por su amigo está expresada en el siguiente pasaje en tres aspectos positivos de creciente importancia: primero sus cualidades personales, luego su poder para resolver conflictos a nivel nacional, y finalmente sus aptitudes proyectadas a escala continental:

> Yo pienso que él [Lord Cochrane] debería tener influencia para arreglar algunas cosas, y evitar otras; las cuales, sin dicha influencia, me temo, serán sumamente perjudiciales para la formación del Estado de Chile, e incluso para el curso general de la independencia de América del Sur (146).

Lord Cochrane hace su aparición en el *Diario* muy apropiadamente llegando desde el mar, y aunque se le divisa solamente a la distancia, su presencia es tan dramática como la primera entrada a escena del protagonista en una obra de teatro. En la mañana del 1º de junio de 1822, cuando María está tomando desayuno, es interrumpida por un niño:

> Uno de mis pequeños vecinos llegó corriendo donde yo estaba, gritando, "¡Señora, llegó! ¡Llegó!". "¿Quién llegó, hijo?". "El Almirante, nuestro gran y querido Almirante; y si usted se acerca al balcón verá las banderas en El Almendral". Al oír la noticia me asomé y efectivamente vi la bandera izada en todas las puertas. En la bahía había dos nuevos buques. La *O'Higgins* y la *Valdivia* habían arribado durante la noche y todos los habitantes del puerto y de los alrededores se habían dado prisa en desplegar sus banderas y celebrar el feliz regreso de Lord Cochrane (146).

La dramática llegada de Lord Cochrane en la narración produce un cambio de tono en la voz del texto, o más bien, un cambio de postura, ya que abandona su posición principal en la historia como narradora y focalizadora. El tono se hace más cálido cada vez que se refiere a su compatriota, dados los comentarios abiertamente parciales y elogiosos que hace acerca de su persona y sus acciones. Este hecho lleva naturalmente a un cambio en la postura narrativa, ya que María Graham deja de ser la principal testigo y fuente de interés en la historia cada vez que él aparece. Pero sobre todo, la voz de María deja de ser la de ella misma y se convierte en la de Cochrane, como se muestra en algunos pasajes clave de la historia. Este rasgo es muy notable porque hasta este punto en el *Diario*, María Graham había estado construyendo una persona narrativa que parecía distante, indiferente, superior, y fría.

Hacia fines del mismo mes aparece por primera vez una característica muy excepcional de este diario. La voz del texto narra las conversaciones que ha tenido con los vecinos y se muestra desagradablemente sorprendida al descubrir que la gente recuerda con nostalgia los días del régimen español. El nuevo gobierno, probablemente en un intento por borrar los vestigios coloniales, había suspendido varias prácticas religiosas que servían de entretención a la gente de Valparaíso. La cronista describe una de dichas celebraciones.

> La fiesta de San Pedro, singularmente adaptada a un lugar marítimo no debería, creo yo, haber sido abolida. En este día su estatua, guardada en la Iglesia Matriz, se sacaba solemnemente y se colocaba en una goleta ornamental, adornada con banderas y cintas... que recorre a remo la bahía seguida de todos los botes pesqueros...[5] (162).

Es precisamente en esta etapa del relato que otra voz toma posesión de la narración, un fenómeno que se repetirá varias veces durante el curso del diario. Esta "otra" voz tan marcada, se escucha cada vez que se menciona el mar en relación con Chile, cuando las ideas sobre el carácter de las principales figuras políticas se ponen de manifiesto, o cuando es necesario exculpar a Lord Cochrane de acusaciones de falta de honradez. En el siguiente pasaje está la respuesta a la queja de la narradora acerca de la supresión de la fiesta de San Pedro recién citada.

> Chile es evidentemente un país marítimo, aislado, separado por los Andes de las provincias orientales, y por el desierto de Atacama de aquellas del norte, *tanto así, que si yo fuera su legislador*, volcaría mis sentimientos y pasión hacia el mar. El día de San Pedro debería ser una fiesta *nacional y un espectáculo naval: yo entregaría* premios a los pescadores y a los boteros; *yo le daría* recompensas honoríficas a los oficiales; *yo recibiría* peticiones y representaciones de todos aquellos conectados con el mar y les respondería; en breve los dejaría sentir que la protección del Gobierno se ejerce de la mano con la religión sobre los más útiles, y por lo tanto la clase preferida de ciudadanos chilenos (163; énfasis agregado).

---

[5] La fiesta de San Pedro, santo patrono de los pescadores, se celebra en Valparaíso hasta hoy día, de manera muy parecida a como la describe María Graham en su *Diario*.

En este análisis comparativo el primer aspecto que se debe considerar es el de la posición de la narradora. Una mirada rápida a este pasaje recién citado muestra que ella está hablando desde el punto de vista de alguien que está dentro del gobierno, no de una visitante europea observando desde afuera, como lo era María Graham. Sin embargo, no contiene descripciones de la gente ni del paisaje, más bien contiene elementos que pertenecen a la retórica de la persuasión. Está, por ejemplo, la declaración de propósito del fragmento ya citado, expresado por la repetición de la fórmula "yo haría", que va seguida de breves declaraciones que comienzan a alargarse cada vez, construyendo una sensación de expectación que se resuelve en la extensa declaración final respecto a la protección que el Gobierno otorga como un regalo a los ciudadanos que lo merecen por ser los más trabajadores.

Más adelante se muestra cómo este rasgo de repetición amplificada es típico del estilo hablado y escrito de Lord Cochrane, pero cabe hacer notar que la voz en este ejemplo es "masculina", porque es asertiva y porque las frases cortas parecen venir de alguien que está acostumbrado a dar órdenes[6]. Debido a la preocupación por el mar, se puede suponer que provienen de un oficial naval. Es posible observar además que el pasaje tiene muchos puntos de similitud con el discurso que pronunció Lord Cochrane en Guayaquil (Ecuador) en noviembre de 1821, que aparece en la introducción del diario de María Graham:

> ¿No pensarían ustedes, acostumbrados a los tozudos hábitos de los monopolios españoles, que sería un robo para Guayaquil que su comercio estuviera limitado sólo a sus propios comerciantes? ¿No se había prohibido a todos los extranjeros mediante leyes restrictivas atender sus propios negocios o intereses, como si ellos hubiesen venido sólo para favorecerlos a ustedes? Ahora ustedes se dan cuenta de la realidad…
> *Dejen* que los comerciantes extranjeros que traen capital… se puedan instalar libremente; esto dará lugar a una competencia, de la cual todos cosecharán ventajas… *Dejen* que su derechos de aduana sean moderados, para así promover el mayor consumo posible… *Dejen* que todos los hombres hagan lo que quieran con respecto a sus bienes… porque cada persona velará por lo suyo con mayor celo que los senadores, ministros o reyes (100-101; énfasis agregado).

[6] La asertividad de María como narradora es diferente a la asertividad que emana de este pasaje, porque aquí está respaldada por el poder (político) ejercido sobre el pueblo. En cambio en su caso particular, su asertividad está basada en sus cualidades personales, tales como la erudición, su forma de expresarse, la eficiente recolección de información o su poder de raciocinio.

7. *Iglesia La Matriz, Valparaíso. Dibujo de María Graham (Memoria Chilena; Biblioteca Nacional de Chile).*

El primer pasaje citado que trata del día de San Pedro es supuestamente una reflexión hecha por la propia María Graham en la privacidad de su diario, pero es evidentemente distinto al párrafo que lo antecede y a los párrafos que lo siguen en el diario, porque, aparte de tener el tono de una arenga, al igual que el discurso de Lord Cochrane en Guayaquil, muestra la preocupación de un oficial de marina con la ubicación geográfica exacta del país en cuestión: "en el interior… los Andes". Asimismo, la sola frase "si yo fuera su gobernante" revela que es un hombre el que habla, debido a la absoluta imposibilidad de que una mujer en ese momento histórico participara en los actos de gobierno. La frase "yo volcaría todos mis sentimientos y pasión hacia el mar" revela a un marino, y es probable que haya sido pronunciado por la misma persona.

Otra similitud entre ambos textos es la cantidad de verbos de acción que se encuentran en ellos: por ejemplo: "volcar", "distribuir", "conferir", y "responder", todos los cuales aparecen en el discurso de San Pedro. También los hay en el discurso de Guayaquil, tales como "traer capital", "permitir que se instalen", "velar por lo propio". Sobre todo, en los dos textos encontramos el elemento retórico de la repetición creciente, que le da a estas expresiones una cadencia pareja y sugiere que ambos fueron compuestos por la misma persona.

La estructura de las frases en ambos textos es más compleja que la estructura general de las frases en el diario. Hay, por ejemplo, una abundancia de expresiones adverbiales y frases subordinadas en el discurso de San Pedro: "Yo haría, en ese día", "la protección del Gobierno iría de la mano", "sobre los más útiles y, por lo tanto, los más favorecidos". En esta etapa es importante recordar que en *Estilística Femenina*, Mills observa específicamente que los textos masculinos incluyen una gran cantidad de verbos de acción y frases complejas (200).

La similitud entre los dos fragmentos también se puede notar en otros rasgos textuales. Por ejemplo, aun cuando el objeto en ambos es persuadir, en el pasaje de San Pedro, supuestamente expresado por María, el tono es masculino porque es seguro y asertivo, igual que el discurso de Guayaquil. Al parecer viene de una persona acostumbrada a dar voces de mando, como se dijo anteriormente, y a ser obedecida; acostumbrada a las estrategias de planificación y a hablar a grandes audiencias como, por ejemplo, la tripulación de un buque de guerra. La voz tiene cualidades que a la narradora del diario le faltan[7], que son colorido, rápida sucesión de imágenes, énfasis y una cadencia constante y pareja. Un ritmo acompasado sumado a repetición de ciertas expresiones y la inclusión de temas retóricos, es otra característica que tipifica la voz de Lord Cochrane.

La intención original de un autor a veces se puede deducir del texto, pero nunca se conoce con certeza. Sin embargo, es posible determinar el efecto que produce un texto cuando es examinado desde el punto de vista teórico. Por ejemplo, es un hecho histórico que Lord Cochrane dejó Inglaterra deshonrado; que María Graham lo admiraba profundamente y puede haber deseado rehabilitarlo, se puede inferir de sus textos publicados y cartas privadas. Puede haber pensado que al tomar sus palabras y hacerlas pasar como propias de ella en su diario, éstas tendrían más credibilidad, ya que no sería el mismo Cochrane hablando en su propia defensa, sino una autora establecida como ella. Cualquiera que haya sido su intención original, el resultado es un texto en que la narradora usa otra voz como una ventrílocua y la armoniza con la propia, haciendo las transiciones tan suaves que los cambios pasan casi inadvertidos.

Sin duda la fluidez es uno de los aspectos positivos de la transacción textual que ocurre entre María Graham y Thomas Cochrane en el *Diario de Chile*. Ésta disfraza el intercambio de voces en el texto al mismo tiempo que amplía

---

⁷ Por ejemplo, el tono desapegado de la relación del *sati* o sacrificios humanos, en sus *Cartas acerca de la India*; la ironía en la descripción del *zenana* en el *Diario de la India* o del convento en Santiago; o la larga y a veces poco animada catalogación de plantas, caminos o escenarios en su *Diario de Chile*.

el ámbito y agrega fuerza a la narración. Cuando Cochrane habla, el campo de visión de la narradora se amplía para abarcar tanto el mar como la tierra, y el ritmo del relato adquiere un movimiento más ágil, diferente al estilo más pesado y estático de María Graham. Sin embargo, su tono se aligera cada vez que se refiere a Lord Cochrane, incluso en su propia voz como se verá más adelante en este capítulo.

El Almirante, no la narradora, es el personaje principal del *Diario de Chile*. Él es el héroe noble que lucha contra la tiranía de España, el amigo leal, y el político idealista. Siempre que lo menciona en su texto, la narradora abandona su postura desapasionada, grave e irónica, y cambia el tono de su voz por uno de irrestricta admiración; abundan los superlativos cada vez que ella se refiere a sus habilidades o elogia sus cualidades morales. En su resumen de la historia de Chile, ya mencionado, que constituye la introducción a su diario, la autora relata las dificultades y desavenencias que encontró el nuevo gobierno al momento de formar una fuerza naval:

> Es inútil preguntar dónde habrían terminado estas disputas: éstas fueron silenciadas, al menos por el momento, con la llegada de uno de los oficiales más hábiles que Inglaterra haya producido jamás. Por una de esas raras coincidencias, que ni los cálculos más indulgentes en favor de Chile podrían haber anticipado, los agentes del gobierno de dicho país, que habían recibido el encargo… de conseguir la ayuda de algún hábil comandante… tuvieron la suerte de encontrar a Lord Cochrane que estaba libre para dedicarse enteramente a la causa de la independencia de América del Sur (39).

Hay varias instancias en el diario, como el extracto anterior, donde el tono de la narradora se hace entusiasta, fervoroso, e incluso apasionado. No sólo hay superlativos; también las metáforas abundan donde antes existían descripciones pálidas y desganadas de largos viajes o tediosos relatos de extensas visitas sociales y reuniones similares[8].

Evidentemente, María Graham siempre creyó en la integridad de Lord Cochrane durante la época que estuvo en dificultades, y en una instancia notable de inversión de roles en el texto, ella toma la tradicional posición

---

8   Sin embargo, esta cortesía no fue correspondida en dos autobiografías de Cochrane, *Narrativa de los servicios en la liberación de Chile, Perú y Brasil* (1859) y la *Autobiografía de un hombre de mar* (1860), ni en otros recuentos de su vida, donde ella no recibe más de un párrafo en algunos, y en otros simplemente una frase.

masculina de "protector" y "defensor" para abogar por el honor del Almirante. Su habilidad para llevar a cabo esta proeza descansa en el hecho que ella es una narradora bien informada y no sujeta a restricciones, y por lo tanto puede controlar su texto de la misma manera que un narrador masculino estaría en control del suyo. Sin embargo María Graham le permite a Lord Cochrane expresarse a través de ella, no sólo para defenderse; en muchas ocasiones, ella también lo deja manifestar sus puntos de vista e ideales, como en el siguiente pasaje, que es un claro ejemplo del discurso de colonialismo a la inversa:

> La cruel política que España ejercía sobre estos países siempre suprimió cualquier intento de establecer un comercio marítimo, aun cuando las costas de Chile abundan en bahías muy apropiadas para este fin. De modo que estas bahías, o no fueron inspeccionadas o fueron tan mal señaladas en los mapas publicados que desanimaron a los buques tanto españoles como de otros países, de intentar fondear en ellas, y todo el tráfico se efectúa todavía en mulas por los caminos más difíciles del mundo (173).

Ésta es la voz de un oficial naval que ha estado navegando a lo largo de las costas del país, ha estudiado sus contornos, y los ha comparado con la defectuosa cartografía española. Había muchas bahías que podrían haber facilitado el comercio marítimo chileno y el transporte. España, como poder colonial, se insinúa aquí, no aprovechó las características geográficas de la colonia y en cambio dejó al país cargado con sistemas de transporte de mercadería poco prácticos y muy incómodos.

El 9 de julio de 1821 España se había rendido en Perú gracias a la espectacular derrota que sufrió la Armada Española a manos de Lord Cochrane, dice Harvey (255). Cuando posteriormente le exigió dinero a San Martín para pagar a la escuadra, el general se negó (261). María Graham relata en términos muy parecidos una ocasión en que Lord Cochrane abordó el buque de San Martín, el *Sacramento*, y tomó suficiente oro y plata para pagar a sus hombres, pero no se dejó nada para sí (*Diario de Chile*, 89). Más de un año después San Martín acusó al Almirante de deshonesto con respecto a este incidente, relata María Graham en su *Diario*, pero se apresura en agregar que los cargos serán respondidos. Esta instancia parece ser menos compleja que los otros casos de ventriloquia antes mencionados, ya que existe la impresión de que aquí la narradora está transcribiendo las palabras del almirante directamente, sin ocultarlas dentro de su propio discurso. El lector podrá imaginárselo sentado al lado de ella dictando el siguiente pasaje, mientras ella escribe afanosamente[9]. El trasfondo de autoridad se puede percibir fácilmente en el texto, donde María simplemente ha cambiado el pronombre "yo" por el pronombre "él".

> Los cargos que le imputa San Martín, aunque nunca fueron avalados por el Gobierno, el cual posee abundantes documentos en sus manos para refutarlos, él no los ha refutado, a pedido del [mismo] Gobierno… Pero ahora… dichos cargos deben ser, y serán respondidos; y refutados también con hechos y fechas que desbaratarán totalmente todas las acusaciones contra él (297-298).

Ya se ha dicho que esta narradora no es siempre la protagonista de su diario; lo que es más, ella permite que otra voz hable a través de la suya. La fuerte declaración "dichos cargos deben ser, y serán respondidos" tiene que ver más con una persona que se está defendiendo vehementemente que con una cronista anotando registros con fidelidad. Por lo tanto, el *Diario de Chile* de María Graham, donde muchas ideologías importantes de la época encuentran un lugar para interactuar, es sólo en parte un relato de su estadía en el país; también es un documento para la reivindicación de una persona, escrito usando la estructura de un diario de viaje.

Hacia el final del *Diario de mi Residencia en Chile* la narradora "se convierte" en Lord Cochrane una vez más, para pronunciar sus palabras de despedida al país que ayudó a liberar, aun cuando supuestamente son dichas por la propia María. En este pasaje hay características lingüísticas notables, muchas de las cuales ella nunca usa (aparte del tono de autoridad), como, por ejemplo, la abundancia de verbos de acción y la complejidad en la construcción de las frases declarativas. No obstante, estos rasgos por sí solos no serían prueba suficiente de que la voz que narra es la del Almirante. En una carta firmada por Lord Cochrane, reproducida aquí, y en casi la mayoría de sus discursos

---

[9] La prueba de esta afirmación está en el diario de María Graham *Chile y Perú*, que contiene una lista de acusaciones en contra de Lord Cochrane, y su defensa de cada una de ellas. Las acusaciones de San Martín en contra de Lord Cochrane (treinta y cuatro en total) están enumeradas al lado izquierdo del libro, mientras que las respuestas aparecen al lado derecho. Las respuestas son mucho más largas que las acusaciones y continúan en las páginas siguientes. Al parecer están escritas por María. Ella termina las respuestas con la siguiente observación: La redacción de las acusaciones citadas más arriba es lo menos caballerosa que se pueda imaginar[;] están expresadas en un espíritu de vanidad herida …".
"S.M. no puede tolerar, como el Turco, ningún hermano cerca del trono" y odia a L.C porque él es un realizador, mientras que S.M. es sólo palabrerías (36).

registrados, hay un modelo de proposición y resolución en el texto tomado como un todo, así como en las unidades más pequeñas que lo componen. En la introducción de su diario, María Graham cita parte de una carta que le proporcionó Lord Cochrane, escrita por él al General San Martín, cuando este último se negó a pagarle a la escuadra después de la caída de Lima, en la cual le pregunta:

> ¿Qué diría el mundo, si el protector del Perú violara, a través de su primerísimo acto, las obligaciones de San Martín, aun cuando la gratitud puede ser una virtud privada y no pública? ¿Qué diría si el protector se niega a pagar los gastos de la expedición que lo ha colocado en la elevada posición que tiene actualmente? ¿Y qué se diría si se niega a recompensar a sus hombres de mar, que han contribuido en forma tan importante a su éxito? (85-86).

El ritmo de la carta citada aquí está marcado por la repetición de preguntas retóricas, que en cada ocasión aparecen levemente modificadas para así evitar la monotonía, y que a su vez le agregan un sentimiento creciente de expectación. En el pasaje tomado como un todo, también hay una proposición y una resolución implícitas, que en esta instancia deben ser proporcionadas por el lector. Sin embargo, un tipo de construcción gramatical similar aparece en el pasaje que sigue, que se supone está escrito por la narradora y refleja su propio pensamiento. Antes de alterar su posición narrativa ella observa que en un periodo de tanta agitación como éste sería sumamente beneficioso para los ciudadanos del país que un hombre tan respetado como Lord Cochrane interviniera en la conmoción y ejerciera su autoridad[10]. Evidentemente, es el propio Almirante quien soluciona esta situación usando la voz de la narradora, que pareciera estar refutando su propia proposición anterior.

> En este caso, habiendo hecho todo para librar al país del enemigo extranjero, y para asegurar la independencia nacional, es sabiduría, es generosidad, mantenerse apartado y dejar que quienes son la semilla de la tierra sean los árbitros de sus problemas. La ley y la justicia pueden solamente resguardar a los ciudadanos de males externos, pero no deben entrometerse en los asuntos de familia (347).

---

[10] No está claro si ella quería que él tomara el poder para sí. María constantemente indica que lo cree el más apto para conducir el nuevo país.

Este fragmento pertenece a la entrada correspondiente al 18 de enero de 1823. Es interesante notar que antes en este mismo mes, Lord Cochrane había compuesto un discurso de despedida dirigido a los "comerciantes de Inglaterra y de otras naciones que tenían negocios en el Pacífico" (342-343), con una estructura muy semejante de proposición/resolución, y con contenido muy similar a la siguiente alocución dirigida al pueblo de Chile.

> ¡CHILENOS – COMPATRIOTAS! El enemigo común de América ha caído en Chile. Vuestra bandera tricolor flamea en el Pacífico, asegurada con vuestros sacrificios. Hay algunas conmociones internas que agitan a Chile: no es asunto mío investigar sus causas, acelerar o retardar sus efectos… ¡chilenos! Ustedes han expulsado de su país a los enemigos de su independencia: no mancillen este glorioso acto promoviendo la discordia… Tengan en cuenta la dignidad a la que su heroísmo los ha elevado… juzguen ustedes mismos, actúen con prudencia y guíense por la razón y la justicia (342).

El mensaje en los dos pasajes anteriores, el primero supuestamente pronunciado por María Graham y el segundo por Lord Cochrane, es semejante: ahora que han obtenido la libertad, los ciudadanos chilenos son responsables de mantener el orden y resolver sus diferencias internas. Su triunfo fue alcanzado tras grandes sacrificios y bajo la dirección de Lord Cochrane, que ahora se retirará y permitirá que ellos resuelvan solos sus problemas recurriendo a la sabiduría y el buen juicio. La estructura textual de ambos pasajes, el de proposición y resolución, también es análoga, y aparece en todos los textos escritos por Lord Cochrane citado en el diario y también en otras biografías que cubren ese periodo particular de su vida. También se puede percibir una similitud en la elección y en la secuencia de los términos y las frases[11].

El discurso de despedida del 18 de enero, atribuido a Cochrane, tiene toda la acción de los verbos que son típicos de su estilo (y de los textos masculinos en general, según Mills), tales como "agitar", "investigar", "acelerar", "expulsar", "animar", "consultar" – en otras palabras "hacer". El pasaje anterior correspondiente al 4 de enero, aun cuando no tiene tantos verbos de acción, sí contiene frases complejas con grupos adverbiales que no son típicos de la voz narrativa de María Graham, como por ejemplo, "en este caso", "habiendo hecho todo", "mantenerse distante", o "ley y justicia… pueden sólo cuidar…

---

[11] Se pueden encontrar más pruebas de esta declaración en la carta de Lord Cochrane a Mohamed Ali Pasha de Egipto, reproducida en el *Representative*, el 24 de junio de 1826: 518.

pero no pueden…" . Este solo hecho avala la proposición de que Lord Cochrane está hablando a través de ella. Además, el pasaje parece un discurso político o una arenga, y esto es característico del texto en las ocasiones que Cochrane habla a través de la narradora en el *Diario de mi residencia en Chile*.

En la parte final del diario hay un pasaje muy curioso que atañe a Lord Cochrane, donde la narradora construye un nuevo rol para sí misma, la figura típica de la dama en apuros que es rescatada por el galante caballero. En la entrada del 20 de diciembre de 1822 la narradora está pensando en su propia triste situación y deprimentes perspectivas:

> Me sentía en excelente disposición para filosofar. Terremotos bajo mis pies, preludios de guerra civil en torno mío; mi pobre primo enfermo [su primo Glennie] y aparentemente muriéndose, y el único amigo que tengo aquí, próximo a dejar el país… Todo esto me dejaba sin nada más que el presente con que contar; y tal como el camino que en esos momentos recorría, el porvenir se me presentaba envuelto en negras nubes… (334).

Esa tarde, después de cenar abordo de uno de los buques de la escuadra, la narradora está apoyada en la borda, sola, meditando sobre su triste situación. Todos los elementos de la escena contribuyen a esta percepción de la heroína romántica, de la dama en peligro rescatada por el caballero de brillante armadura[12]. Está la hora (el atardecer), por ejemplo, el lugar (la cubierta del buque), la situación (la narradora está sola, pensando en su situación), y la sensación de un peligro inminente dado por los terremotos, y el desasosiego político en el país. Su sensación de abatimiento es profunda cuando dice,

> No tenía ninguna perspectiva de consuelo, *y de pronto ésta vino de un lugar que yo jamás me habría atrevido a esperar*. Lord Cochrane se acercó adonde yo estaba, y suavemente llamando mi atención me dijo que muy pronto zarparía de este país, y que yo aliviaría una gran inquietud de su mente si me fuera con él (335; énfasis agregado).

La narración pasa enseguida a la siguiente etapa, muy predecible, del libreto, en la cual la dama rehúsa la ayuda porque no puede abandonar a su pariente

---

[12] Se deberá recordar que en el diario privado de la India, María también se representa a sí misma brevemente como una dama en apuros cuando todos los oficiales del *Cornelia* la ignoraban y Thomas Graham llegó a salvarla.

enfermo, y el galante salvador le promete que también rescatará a su primo. La dama entonces se siente colmada de una alegría y gratitud tan grandes que no le es posible expresarlo en palabras.

> No pude responder ni expresar mis agradecimientos, pero si hay alguien que haya tenido un peso que le oprima el corazón… y que repentina y bondadosamente se lo hayan levantado… entonces podrá imaginar en parte cuán grande era la gratitud que rebosaba mi corazón, pero que yo no podía expresar (335).

Como se ha observado anteriormente, la narradora de este diario rara vez es la protagonista de su historia. Tras la aparición de Lord Cochrane se convierte en una simple testigo que se torna transparente cuando el personaje principal entra en escena. En consecuencia, la aparición de una persona narradora modelada en las convenciones de las heroínas clásicas románticas, como en el pasaje recién citado, es una innovación que sobresale en el texto. Aun cuando el pasaje proporciona una especie de conclusión a la narración, el efecto final es tan sorprendente como la transformación que sufre la narradora, que de observadora irónica e indiferente pasa a ser una mujer pasiva y meláncolica. Sin embargo, este efecto le asigna un desenlace dramático a la estructura algo teatral que se vislumbra a través de todo el diario.

Debido a su género y estado de viudez, María Graham no tenía un espacio en la sociedad chilena de la segunda década del siglo xix. Ella sintió la necesidad de crear para sí misma una función intelectual y textual con el fin de justificar su prolongada presencia en el país. Logró esta proeza componiendo un texto en forma de diario de viaje el cual es, en realidad, una especie de tabloide ideológico, político y teatral. La complejidad de su persona narrativa y la variedad de mecanismos textuales que usa para construir su texto hacen que el diario se destaque como una sólida manifestación de la creatividad femenina durante el Periodo Romántico en Inglaterra.

María Graham se quedó en América del Sur después de su experiencia chilena. Su estadía en Brasil le proporcionó nuevo material para un diario y, más importante aún, una nueva posición, un nuevo lugar, y nuevos personajes que contribuyeron a la evolución de su persona narrativa.

CAPÍTULO 8

EN LA CORTE IMPERIAL

María Graham fue testigo de importantes acontecimientos políticos a su llegada a Brasil por segunda vez el 13 de marzo de 1823. En el diario ella advierte a sus lectores que antes que comience la narración de su segunda visita a Brasil, "de donde estuve ausente un año y tres días, será necesario hacer un corto recuento de los principales acontecimientos que tuvieron lugar durante ese año, y que cambiaron el gobierno del país" (*Diario de Brasil*, 209). El segundo diario, compuesto después de su regreso de Chile, pero publicado junto con el primero, comprende el periodo marzo-diciembre de 1823. En diciembre de ese año ella viajó de vuelta a Inglaterra, donde ordenó sus anotaciones para los diarios de Chile y Brasil y los vio publicados. Mientras estuvo en Londres también reunió, tradujo e imprimió textos para la instrucción de su futura pupila, la Princesa María da Gloria de Brasil[1].

En la primera parte del diario publicado, al igual que en los diarios sobre la India y Chile, la persona narrativa de María Graham es indiferente, impersonal, y erudita; al parecer tenía un solo y marcado propósito: informar. La segunda parte, escrita después de su regreso de Chile, y la muerte de su esposo, tiene una narradora que, cosa poco frecuente en ella, celebra a la familia imperial y a algunos brasileros, por razones que se expondrán más adelante. Además, es en este diario donde ella comienza a inscribirse dentro de la narración como un personaje importante y actuante, estrategia que culmina en la tercera pieza, donde ella se convertirá en la heroína de una típica narración de "capa y espada".

La segunda parte del diario publicado, al igual que la primera, comienza con una introducción, pero esta sección es mucho más corta que la anterior que había incluido la historia del país desde su descubrimiento. Desde el principio, el segundo diario parece ser principalmente un panegírico de Don Pedro I. El 1° de diciembre de 1822 éste había sido coronado emperador de Brasil en Río

---

[1] Su tercer diario, no publicado, declara ser una historia de Don Pedro I, el primer Emperador de Brasil, pero en realidad es una justificación de su abrupto despido del palacio y de su decisión de permanecer en el país después de este hecho, sin una razón plausible para hacerlo.

173

de Janeiro, a pesar de que las provincias del norte continuaban en manos de los portugueses[2]. Esta segunda sección del diario difiere de la primera en muchas formas. Por ejemplo, hay un cambio en el tono de la voz narrativa, que se vuelve más cálida y más íntima, para que cuadre con la enaltecida imagen del Emperador. Aparte de la modificación en el tono de la voz narrativa, también se puede percibir un cambio en la estructura misma del diario. La segunda parte es menos un relato de viajes y más una crónica de acontecimientos políticos observados: hay menos pasajes descriptivos de hitos naturales, y la mayoría de las entradas tienen que ver con hechos que ocurren puertas adentro. Quizá porque esta vez llegó en compañía de Lord Cochrane[3], María Graham ahora podía moverse en las esferas sociales más altas de Río de Janeiro y tenía, además, acceso a la Corte Imperial.

Ahora bien, la narradora del tercer diario, no publicado, es muy distinta a aquella de los dos primeros debido a su extrema complejidad. Ella parece ser omnisciente a la vez que participa en los eventos que relata, y esta omnisciencia le da la libertad para manipular la acción, interpretar los motivos de los demás personajes, y manejar las cronologías textuales. Mediante la manipulación de las estructuras narrativas logra esconder, en parte, su poca confiabilidad como narradora. Muchos de los retratos elogiosos para el Emperador que aparecen en el diario publicado, por ejemplo, contienen implícitos mensajes antitéticos que se revelan en la tercera parte[4]. El carácter del Emperador Pedro I en la primera y segunda partes del diario publicado aparece fuerte y equilibrado; hay referencias a "la frialdad y la presencia de ánimo del Príncipe" (*Diario de Brasil*, 182), mientras en la tercera aparece como colérico e irracional: "El carácter de Don Pedro estaba marcado por violentos ataques de pasión, que rápidamente cambiaba a una bondad abierta y generosa" ("Brasil" 3, 49). Además, las diversas historias que forman parte de la trama de María Graham en su narrativa de Brasil están envueltos uno dentro de otro, como en una caja china, un mecanismo que prueba ser muy tentador y a la vez frustrante para los lectores, ya que apenas se les permite echar una rápida ojeada a la "verdad" oculta en el centro.

---

[2]   Lord Cochrane había sido invitado, por lo tanto, a ayudar a concluir el proceso de la independencia de Brasil.

[3]   Su prestigio como libertador de las colonias españolas en el Pacífico, y el hecho de que haya sido llamado por el gobierno brasilero para ayudar en la lucha de la independencia, evidentemente se habría extendido a la gente que llegó con él.

[4]   Por ejemplo, la ceremonia de besar la mano está retratada en términos laudatorios en la segunda parte del diario publicado (*Diario de Brasil*, 319), y como algo repugnante y grotesco en la tercera ("Brasil 3", 43-44).

Las razones de María Graham para estar en Brasil después de su regreso de Chile, que nunca son reveladas, parecen ser el envoltorio externo de la historia. De pronto, desde dentro del paquete aparece el ofrecimiento que le hacen el Emperador y la Emperatriz para que se convierta en la institutriz de la futura reina de Portugal; esta historia a su vez envuelve los detalles del dramático despido de su cargo y las veladas sugerencia de intrigas y conspiraciones políticas, sin que se indique fecha alguna que pueda ser usada como referencia. La manipulación de los tiempos narrativos, por lo tanto, para torcer la trama a favor de los intereses de la narradora (¿quizá para exculparse?) hace aumentar la complejidad general del tercer texto.

Una instancia de esta manipulación es la supresión deliberada del tiempo que ella sirvió como institutriz, o de su prolongada tercera estadía en Brasil. Otra, es el "error" en la fecha que indica para la llegada de Lord Cochrane a Inglaterra después de haber terminado su misión en Brasil[5]. Su "error", entonces, sugiere una especie de estrategia distractiva para desconcertar a sus lectores, mecanismo que María Graham también usa en sus otros diarios. Otras muestras de esta estrategia son la magnificación de los terremotos[6] en Chile para justificar su deseo de abandonar el país cuando lo hizo Lord Cochrane, o la constante mitologización de los lugares extranjeros y de la gente que los habitaba[7].

El 3 de junio de 1822 Pedro, el Príncipe Regente, con el respaldo de todo el país excepto la ciudad de Bahía en el norte, y la provincia de Maranhan, formaron una Asamblea Representativa y Legislativa. El 12 de octubre de ese mismo año Pedro fue proclamado emperador, y el país cortó todo tipo de relaciones con Portugal. María narra que Río de Janeiro presentaba un aspecto diferente al que ella vio la primera vez. Ahora había un gran apoyo hacia el Gobierno: "De todas direcciones fluían grandes suscripciones para la formación de una escuadra; y se había extendido una invitación a Lord Cochrane para que se pusiera al mando de ella" (*Diario de Brasil*, 216).

---

[5] En una carta del Barón Mareschal (Biblioteca Nacional de Río de Janeiro), fechada 4 de febrero de 1826, se revela que María estaba consciente de la fecha, e incluso de la manera poco convencional en que Cochrane puso término a su operación en Brasil. Véase Capítulo 9, p. 212.

[6] María Graham ha sido exonerada de las acusaciones de inexactitud hechas por George B. Greenough, Presidente de la Royal Geological Society (véase Kolbl-Ebert), pero ella sí exageró la intensidad de las réplicas que vinieron después del terremoto, y describió cada una de ellas como un cataclismo casi tan grande como el primero, que tuvo un grado 8,5 de la escala de Richter (véase http://ssn.dgf.uchile.cl)

[7] El *Diario de Chile* también contiene algunas fantasías, como la de la "princesa" mapuche, o que ella haya visto la cordillera de los Andes desde su barco.

María sintió tristeza al comienzo de su estadía, y permitió que en su texto, normalmente tan controlado, se filtraran algunas claves referentes a su estado de ánimo. Recién llegada de Chile, cuando todavía estaba abordo del *Colonel Allen* sin poder bajar a tierra en Río de Janeiro, se queja de la fuerte lluvia, de la falta de un lugar para vivir en la ciudad, de su estado de salud, e incluso se refiere al buque como "este pequeño y sucio velero" (220). Cuando finalmente encuentra un lugar donde quedarse, ella analiza sus sentimientos y se califica,

> suficientemente tonta como para sentirme triste por dejar a los otros pasajeros, y más tonta aún de estar confundida por la perfecta indiferencia con que me vieron partir: quizá ambas cosas son totalmente normales. Aquí estoy, una vez más sin nadie en quien apoyarme, y sola en el mundo con mi melancólica carga [su primo Glennie]; en cambio, ellos tienen ocupaciones y placeres por delante (*Ibíd.*).

En este revelador pasaje, tan poco habitual en ella, María Graham confiesa su frustración ante las limitaciones que le impone su género. Allí estaban los hombres, muchos de ellos oficiales navales convocados a una misión, y aquí estaba ella, sola, sin ningún propósito en la vida y abandonada a su suerte. Posiblemente esta situación fue la fuerza motora detrás de sus actuaciones en los años siguientes.

La construcción de la persona narrativa de María Graham, por lo tanto, experimenta algunas modificaciones en la época de su segunda visita a Brasil: se vislumbra poco a la persona europea superior de los diarios anteriores, esa mujer educada, que observaba una interesante tierra lejana, y casi no existe la intelectual subversiva que solía desdeñar las restricciones impuestas a las mujeres escritoras, especialmente cuando se refiere al Emperador. Una característica extraordinaria de esta construcción es que la voz narrativa del diario se hace menos autoritaria a medida que la narradora adquiere una posición social más elevada, al menos por el momento. Por el contrario, cuando María estaba en Chile y su posición era menos definida, su voz era infinitamente más asertiva. Es evidente entonces, en esta etapa, que el lugar físico, la posición social y las relaciones personales son cruciales al momento de construir la persona narrativa de María Graham. Estos elementos tienen incidencia en la narradora porque, en su texto, ella modela cuidadosamente su subjetividad para adecuarla a determinadas situaciones. Por ejemplo, el dogmatismo presente en sus diarios anteriores al parecer, en determinados momentos[8], era

---

[8] María Graham puede haber sentido la necesidad de parecer y hablar con superioridad, ya que estaba representando al poder más grande del mundo de esa época.

una máscara o, en otros, una manifestación de desafío más que el reflejo de un verdadero estado de ánimo. Por el contrario, en la segunda parte del *Diario de Brasil* María Graham se convierte en un miembro más de la corte, de hecho y de palabra.

Otra diferencia notoria con la estructura de los diarios revisados anteriormente tiene relación con el protagonista principal. En el *Diario de la India*[9] y en la primera parte del *Diario de Brasil*, el foco de interés se centró en los países mismos, en su historia, su gente y sus bellezas naturales. En el *Diario de Chile* la figura central fue Lord Cochrane. Esta vez María Graham resulta ser la protagonista de la segunda parte del *Diario de Brasil* porque ahora su interés se enfoca en los sucesos que tienen lugar en ese momento y en la manera en que éstos la afectan personalmente. Incluso las diatribas contra la Iglesia Católica en el *Diario de Chile* se transforman en suaves alabanzas en el *Diario de Brasil*. La figura de Lord Cochrane, aunque siempre presente, se va haciendo cada vez menos nítida y más distante, sobre todo después de que Lady Cochrane llega al país. El Almirante es reemplazado ahora por otra presencia masculina más fuerte, la del Emperador. El retrato de Pedro I, sin embargo, es muy diferente al de Cochrane. No hay indicación alguna de una posibilidad, no importa cuán velada, de una relación sentimental entre ellos. El Emperador, aunque idealizado, es alabado más por la posición de poder que ocupa que por su persona. El texto deja la impresión que cualquiera que hubiese ocupado el cargo habría merecido la adhesión de María, en cambio la permanente loa a la virtudes de Cochrane, particularmente en el *Diario de Chile*, no deja duda alguna que, en ese caso, es el ser humano el que ella admira, y no su profesión[10].

Hay pocos pasajes de abierto criticismo de la gente, las costumbres o la política en esta parte del diario; incluso la esclavitud es analizada de pasada, como algo propio del modelo político y comercial y del paisaje cultural del país. La narradora liberal, anticlerical y antimonárquica del *Diario de Chile* es reemplazada por una construcción bastante nueva y diferente. Sin embargo, algunos rasgos se mantienen inalterados tales como sus muestras de una extraordinaria erudición[11]. Contrariamente a lo que sucede en los diarios anteriores, esta nueva narradora manifiesta una profunda admiración por el Emperador. No

---

[9]   Excepto la relación de su romance con Thomas Graham.

[10]   Prueba de esta proposición es la profusión de adjetivos atributivos que Graham usa cuando se refiere a la persona de Cochrane; no ocurre lo mismo cuando se refiere al Emperador.

[11]   Su cultura literaria incluye grandes obras en otros idiomas, sus observaciones indican familiaridad con ignoradas composiciones musicales, y sus diarios incluyen citas de las publicaciones literarias más recientes, especialmente poesía, junto con textos muy heterogéneos tales como Encíclicas Papales o tratados antiguos.

es común, piensa ella, que un gobernante hereditario sea partidario de la libertad y la independencia, e incluso menos que sea el caudillo del movimiento que piensa liberar a Brasil del yugo colonial; además,

> un hijo de la casa de Braganza, y una hija de la de Austria, que lideran el camino hacia la independencia de este gran imperio, no pueden sino despertar el amor y la admiración de sus afortunados súbditos (219).

Esta línea de razonamiento puede ser interpretada como un intento, de parte de María, de presentar la figura del Emperador como la de un gobernante aceptable para los liberales, la elite educada de la cual ella forma parte; un gobernante digno, además, de su atención y lealtad. Más adelante en el diario, su aprobación se convierte en algo más concreto, ya que se relaciona con un conflicto específico entre el Emperador y la Asamblea, que es resuelto cuando el poder legislativo entra en razón. No puede haber peligro de disturbios, porque

> El emperador parece ser sumamente sincero en su deseo de que Brasil goce de la mayor prosperidad posible… y al mismo tiempo tiene demasiado carácter para someterse a los términos de cualquier sector que desestime su dignidad y sus derechos (268).

Hay varias entradas similares en la segunda parte del diario, en las cuales la narradora destaca las virtudes que ella ve en el Jefe de Estado brasilero[12]. La última frase de la cita anterior parece contener incluso una leve amenaza a cualquiera que trate de desafiar la autoridad del gobernante. María entrega un retrato basado en un conocimiento más cercano del carácter del emperador que el que históricamente parece haber tenido. Ya sea que su análisis del personaje estuvo basado en presunciones o en un deseo de agradar, su cambio de actitud en el diario siguiente es, por cierto, muy desconcertante.

María Graham se había referido anteriormente en el diario a la Asamblea Brasilera por una razón personal cuando se lamentó de que las mujeres en Brasil no estuvieran autorizadas para presenciar las sesiones. Sin embargo, su

---

[12] Estas expresiones hacen aparecer a María Graham como partidaria de las monarquías, bando al cual ella no pertenecía, a juzgar por sus declaraciones a favor del liberalismo, y su diario privado de 1816. El 28 de febrero comenta que el valor de Carlos I, cuando lo ejecutaron, atrajo a mucha gente al lado monárquico y, por lo tanto, "el curso de la libertad sufrió".

lamento no se extendía a las mujeres en general, sino solamente a ella: "Me parece muy mal que las damas no puedan asistir a las sesiones de la asamblea [aunque no hay una prohibición formal]… el asunto se considera tan imposible que no puedo ir" (166). Es muy probable que María haya sabido que en la Cámara de los Comunes regía la misma prohibición en aquella época. En su *Diario de Londres*, publicado en 1840, Flora Tristán también se lamenta, aunque en términos más fuertes que María Graham, del hecho que en Inglaterra se prohiba a las mujeres asistir a las sesiones de ambas Cámaras del Parlamento[13]. En el siguiente pasaje se puede percibir que Tristán está denunciando esta desigualdad en nombre de todas las mujeres, y que su postura es la de una feminista:

> Mientras las mujeres escritoras iluminan todo el horizonte británico con su brillo, no sólo las leyes y prejuicios se coluden para mantener a las mujeres en la servidumbre más atroz, sino hasta la Cámara de los Comunes, ese cuerpo que sostiene que representa a toda la nación, si no en la realidad al menos en el papel, y que se pone de rodillas para recibir las órdenes de una reina, lleva la inconsistencia a tales extremos que le niega a las mujeres el derecho de asistir a sus sesiones (57).

La observación de María Graham citada más arriba ("Me parece muy mal que las señoras no puedan asistir a las reuniones de la asamblea…") sugiere un doble estándar colonialista. La fuente de esta actitud, de las cuales María es sólo una entre innumerables adherentes, puede haber sido la complacencia que estaba invadiendo la sociedad respecto de la situación de su país en relación con Europa y el resto del mundo. Esta perspectiva se refleja, por ejemplo, en las editoriales de los diarios[14] y, según Johanna Smith, incluso en los libros para niños, ya a principios del siglo xviii. Incluso entonces, los geógrafos habían estado contribuyendo a esta empresa de "construir la nación" (176), una tarea que fue respaldada por los escritores hasta muy entrado el siglo siguien-

---

[13]   Jean Hawkes, traductora de los diarios de Tristán, señala que el Parlamento inglés comenzó a admitir mujeres en 1835. La visita de Tristán a Londres tuvo lugar nueve años antes de la publicación de su libro (1840), y eso explica por qué las fechas no coinciden.

[14]   El editorial del *Representative* declaraba el 25 de enero de 1826: "En general, se puede decir, con toda seguridad, que Inglaterra es considerada en todas partes por los estados libres como el gran ejemplo, amigo y guardián de la libertad; por los despotismos, como el enemigo implacable de los principios de la tiranía; que su justicia nacional es inflexible, que su honor nacional es intachable, y que su gran influencia la ejerce para el bien no sólo de sí misma, sino de toda la humanidad" (3).

te y que proclamaba que Inglaterra era superior a otras naciones en cuanto a la administración de los territorios colonizados, a sus estándares morales, y a sus costumbres. Tomada a la luz de esta ideología nacionalista, la observación de María Graham adquiere un significado más profundo e incluso puede ser interpretado como la sugerencia que los países "nuevos" no pueden aspirar a reproducir las faltas de los grandes poderes mundiales o, por lo menos, no deberían impedir al representante de uno de esos poderes, aunque sea una mujer, que asista a las versiones criollas de sistemas europeos de gobierno. La percepción de su propia individualidad la hacía situarse por sobre las demás mujeres, y ella esperaba que su superioridad fuese reconocida.

Sin embargo, no es sólo su ambigua postura colonialista la que distingue a la narradora del *Diario de Brasil*. Su mirada sesgada también se manifiesta en una abierta disposición a alabar casi todo lo que ve, y aunque esto podría a simple vista mostrar una similitud con su anterior glorificación de Valparaíso, el paralelo sólo funciona a nivel superficial. En el *Diario de Chile*, tal como ya se ha sugerido, su objetivo probablemente fue justificar su decisión de quedarse; además, las expresiones elogiosas no produjeron mayores cambios en la voz narrativa. En esta oportunidad el elogio, al parecer, estaba dirigido a complacer a su empleador. Cuando María Graham, en su segunda visita a Brasil, se encontró admitida en los círculos más altos de lo que en realidad era una corte europea instalada en medio de América del Sur, ella desechó su postura y entonación de superioridad porque sus nuevos amigos no eran "Otros" colonizados, sino (hasta cierto punto) "sus pares" europeos. En su relato de una visita a un miembro de la nobleza brasilera en la entrada del 15 de agosto de 1823, María alaba la elegancia de las decoraciones y del mobiliario: "Incluso durante mis doce meses de ausencia de Río[15], veo que se ha llevado a cabo una maravillosa renovación y todo está tomando un aire europeo" (*Diario de Brasil*, 273). Pese al tono laudatorio, la alabanza está estructurada de tal manera que coloca a Europa como la norma y el ideal.

Al final, lo que caracteriza los diarios publicados de Brasil es la fluidez con que María Graham diseña y rediseña su persona narrativa. A veces adopta una postura liberal, libertaria, anticlerical, y antimonárquica porque ésa habría sido la visión de una mujer independiente como ella; en otras, deja entrever creencias y tendencias mucho más convencionales. En su intento por usar su texto como una herramienta para alcanzar cierto objetivo (probablemente con

---

[15] Mientras estuvo en Chile, abril de 1822 – enero de 1823, más dos meses que demoró en navegar hasta allá y de vuelta.

el fin de fortalecer su posición social), ella diseña su persona de manera que le permita posar como una dama de sociedad en un momento, y como una intelectual muy culta en otro; o como una mujer independiente en una etapa y como una heroína vulnerable en otra. Las profusas loas al país, su gente, y su gobernante, ya sea nacidas de una tendencia a mitologizar su entorno o debido a la ausencia de un marco ideológico estable, tiene el efecto de hacer a la narradora poco confiable. Como afirma Roger Webster, en el universo de una narración, el narrador se dirige a los lectores para hacerlos partícipes de una estructura coherente y esto exige que los hechos sean percibidos como "verdaderos" y estables (8).

Las "reglas" de la narración de Brasil compuesta por María Graham, las cuales se espera que nosotros, los lectores, reconozcamos y aceptemos, y que se manifiestan a través de una narradora displicente e impersonal en la primera visita, se rompen en la segunda. Aquí la viajera destruye la distancia que había levantado entre ella y la narración, y se convierte en una persona cálida y lisonjera en circunstancias que debería haber sido analítica e imparcial, según las reglas previamente establecidas por ella misma para el texto. Además, el no proporcionar ciertos detalles cruciales para la historia, pero incómodos para la narradora, la hace menos confiable aún. Si a este ocultamiento le agregamos su permanente interpretación del comportamiento de otras personas de una manera dogmática que impiden ver otras alternativas obvias, la percepción de que no es confiable como narradora necesariamente se incrementa.

Es importante recordar al respecto que la situación de María Graham en Brasil era incómoda –por decir lo menos– y socialmente insostenible. En el reducido mundo de la sociedad chilena de la época había pasado casi inadvertida, pero no así en Brasil, donde existía una corte imperial, con los representantes diplomáticos que eso acarreaba, además de una fuerte presencia británica en todos los niveles de la sociedad. La narradora del diario se refiere a la hostilidad que tuvo que soportar mientras permaneció en Brasil, pero desestima las razones obvias que la provocaron. Una de ellas podría haber sido su situación como mujer extranjera, sola en un país donde no tenía ninguna razón para permanecer que fuera aceptable para la sociedad[16].

Es admirable, por ejemplo, la manera en que María da vuelta las situaciones incómodas y, dentro del texto al menos, las hace funcionar a su favor. Por

---

[16] Se deberá recordar que ella llegó a Brasil con Lord Cochrane desde Chile el 13 de marzo de 1823, sin embargo fue sólo en octubre de ese mismo año que le pidieron que fuera la institutriz de la Princesa María da Gloria. María Graham permaneció en Río de Janeiro seis meses, cuando do las posibilidades de regresar a Inglaterra deben haber sido innumerables.

ejemplo, la narradora controla la forma en que se describe su relación con dos mujeres que, aparte de la Emperatriz Leopoldina, dominan la segunda parte del diario publicado y el tercer trozo autobiográfico que narra su estadía en Brasil: Lady Cochrane y Madame Bonpland, respectivamente. Como se afirmaba en los capítulos anteriores sobre Chile, allí era la figura de Lord Cochrane la que se superponía a todas las demás, inclusive la de la misma narradora. Él está retratado como un valiente héroe naval, un idealista acusado injustamente, un leal amigo y protector de la viuda, e, incluso, la voz del texto. Cuando María Graham y Lord Thomas Cochrane se encontraron en Chile en 1822, Lady Cochrane estaba lejos en Inglaterra desde el año anterior. Cuando él llegó a Brasil, desde Chile[17] el 3 de marzo de 1823, su esposa había decidido regresar para estar con él en América del Sur. De ahí en adelante el Almirante deja de ser el protagonista de los diarios de María Graham, aun cuando es mencionado constantemente y siempre de manera positiva. Invariablemente se percibe un eco de aprecio cuando la narradora menciona su nombre; sin embargo, esta vez él debe compartir el escenario con otros personajes brillantes, tales como el Emperador y la Emperatriz. María Graham casi no dejó claves[18], y no las hay tampoco en su autobiografía, pero cabe notar que en sus dos diarios sudamericanos publicados ella revela una animosidad mal disimulada hacia Lady Cochrane.

Por ejemplo, en una de sus primeras entradas en el *Diario de Chile*, cuando María hace algunas observaciones respecto de las mujeres del país, comenta que éstas compensan su falta de educación con la bondad y el decoro; no como en Inglaterra, agrega, donde las mujeres sin educación son vulgares. Esta referencia a las mujeres inglesas que son hermosas pero ignorantes puede estar haciendo alusión, veladamente, a Lady Cochrane: "Sin embargo en Inglaterra nueve de diez mujeres hermosas son unas arpías, y ejercen su poder, o tratan de ejercerlo, conforme a ello" (*Diario de Chile*, 153). En la próxima entrada del diario Lady Cochrane es mencionada por su nombre por primera y única vez. La cercanía de ambas referencias en el texto se podría entender como una señal de que la observación precedente fue hecha pensando en Lady Cochrane: "Nos mostraron un precioso rincón boscoso... donde la joven y hermosa Lady

---

[17]   Véase cronología, p. 253.

[18]   En las notas de María Graham para un nuevo diario sobre Brasil guardadas en la Biblioteca Oliveira Lima en la Universidad Católica de América, hay una curiosa entrada fechada en Pernambuco, el 18 de agosto de 1824, realizada cuando se estaba acercando a Brasil para asumir su cargo de institutriz de la princesa: "El Adl subió a bordo del buque para tomar desayuno conmigo... No pudo haber sido más cariñoso, parecido a como solía ser en Quintero.

Cochrane solía traer a sus amigos a cenar… Su alegría y vivacidad[19], al parecer habían producido una fuerte impresión en los nativos" (158).

Los biógrafos de Cochrane están de acuerdo en que su esposa era extremadamente hermosa aunque no tenía educación, y que él le consiguió tutores después de su matrimonio de manera que, según Gustavo Opazo[20], su nivel cultural pudiera estar a la altura de su nuevo rango (9). Esta situación era conocida en esa época, dado que Cochrane era un famoso héroe naval de las guerras napoleónicas y, además, "heredero de uno de los títulos más importantes [y antiguos] de Escocia" (Harvey 174). También era un hecho sabido, agrega Harvey, que Lady Cochrane era de origen humilde, y que él se había tenido que casar con ella en secreto por temor a la ira de su familia (*ibíd.*). Por lo tanto, el hecho de que María Graham hiciera una equiparación entre la belleza y la ignorancia vulgar en las mujeres, podría estar insinuando que este ejercicio era en realidad una alusión velada a la esposa del Almirante. De todos modos, ésta no es la única apreciación que respalda este argumento.

Como ya se mencionó, en 1823 Lady Cochrane viajó a Brasil a reunirse con su esposo, recién llegado de Chile. Opazo señala que su rivalidad con María Graham era muy comentada en Río de Janeiro ya que al parecer había una guerra declarada entre ambas damas. Lady Cochrane había dividido la sociedad de la capital brasilera en dos facciones: aquellos que la apoyaban y aquellos que preferían a María Graham (17). Pero es María misma la que en la segunda parte de su diario publicado de Brasil narra, en un pasaje muy significativo, el verdadero estado de su relación con la esposa de Lord Cochrane. En la entrada del 15 de agosto de 1823 relata que asistió a un baile y concierto en casa de una dama de sociedad. Había cuatro mujeres inglesas presentes, relata, entre las cuales estaban Lady Cochrane y ella, informa María, pero no se dirigían la palabra, como habría parecido natural. Cuando alguien le comenta lo extraño de la situación, ella responde: "Cuando estoy en compañía de extrajeros me gusta conversar con ellos; no creo prudente ni de buena educación formar camarillas con personas de la misma nacionalidad en esos casos"(272).

Esta explicación pareciera haber estado dirigida más a los lectores en Inglaterra, que a la persona real que estaba en la fiesta en Río de Janeiro. Al respecto, Harvey sugiere que María Graham, como una intelectual bien informada,

---

[19]   Como se sostiene más adelante, en la descripción de Madame Bonpland, el término vivacidad pareciera tener una connotación negativa para María Graham, cuando se usa en relación con las mujeres.

[20]   Opazo dio como su fuente documentos que hay en la Biblioteca Nacional de Río de Janeiro.

proveniente de un ambiente de clase alta, debe haber despreciado a Lady Cochrane, quien no estaba a su altura ni en cuanto a sus antecedentes familiares ni su educación (176). Sin embargo, la animosidad hacia su compatriota, que aparece claramente en el texto, puede, a la luz de la relación con Lord Cochrane sugerida en el *Diario de Chile*, haber sido más bien la consecuencia de la envidia o los celos personales que de una percepción de superioridad social o intelectual. La versión que da María Graham de esta extraña situación junto a la explicación posterior, se puede tomar como una instancia más de su actitud hostil hacia otras mujeres en sus diarios, o su incapacidad para presentar una justificación de sus actos que pareciera convincente. Sin embargo, la función más importante que cumplen estos pasajes en el texto es la de completar la imagen de una narradora erudita y bien informada que odia a las mujeres ignorantes y que le gusta, en sus numerosos viajes, comunicarse con los nativos de los países que visita, ya que sería de mala educación –así como una pérdida de tiempo– conversar con sus compatriotas. A través de este diseño de su persona narrativa María Graham se eleva a sí misma al mismo tiempo que pone de manifiesto un propósito (vedado a las mujeres ociosas de sociedad), para los viajes que ella realiza y el consiguiente relato de ellos. Su propósito en Brasil puede haber sido relatar a un público culto en Inglaterra los acontecimientos que culminaron en la extraordinaria situación de una antigua colonia que se convirtió en un imperio por derecho propio, como fue el caso de Brasil.

La rivalidad con Lady Cochrane trajo como consecuencia otras actitudes hostiles de británicos en Brasil. Hacia el final del diario publicado el lector es informado que María había sido desairada por la esposa del Cónsul británico en Río de Janeiro:

> La Sra. C., esposa del Cónsul británico, ignoró mi llegada. Después supe que se esperaba que las mujeres, igual que los hombres, debían hacerle una visita a los cónsules. Yo no sabía esto, ya que anteriormente fui yo la que recibió la primera visita en dichos casos (*Diario de Brasil*, 267).

Más adelante, en el tercer diario, la viajera confiesa que el Representante Especial del Gobierno Británico ante la Corte Imperial había sido abiertamente descortés con ella en varias ocasiones. Hay una breve carta de Sir Charles Stuart dirigido a ella[21] que parece confirmar esta actitud, refrendada por la misma

---

[21] En el sitio web de la Biblioteca Nacional de Río de Janeiro, fechado septiembre de 1825. Originalmente en inglés.

cronista. Cuando en la entrada para el 23 de septiembre de 1823 del texto publicado ella vierte en su diario una de sus poco habituales quejas, es posible que haya estado pensando en sus compatriotas:

> Estoy sola y viuda, en un país extranjero; débil de salud y con mis nervios irritados; como no tengo fortuna ni rango[22] estoy forzada a aceptar favores humillantes y contrarios a mis principios y mi formación, y a menudo debo enfrentar la impertinencia de quienes se aprovechan de mi estado de indefensión (304).

La enemistad entre María Graham y Lady Cochrane, como lo indica Opazo[23], parece haber inclinado a las mujeres inglesas en Brasil a apoyar a la esposa legítima. No hay señales en los textos de que ésta pueda haber sido la razón para que María fuera mirada con antipatía, pero en el próximo capítulo hay elementos externos al texto que prueban esta hipótesis. Sin embargo, la narradora nuevamente ha sido engañosa, ya que pinta una imagen patética de sí misma como enferma, sola y desamparada, como si la causa de la hostilidad de las otras mujeres fuera atribuible a su situación de debilidad. Cuando la narradora recurre a inspirar compasión, toma pleno control de su texto porque usa una estrategia que le permite dirigir la atención del lector hacia su persona.

La voz narrativa que surge de la segunda parte del *Diario de Brasil* es, por lo tanto, menos definida; de distante y superior, cambia a aduladora, especialmente cuando se refiere a la familia imperial brasilera. Este rasgo hace que la voz sea obsequiosa, como la de una verdadera cortesana, pero al lector le revela los constantes cambios en la posición narrativa de la autora, especialmente de alta a baja. Otro cambio perceptible, esta vez en la persona narrativa, se hace presente en los pasajes que siguen, a medida que María Graham comienza a postularse como heroína de su propio libreto. Al principio, contrariando su expreso desprecio por el Catolicismo y sus manifestaciones, se retrata como una heroína romántica prisionera en un convento y luego sepultada en el Cementerio Protestante de Río de Janeiro. Su importancia aumenta más adelante, expresa opiniones sobre los fundamentos éticos del colonialismo y toma parte en las ceremonias de la corte.

En la entrada del 18 de septiembre de 1824 María utiliza un convento que ella observa desde lejos para anotar sus reflexiones sobre la vida monástica. Esta vez,

---

[22]   Es posible que ella se hubiese estado refiriendo a su reducido estatus de viuda en la sociedad, como mujer sin un hombre, y no a su posición social.

[23]   Véase Capítulo 8, p. 182.

sin embargo, no hay animosidad como en el capítulo anterior sobre Chile[24], ni conmiseración por una vida malgastada, como en su visita a Tenerife[25]. El edificio es observado desde fuera, y la narradora –quien en esta etapa del relato se ha convertido en la protagonista del diario– se imagina estar adentro:

> La ubicación del convento es maravillosa, tiene vista a ambas divisiones de la bahía… no estoy segura si un convento o una prisión, dotado de una vista tan imponente, sería preferible a uno que no la tuviera… yo creo que, una vez que estuviera prisionera, yo rompería toda asociación con la libertad, y evitaría que mis ojos vagaran donde mis pies ya no me podrían llevar (300-301).

María Graham equilibra de manera interesante en sus diarios los conceptos de prisión-convento-harén, aunque en este diario específico no se distancia de los internos de dichas instituciones, sino que se convierte en uno de ellos. Posiblemente su rol de protagonista exigía este cambio de posición narrativa. De todos modos, más notable aún es el cambio en la percepción espacial de la narradora cuando describe el Cementerio de Disidentes. María cortésmente lo llama "el lugar de entierro de los Protestantes" (307) en Río de Janeiro. Previamente se sugirió que María Graham había recurrido a prácticas observadas en los entierros de esclavos en las playas de Brasil en su descripción de un cementerio similar en Valparaíso con el fin de desacreditar a España y a la Iglesia Católica. Durante su segunda visita a Brasil se debe haber sentido obligada a reprimir sus verdaderos sentimientos ante la necesidad de complacer a sus futuros empleadores, y por otra parte, urgida por la necesidad de inscribirse en el texto, como un medio para justificar sus actuaciones en Brasil. Por lo tanto, mientras en Chile este cementerio separado es una manifestación de intolerancia, en Brasil se convierte en un apacible lugar para el descanso eterno:

> Creo que es uno de los lugares más lindos que jamás haya visto, posee vistas preciosas por todos lados. Sus pendientes bajan gradualmente hacia el camino que va a lo largo de la costa…Tres lados de este campo están cercados con piedras o madera. Incluso la imaginativa y delicada Jane[26], de Crabbe, podría haber pensado sin pena en dormir aquí (*Ibíd.*).

---

[24] Véase Capítulo 6, p. 141.
[25] Véase Capítulo 2, p. 42.
[26] María Graham señala en un pie de página que se está refiriendo a los *Tales of the Hall*, recién publicados, indicando así que ella estaba al día con respecto a los acontecimientos literarios en Inglaterra.

Una vez que establece la serenidad y belleza del lugar María se convierte en la máxima heroína romántica, cuando visualiza su propia muerte y la gente que vendrá a visitarla en su tumba:

> Durante mi enfermedad, frecuentemente lamenté no haber visto este terreno. Ahora estoy satisfecha; y si mi persistente dolencia me hace quedar aquí, los pocos, muy pocos de aquellos que vendrán a ver dónde yace su amiga, no sentirán repugnancia ante la prisión-hogar (307-308).

Curiosamente, el equilibrio entre los conceptos de 'prisión', 'harén' y 'convento' mencionado más arriba se amplía aquí para incluir la muerte y el lugar de descanso final de la heroína. Conviene recordar que, en Tenerife, María Graham había usado la metáfora de la muerte para describir una jovencita que tomaba el hábito. El actual símbolo de la tumba como una prisión cierra una serie de representaciones de mujeres carentes de poder que aparecen en sus diarios; un tema, sin embargo, que no la preocupaba demasiado. Lo que al parecer la preocupaba más era su autorrepresentación como heroína de su propia narración. Esta autorrepresentación va aumentando a la vez que avanza de la historia, hasta que se convierte en el centro de atención de una gran audiencia: la corte imperial en Brasil.

La narración de un episodio que tiene toques irónicos revela, además, una faceta hasta aquí desconocida de la narradora. En la entrada del 12 de octubre de 1823, el día del cumpleaños del Emperador, María Graham se une a los miembros de la corte en el salón real, y cuenta que estaba tan distraída que no ve que el emperador le está extendiendo su mano para que se la bese[27]: "Me olvidé que yo tenía puesto mi guante, y así tomé la mano imperial, y supongo que la besé con mucho empeño, porque vi que algunas damas sonreían" (318).

Es cierto que María había estado alabando al Emperador a lo largo de todo el segundo diario, pero desde lejos; esta escena contiene un elemento físico que la narradora no había usado anteriormente. Tampoco ella nunca, ni entonces ni después, se describió a sí misma como el personaje ridículo de una farsa, como lo hace en esta ocasión. El importante simbolismo de la escena se puede captar a medida que la narración avanza y va incluyendo otros personajes.

Un poco tiempo después, narra María Graham, toda la corte llegó a besar la mano del Emperador y de la Emperatriz, inclusive los oficiales del ejército.

---

[27] A diferencia de la narradora del segundo diario, la narradora del tercer diario describirá la misma práctica con aversión.

Ella relata, en modalidad escénico-pictórica, un rito que replica su actuación de un rato atrás, pero que también conceptualiza la esencia misma del colonialismo: la raza superior que otorga protección (educación y las ventajas de la civilización) a la raza inferior, menos hermosa, a cambio de su sumisión:

> Es curioso, pero me agradó ver a unos oficiales negros tomar la pequeña mano blanca de la Emperatriz en sus toscas manos negras, y aplicar sus toscos labios africanos sobre una piel tan delicada; pero ellos miraban hacia arriba a *Nosso Emperador* y a ella, con una reverencia que a mí me parecía una promesa de *fe de parte de* ellos [y,] promesa de benevolencia *hacia* ellos (319).

Esta rendición escénica puede ser considerada no sólo una representación textual del colonialismo[28], sino un intento de justificarlo y absolverlo también. El mensaje positivo que aporta la escena tiene relación con una situación de intercambio, no entre iguales, es cierto, sino más bien un trueque en el cual ambas partes se benefician. Si se interpreta como un intento de parte de la narradora de manipular al lector para que apruebe el sistema monárquico/colonial, también cabe notar que María Graham estructura la narración en forma muy eficaz, de manera que la segunda escena refleja la primera, y de esta manera refuerza el mensaje de intercambio: homenaje a cambio de protección imperial. Quizás, por primera vez, María se estaba representando a sí misma como rindiendo homenaje a cambio de un favor, y esto hace que el texto dé un vuelco, al menos por un instante, y que, ella, la colonialista, se convierta en colonizada. Muy raramente en los libros publicados sobre la India, Chile y la primera parte del *Diario de Brasil,* aparece la narradora en las escenas que describe, salvo como una mera espectadora. En el segundo y tercer diarios de Brasil no sólo se inscribe en el texto, sino sitúa en primer plano a su persona narrativa como un personaje importante, como se señala más adelante en el capítulo.

Un pasaje esencial en el segundo diario, donde María tiene un rol principal, está fechado el 3 de mayo de 1823, el día en que el Emperador inaugura la Asamblea Legislativa. En la tarde ella es invitada a la ópera, y relata que una de las partes del programa consistía en una especie de pieza corta titulada "El Descubrimiento de Brasil". Comienza con los portugueses llegando a la costa e instalando su bandera; luego obligan a los aborígenes a adorarla. Estos últimos indican, en cambio, que ellos sólo deben adorar al sol y a la luna, y cuando am-

---

[28] En esta instancia, el concepto de "colonialismo" se entiende como la dominación de un europeo, monarca absoluto sobre los criollos brasileros.

bos grupos están a punto de enfrentarse, un *deus ex machina* desciende sobre el escenario con un personaje que despliega el nuevo estandarte imperial con el lema: Independencia o Morte[29]. El teatro quedó en silencio, relata María, y —aún en su papel de protagonista— cuenta que ella fue la primera en aplaudir y que su gesto fue seguido por una explosión de emociones tan grande que se sintió abrumada:

> Ahora bien [,] no conozco nada tan sobrecogedor como ese tipo de manifestación unánime de profundo interés, de parte de cualquier grupo grande de hombres. Me perturbó; y cuando yo debería haber estado agitando mi pañuelo en forma decorosa desde *el palco del gran chambelán*[30], me estaba tapando la cara con él, y llorando de emoción (245; énfasis agregado).

La narradora distante de los diarios anteriores nunca habría permitido dejarse llevar en forma tan emocional por una situación que no le concernía directamente como observadora distante, reportera y crítica de la política y las costumbres. Así es como ella había construido su persona narrativa, y desde esta imagen emanaba su voz textual, notoriamente fría y casi siempre irónica. Su comportamiento en el teatro de la ópera, por lo tanto, y su inclusión en la narración, se convierten en algo desconcertante, ya que no armoniza con la narradora distante de los diarios anteriores[31]. Por el contrario, esta adhesión apasionada a la causa de la independencia de Brasil está de acuerdo con su nuevo papel de heroína. De ahora en adelante los sucesos se ubican en la Corte, en la ópera, y las elegantes reuniones donde María Graham se moverá entre la aristocracia y los diplomáticos extranjeros, como corresponde a su nuevo rol de protagonista.

Durante la época en que están ocurriendo estos hechos la María Graham histórica no tenía razones válidas para permanecer en el país. Sólo se puede especular sobre los motivos que tuvo para su prolongada estadía en América del Sur.

---

[29] ¡Independencia o muerte! Famoso "grito de Ypiranga" pronunciado por el entonces Príncipe Don Pedro cuando decidió, el 7 de septiembre de 1822, apoyar la causa de la independencia de Brasil de Portugal (María Graham estaba en Chile en esa época).

[30] Señalando, de paso, su elevada posición en la Corte.

[31] La esperada manifestación de dolor por la repentina muerte de su esposo no aparece en la narradora de los diarios de Brasil, y esta falta de emoción frente a una pérdida personal es uno de los pilares más sólidos en la construcción de la subjetividad narrativa de María Graham. Es por esto que es muy desconcertante verla derrumbarse en otra situación "menos merecedora" que tiene que ver con otro país, y no con el propio.

Sin embargo, una indicación del control que ejerce sobre la línea de la historia es la habilidad con que la voz del diario oculta esta realidad con su silencio sobre el tema. Como se señaló anteriormente, ella pintó el puerto de Valparaíso en vibrantes colores con el objeto de encontrar una excusa para quedarse allí, pese a su condición de viuda. Después, cuando abandonó Chile con Lord Cochrane en 1823, al parecer ni siquiera contemplaba la posibilidad de regresar a Inglaterra. No sorprende, por lo tanto, que Pérez-Mejía (135) y Luis Andrés Figueroa (6) hayan dado por un hecho que María Graham regresó a Inglaterra desde Chile, porque eso habría sido lo obvio. Para hacer su presencia necesaria a la narración María Graham se inscribió en la historia como protagonista en la segunda parte del *Diario de Brasil*. Desde su punto de vista, ese cambio de posición narrativa explicaba y justificaba su presencia en América del Sur.

Sin embargo, la explicación puede no haber parecido satisfactoria para muchos residentes ingleses en Río de Janeiro, como se observó anteriormente al mencionar la enemistad entre Lady Cochrane y María Graham. En varios pasajes de la segunda parte del diario hay alusiones veladas al ostracismo social. Dentro de un comentario acerca de que las mujeres inglesas en Brasil llevan una vida parecida a la que llevaban en Europa, agrega: "Sin embargo, son todas muy corteses conmigo; y ¿por qué habría yo de ver faltas, o estar ofendida con las historias absurdas que cuentan de mi, si ellas no me conocen? (*Diario de Brasil*, 258). En esta instancia precisa la persona narrativa está realizando la doble proeza de posar como una heroína incomprendida, al mismo tiempo que desvía cualquier percepción negativa de su comportamiento moral. Para lograrlo ella sugiere que sus compatriotas la critican por ser intelectualmente superior a ellos. "Además", alega, "no me ofende que me crean más inteligente de lo que soy en realidad" (*Ibíd.*). Sin embargo, María Graham estaba consciente de que la naturaleza de los chismes y las acusaciones en su contra tenían relación con su conducta, y esto la puede haber llevado a hacer comentarios, en la segunda parte de su diario, acerca del comportamiento inmoral de las mujeres brasileras (*Diario de Brasil*, 225), hechos de los que no fue testigo, sino que le fueron señalados por un inglés cuyo nombre se ignora[32]:

---

[32] Ésta es una de las muchas ocasiones en que María Graham usa personajes ficticios (anónimos) para probar un punto o expresar opiniones que ella no quiere avalar personalmente. Su naturaleza ficticia se delata en el hecho de que esta gente no tiene nombre, aparece repentinamente en el momento "preciso", y hacen la observación pertinente. Anteriormente, otro personaje ficticio le pregunta por qué ella y Lady Cochrane no se dirigen la palabra (véase p. 183) En el capítulo que trata de Chile, estos "elementos de utilería" aparecen como fuentes de información que puede ser controvertida, o no comprobable históricamente (véase Capítulo 7, p. 152).

Un inglés que había vivido en el país por muchos años… comenzó a pintarme un cuadro de la moralidad privada que se practica en Brasil… y me ofreció apostar… que en ese salón había por lo menos diez señoras, con una nota preparada para deslizarla en la mano de su galán, y que las casadas y las solteras eran iguales (*Ibíd.*).

En este relato María Graham representa a su persona narrativa como tan ajena a las conductas sexuales impropias de otras señoras, que alguien tuvo que señalárselas. Este rasgo de su persona textual la coloca como alguien que está por sobre toda sospecha; María Graham, por lo tanto, está usando su texto como un instrumento que la ayuda a exonerarse a sí misma ante los ojos de sus lectores en Inglaterra.

La segunda parte del diario publicado de Brasil termina el 18 de diciembre de 1823, cuando el barco en que viaja está acercándose a Falmouth: "Una vez más estoy en Inglaterra", escribe (325). El pasado octubre había obtenido el puesto de institutriz de la Princesa Imperial y ahora venía a buscar material para su nueva ocupación. Tal como le había revelado en una carta a John Murray, en agosto de 1823, ella tenía la intención de hacer este viaje de todas maneras, para poder publicar su material sobre Chile y Brasil. Al parecer logró ambos objetivos con éxito, ya que por otra carta a John Murray, con fecha 17 de septiembre de 1824, podemos saber que a esa fecha ya había regresado a Brasil desde Inglaterra y estaba instalada en el palacio. El tercer diario sobre Brasil que relata su vida en esta etapa es un importante documento y una pieza narrativa interesante.

Capítulo 9
La institutriz

Es posible que nunca se sepa qué impulsó al Emperador de Brasil a despedir a la institutriz inglesa de manera tan abrupta y violenta, pero al menos tenemos la versión de la propia María Graham, relatada diez años después de ocurridos los hechos, desde la seguridad de su hogar en Londres. Lo que ha sido llamado el tercer Diario de Brasil es más un relato autobiográfico que un diario, porque carece de entradas y fechas y está formado por una serie de recuerdos dictados a la Honorable Carolina Fox, ya que María estaba demasiado enferma para escribirlos por sí misma. El documento consiste en cien páginas de narración y la copia de una carta de María Edgeworth enviada a María Graham un poco antes de su partida a Brasil en 1824[1] para asumir su malaventurado cargo.

Los distintos relatos que conforman el texto siguen en su mayor parte las líneas que detalla la narratología como elementos básicos de una historia: diferentes personajes que realizan acciones que conducen al desenlace de la historia (Baldick, 103). Estos personajes y sus acciones o "funciones" narrativas, son muchos y muy diversos. Hay héroes y villanos, dificultades que vencer y metas que alcanzar. Todos estos elementos hacen que este texto sea diferente a los demás diarios de María Graham, inclusive de "Reminiscencias", donde narra su niñez y su juventud. Existe un aspecto en que este pasaje autobiográfico de María Graham se desvía de la tradicional novela de aventuras, y es en el esperado final feliz, consistente en un premio para el héroe o heroína y un castigo para el villano. En su historia, es la heroína (ella misma) quien es castigada y sufre la expulsión y la humillación. El retrato de Pedro I daña su imagen, y a pesar de que el texto afirma ser una reivindicación de sus acciones, en realidad la narración lo reprocha al retratarlo como un gobernante ignorante, vulgar y de genio arrebatado. Este cambio es el polo opuesto, entonces, del retrato del hombre cortés del *Diario de Brasil*. Por el contrario, a su esposa, la

---

[1] En ella, María Edgeworth aconseja a María Graham que le pida al Emperador que ponga todas sus promesas por escrito. Aparentemente, María siguió esta recomendación, porque el día que la despidió Pedro I le exigió que devolviera todos los documentos relacionados con su cargo de institutriz (Brasil 3, 25), orden que María se vio obligada a obedecer.

Emperatriz, se le da una mayor prominencia en este último relato, y muchas de sus cartas a María Graham están transcritas en su totalidad. Sin embargo, la representación del carácter de la pareja imperial y de la relación entre ellos pareciera coincidir con la visión de otros historiadores[2]. Lord Cochrane también está presente en la narración, pero como una figura remota, más bien secundaria, mediante un acto deliberado de la narradora, quien debe haber sentido la necesidad de ocultar hasta el final sus motivaciones para permanecer en Brasil por tanto tiempo después de su humillante despido del Palacio.

Los distintos episodios que constituyen el relato están hábilmente ligados mediante las típicas convenciones narrativas que abren, cierran, unen o resumen pasajes, como adverbios de continuidad o foco; o la práctica de detenerse en momentos cruciales para agregar suspenso y anticipar lo que vendrá: "pero, lamentablemente, el Barbero estaba entre bastidores, como se verá pronto" (32), o "inmediatamente, a la mañana siguiente comenzaron nuestros problemas" (*Ibíd.*). Más importante aún, el tercer texto muestra otra modificación en la construcción de la voz narrativa. En la primera parte del *Diario de Brasil* ella había sido distante, superior, bien informada, e indiferente; incluso, levemente irónica. En el segundo se torna afectuosamente elogiosa, celebra todos los aspectos de la vida de la corte y de las políticas gubernamentales, acepta las estructuras sociales tal como las encuentra, especialmente con respecto al tratamiento de los esclavos. La narradora de esta historia es notablemente convencional y genérica en la construcción de las funciones narrativas[3] y en la prominencia que le da a algunas situaciones por sobre otras. Su voz no es ni indiferente ni elogiosa, sino rencorosa e incluso agresiva por momentos; en otros, se compadece a sí misma, pero también es capaz de percibir y transmitir los elementos ridículos que pueden surgir, de vez en cuando, en las situaciones más serias. Sin embargo, todo el texto sugiere que la narradora no está contando toda la verdad, sobre todo porque sus intenciones proclamadas no concuerdan con la relación de sus actos. Las razones de su despido parecen ser demasiado artificiosas, y las excusas para permanecer en el país por tanto tiempo después parecen vagas y poco convincentes. Sin embargo, la poca fiabilidad de esta narradora le agrega interés al texto que es interesante aun leído por sí mismo. No es seguro si María Graham tenía la intención de que fuera publicado, pero, aparentemente al menos, lo concibió como un texto público y como una fuente para los histo-

---

[2]   Véase, por ejemplo, Williams y Kaiser.

[3]   Por ejemplo, todos los villanos son feos, sucios, astutos y arteros; la protagonista tiene altos ideales y actúa en consecuencia.

riadores: "En caso de que estas memorias sean usadas por cualquiera persona que esté escribiendo sobre la vida de Don Pedro…" (Introducción).

Luego, este tercer diario agrega una nueva dimensión a la persona narrativa de la escritora de viajes, pese a que fue dictado y finalmente no se publicó. Algunos de los hechos narrados, los personajes y el lugar son los mismos que en los diarios publicados, y sobre todo la propia narradora puede ser reconocida como la misma persona que controló los textos anteriores, porque narra las mismas situaciones en primera persona. Sin embargo, lo que ha cambiado es su perspectiva. El tercer diario presenta la novedad de haber sido compuesto en forma de recuerdos, cuando ella ya no estaba inmersa en los hechos relatados, sino organizándolos en 1835, diez años después de que tuvieran lugar. Este método de recrear el pasado después de transcurrido un cierto tiempo, le permitió a María Graham la libertad para acomodar situaciones, acontecimientos e incluso secuencias temporales a su mensaje principal, el cual era su total inocencia de los cargos que se hicieron en su contra a raíz de su despido.

La narración comienza con una justificación del carácter voluble de Don Pedro, que, según la narradora, era consecuencia de la educación deficiente que había recibido de niño. Aun cuando comienza con un intento de rehabilitarlo, muy pronto la fuerza de la narración obliga a la voz del texto a criticarlo duramente. Los comentarios de apertura van seguidos de la repetición de los hechos narrados en diarios anteriores, sin mayores cambios excepto por la inclusión de algunos de los villanos en la historia: la amante del Emperador, Madame de Castro, que tenía gran influencia sobre él, y el "Barbero", el hombre más poderoso de Palacio. Más adelante ella relata su viaje de regreso a Brasil desde Inglaterra cuando vino a hacerse cargo de su trabajo como institutriz, con una recalada en Pernambuco, que en ese momento estaba siendo sitiado por Lord Cochrane, a quien elogia[4]. Esto va seguido de una descripción de su corta estadía como institutriz, sin dar fechas, y, luego, por una larga relación de las circunstancias de su despido y la razones tras esto (que ella sostiene no haber revelado anteriormente), seguido de un recuento del último año que pasó en Brasil. En esta parte del texto se introducen nuevos personajes malvados,

---

[4] Ésta podría ser otra indicación de que María Graham tenía la intención de que su obra fuese publicada; además en sus notas para un nuevo diario (guardado en la Biblioteca Oliveira Lima), ella relata con gran detalle su misión como mediadora entre el presidente Carvalho y Cochrane durante el sitio de Pernambuco que llevaba a cabo este último. Sus notas sugieren que ella era la representante de Cochrane, encargada de hacerle llegar cartas y otros documentos oficiales.

así como un relato de su amistad con la emperatriz Leopoldina, apoyada por cartas de la Emperatriz insertas en el texto[5].

María Graham puede haber tenido diversas razones para componer este tercer volumen sobre Brasil. Algunas las declaró abiertamente, tal como su deseo de revelar el misterio que rodeó su expulsión de Palacio; otras se pueden inferir del texto mismo a medida que avanza la narración. La mirada hacia atrás le dio a María control sobre el pasado, y también la libertad de entregar su propia versión del suceso, ya que tanto la Emperatriz como el Emperador habían fallecido.

La narradora del *Diario de Brasil* se convierte en protagonista principal en el tercer texto cuando el argumento cambia de curso, es decir, de una biografía del emperador Pedro I a un relato de su dramática expulsión del Palacio y de las actividades que realizó tras este acontecimiento. En este punto de la narración ella comienza a caracterizarse de diversas formas, probablemente para mantener su importancia como protagonista. Es por esto que se convierte en botánica, científica, historiadora social, y finalmente en aventurera, como se mostrará más adelante. La historia se desenvuelve en el texto de acuerdo con lo que va sucediendo en la vida de María, y esto la convierte en la protagonista en todo el sentido de la palabra, es decir, el foco y génesis de la narración.

La mayoría de las características más notables de la narradora, presentes en todos sus diarios, se pueden apreciar también en éste, salvo pequeñas diferencias de intensidad. Los elementos textuales tales como origen social, erudición, rango y etnia que caracterizan a la persona narrativa de María Graham a lo largo de toda su obra y documentos privados están muy marcados aquí. En el tercer Diario se acepta aún la esclavitud como algo natural e incluso defendible. Con respecto a clase social, todavía parece creer que hay una relación entre orígenes "bajos" y bajos estándares morales. Cuando se ve forzada a admitir que algunos portugueses de cuna noble tienen un comportamiento vil, recurre a la etnia, y proclama abiertamente la superioridad de los europeos del norte frente a la gente más "oscura" de España y Portugal. Este aspecto adquiere importancia en la confección del retrato de la vilipendiada Madame Bonpland, que hace su aparición más adelante en la historia. Aún más, en el tema de las clases y los atributos morales, sostiene que el hombre a cargo de los asuntos diarios en Palacio "originalmente había sido mozo de cuadra en

---

[5] Salvo su primer intercambio de cartas, que eran en inglés (Hayward, 287), María Graham y la Emperatriz se escribían en francés. Las cartas que ella copió en su texto estaban traducidas al inglés por ella (*Ibíd.*); la versión portuguesa de las cartas en el sitio web de la Biblioteca Nacional de Río de Janeiro es exactamente igual.

los establos reales; su esposa, otrora una lindísima niña irlandesa, era hija de una lavandera" ("Brasil 3", 1). La primera esposa del Emperador, con quien se había casado en secreto, era bailarina de teatro; su amante era hija de un almacenero en São Paulo. Dada la directa correlación, según la narradora, entre baja cuna y falta de principios, su presencia en Río de Janeiro era requerida con urgencia, "debido a que la falta de 'señoras de buena familia' europeas en las habitaciones de la Princesa era cada vez más aparente" (25). Este pronunciamiento es revelador, ya que deja entrever lo que María Graham entendía por "europeo". Había muchas damas portuguesas en la corte que habrían calzado con la categoría de "señoras de buena familia europeas"; sin embargo, implícitamente, ella agrega el calificativo "del norte" a las exigencias. También hay una insinuación que ella es superior al resto de las damas de la corte, debido a su origen racial, rango, intelecto y calidad moral. En cuanto a cultura general, las damas portuguesas aparecen desafortunadamente carentes de ella. De la misma manera que antes, la narradora iguala las mentes sin educación con bajos estándares morales[6]. María Graham las recuerda así:

> Todas las damas de compañía [de la Emperatriz] eran portuguesas que no hablaban ningún otro idioma fuera del propio y cuya educación se limitaba a las Reglas de Etiqueta de la corte. Apenas sabían leer y escribir lo suficiente como para llevar a cabo una intriga, ya fuera doméstica o política (39).

De acuerdo con las reglas narrativas que María Graham adopta en esta obra, su principal enemiga entre las damas de la corte era vieja, fea, sucia y maliciosa:

> Doña María da Cabral era la mujer mejor nacida de todas las damas de honor de Doña María da Gloria [la princesa, pupila de la narradora], y fue escogida como el instrumento para atacarme; era asquerosamente fea –de piel morena y grasosa– muy marcada por la viruela, una boca ancha de labios delgados, nariz chata, pequeños y fogosos ojos negros, pelo negro largo, amarrado en la parte superior de la cabeza; su mente era más malévola que la de cualquiera creatura que yo haya conocido en mi vida, y su ignorancia estaba en proporción con esto (51-52).

---

[6]   Esta representación es más dura que la descripción de las mujeres musulmanas en el harén de la India (véase Capítulo 3, p. 65). Aun cuando ambos grupos comparten la característica de ser intelectualmente poco cultivados, de carecer de educación, y de ser descuidados en su aseo personal, la moralidad de las mujeres indias no está puesta en duda, en cambio aquella de las damas portuguesas de la corte sí lo está.

Esta mujer, tan desagradable, era el títere que los conspiradores[7] usaron para provocar su caída, como lo relata más adelante en su diario María Graham.

En cualquier diario de viaje donde haya más narración que descripción es la narradora la que se convierte en protagonista de la historia, y no el lugar de destino; o, como en el extraordinario caso del *Diario de Chile*, el protagonista puede ser otro personaje que la narradora enfoca. La narradora del tercer Diario de Brasil tiene varias ventajas sobre los demás personajes de la historia. En primer lugar, posee la mirada retrospectiva, que le permite juzgar a la gente y los hechos al mismo tiempo que los incluye en la narración. Aparte de esta posición privilegiada, es una forastera que puede observar el desarrollo de las situaciones con la necesaria distancia. Finalmente, está dotada, piensa ella, de una inteligencia y un nivel cultural superiores a los de quienes la rodean, por lo tanto su interpretación de los hechos debe ser necesariamente correcta y verdadera.

Aun cuando María Graham declaró haber tenido la intención de escribir acerca de Pedro I, el primer Emperador de Brasil, él no es, en absoluto, el personaje principal de la narración. Su existencia como un personaje en esta historia se justifica exclusivamente en relación con la propia narradora, en su ciclo de aceptación / rechazo / aceptación de la institutriz inglesa o "Madam", como solía llamarla, y no tanto por su posición como gobernante del país. A continuación se proporcionan ciertas fechas importantes relacionadas con este pasaje de la historia de María Graham que ayudan a comprender la forma inteligente en que ella manipula las fechas y las secuencias de tiempo en sus textos, para su propio beneficio. Este corto periodo en que se desempeñó como institutriz es notable, especialmente porque ella tuvo mucho cuidado en esconder su brevedad.

- En octubre de 1823 María Graham viajó desde Río de Janeiro a Londres, para ver la publicación de sus libros y reunir materiales didácticos para sus pupilas (*Diario de Brasil* 322), y llegó a Europa en diciembre del mismo año.
- En julio de 1824 partió de vuelta a Brasil (Harvey, 276). Después de treinta y tres días llegó a Pernambuco (Carta a John Murray, 17 de septiembre de 1824). El 17 de septiembre ya estaba instalada en Palacio (*Ibíd*).
- El 10 de octubre de 1924 ya había sido despedida (no se conoce la fecha exacta) y le había pedido a John London que le comprara un pasaje a Bahía (Biblioteca Nacional de Río de Janeiro. Son prueba de estos hechos las car-

---

[7]   El grupo opuesto a la emperatriz Leopoldina, María Graham y Lord Cochrane.

tas que la Emperatriz y John London dirigieron a María Graham. Carta de la Emperatriz – Carta de John London).

- El 3 de junio de 1824 hubo una conspiración contra Lord Cochrane, quien fue advertido a tiempo y salvado por Madame Bonpland. María Graham estaba en Inglaterra en esa época (*Cochrane,* Capítulo XI).
- Cuatro meses después, en octubre de 1824, tras su despido, María Graham sostiene que ella misma había advertido a Cochrane por encargo de la Emperatriz. No está claro si ésta es una nueva conspiración contra Cochrane o si ella confundió las fechas y los hechos; aunque hay una carta de la Emperatriz del mes de octubre que confirma su participación.
- En mayo de 1825 Lord Cochrane abandonó Brasil y nunca más regresó. Llegó a Portsmouth el 26 de junio (*Cochrane,* Capítulo XII).
- María Graham declara en su tercer diario que ella abandonó Río de Janeiro en septiembre de 1825, y que Lord Cochrane llegó a Portsmouth en octubre del mismo año (Brasil 3, 95), es decir, *después* de que ella llegara a Inglaterra.

Al insinuar que ella había dejado Brasil *antes* que Lord Cochrane, María Graham está dando señales de que la fecha de su regreso definitivo a Inglaterra no dependió de los movimientos del Almirante. En una carta que el barón Mareschal[8] envió a María el 4 de febrero de 1826, en respuesta a tres misivas de ella[9], es fácil deducir cuáles habían sido sus preguntas: "Con respecto a L.C [*sic*] aquí no se le menciona, y pareciera que nunca hubiese existido, lo que prueba de que no hay resentimientos"[10]. Evidentemente, María Graham estaba siguiendo sus actividades de cerca, pero no estaba en contacto con él en Inglaterra.

El siguiente párrafo de la misma carta aclara otro aspecto de la historia que María ocultó cuidadosamente en sus diarios. A partir de las palabras del barón Mareschal, se puede deducir que ella esperaba que volvieran a llamarla para continuar con su posición de institutriz, insinuación que ella niega abiertamente en el tercer diario.

---

8   Diplomático austriaco en la corte brasilera. Amigo de María Graham y de la Emperatriz. La carta en el Archivo de la Biblioteca Nacional de Río de Janeiro está en portugués, pero originalmente era en francés. La traducción es de la autora.

9   Si el viaje por mar entre Inglaterra y Brasil tardaba alrededor de un mes, y el Barón estaba respondiendo en febrero de 1826 tres cartas de María Graham, esto significaría que ella comenzó sus consultas apenas llegó de vuelta a Inglaterra, en octubre de 1825.

10 En el Gobierno, debido a su repentina y no autorizada partida del país en un buque brasilero, que él mandó de vuelta apenas arribó a Inglaterra.

Estoy encantado de saber que usted está feliz y satisfecha ahora. Yo estaba seguro de que sería así, y es por eso que me alegré de verla partir, aun cuando estaba consciente de que usted iba a dejar un vacío [aquí]. Usted no podría haber sido feliz en Río de Janeiro, porque se encontraba en una situación muy incómoda, de la cual debía liberarse lo más pronto posible[11]. Estoy seguro de que ahora usted estará de acuerdo en que yo tenía razón. El Palacio no era un lugar conveniente para usted, y tampoco lo era el resto de la sociedad [de Río de Janeiro]".

En todas sus manipulaciones de fechas y motivaciones al parecer hay un intento por parte de María Graham de reescribir el pasado de una manera parecida al *Diario de Chile*, y a los primeros diarios de Brasil, tal como se sugirió anteriormente. Los hechos clave, tales como la partida de Cochrane de Brasil, la conspiración contra él, o los verdaderos sentimientos de María con respecto a su despido de la corte, están colocados en un marco de tiempo erróneo, y el rol de los protagonistas está distorsionado.

En consecuencia, es posible que haya habido también una manipulación con respecto a su trabajo de institutriz. Una vez que asumió el cargo, ella anota, comenzó a criticar y cambiar la manera en que se estaba educando y cuidando a la Princesa. Aparentemente se le daba vino al desayuno, aparte de grandes cantidades de comidas grasosas y condimentadas, cocinadas con ajo, las que tomaba con sus manos[12]. Antes de eso la bañaban delante de todos los soldados de la guardia y de los esclavos. Los intentos de la institutriz de cambiar estas costumbres, además de negarse a autorizar que se realizaran juegos de azar en las habitaciones de la Princesa o su rechazo a ser considerada como una "sirvienta" de la corte, narra María, dieron lugar a intrigas palaciegas y provocaron su posterior caída. Su cargo de institutriz era de una importancia muy ambigua, e incluso el término "sirvienta" no está plenamente definido en el texto. Sin embargo, por la manera en que María Graham describe sus obligaciones, es posible que ella considerara el puesto como una especie de misión superior dada la elevada posición de su pupila[13].

---

[11] Esta declaración crucial podría interpretarse ya sea como una acusación contra ella, su relación poco clara con Lord Cochrane, u otros aspectos de la vida de María Graham en Brasil que aún no se han descubierto.

[12] María Graham tuvo razón en este sentido; más tarde en su vida, la reina María da Gloria de Portugal sufrió de un extraordinario sobrepeso. Véase Ward, 123.

[13] Poco tiempo después de su segundo matrimonio en 1828, María Graham le escribió al Embajador de Portugal en Londres pidiendo autorización para visitar a su antigua alumna, ahora convertida en reina María da Gloria de Portugal. Aparentemente, sus intentos no tuvieron éxito según cartas que están en el sitio web de la Biblioteca Nacional de Río de Janeiro, originalmente en francés.

La ceremonia del besamanos del Emperador como una forma de rendirle homenaje ahora es vista con repugnancia por la narradora, que esta vez revela sus verdaderos sentimientos,[14] e incluso, aunque Don Pedro parece comprender y aceptar su rechazo, el texto sugiere que esto podría haber sido otra de las causas que precipitaron su despido. En el relato de esta escena María Graham la convierte en un episodio ridículo donde se invierten los roles que se representaron en el besamano del segundo volumen. Ahora el servilismo que rebaja a los cortesanos está colocado en primer plano, contrastado con la tranquila dignidad de la institutriz inglesa:

> [Cuando el Emperador vino a visitar a su hija que había estado enferma] me sorprendió ver a las damas, enfermeras y a todos los demás aglomerarse alrededor de él, tomar sus dos manos y casi devorárselas a besos. Yo no sentí que esta ceremonia formara parte alguna de mis obligaciones y, por lo tanto, sólo me contenté con ponerme de pie y acercarme a la cama de la niña ("Brasil 3", 43).

Por consejo de la Emperatriz, más adelante María trata de cumplir con la costumbre a fin de mantener las buenas relaciones y, "en consecuencia, cuando mi Amo Imperial apareció la mañana siguiente, puse la cara más seria posible y me adelanté a tomarle una de las manos más grandes que he visto en mi vida" (*Ibíd.*). La misma escena, que había sido relatada en términos exaltados en el segundo diario[15], ahora, unos pocos meses más tarde (en tiempo textual), se convierte en objeto del ridículo, y el Emperador en una figura grotesca[16].

Nuevamente hay una insinuación de que no todos los europeos son iguales, y que la narradora pertenece a una clase "mejor". El Emperador, que había pertenecido a un grupo selecto en la segunda parte del diario publicado, ha sido rebajado a una categoría meridional, más oscura, inferior, y de dudosa moralidad. Junto con empequeñecer la figura del Emperador, María Graham se realza a sí misma. El texto, por lo tanto, refleja cómo la narradora en parte se define a sí misma en comparación y contraste con los demás personajes de la historia.

---

14 Se estima que éstos deben haber sido sus verdaderos sentimientos porque lo que viene al final de un relato es la "revelación". Además, su actitud servil de 1824, inscrita en el *Diario de Brasil* (245), se puede haber debido a su propio interés, como se ha propuesto. Diez años después de su despido, y cuando escribió desde Londres, María Graham puede haberse sentido en libertad para narrar hechos desde una perspectiva diferente.

15 Véase Capítulo 8 (p.187)

16 Estos contrastes marcan la importancia del tercer diario como un colofón o el cierre del círculo de ese pasaje narrativo en particular.

La causa final de su despido, señala María Graham, fue el mal genio del Emperador, especialmente si lo despertaban de su siesta. Un día, mientras él dormía después de su cabalgata matinal con la Emperatriz, fue interrumpido, media hora antes de lo acostumbrado, por una de las damas de la corte que se presentó llorando, amenazando con regresar a Portugal, porque el Emperador al parecer favorecía a los extranjeros por sobre la gente de su propio país. Según supo después la narradora, de otra fuente, o al menos así lo afirma, a la dama le parecía ignominioso que las trataran como sirvientas:

> Es injusto que una extranjera sin ningún parentesco con la Augusta Familia, y cuya capacidad de hablar diferentes lenguas le facilitaban *conspirar contra los intereses de Su Majestad,* mientras ninguna de sus fieles adherentes podía saber lo que decía, fuera tratada como una Dama invitada y se le permitiera dar Órdenes a los antiguos partidarios de la Familia" (52; énfasis agregado).

El Emperador, en ese mismo instante y en un paroxismo de rabia decide despedir a la institutriz, por lo que envía a la propia Emperatriz[17] con una nota que ambas interpretan correctamente como una carta de despido. En su relato, la voz narrativa da una clave de lo que ella misma debe haber pensado que eran las posibles razones tras el comportamiento de Don Pedro:

> La Emperatriz [que estaba tan afligida como María] dijo que estaba segura de que *yo era inocente, de que ella no tenía duda alguna de que yo aclararía mi situación* y un número de otras cosas que me indicaban que el Grupo de Consejeros que yo había encontrado en el departamento de la joven Princesa, había estado inventando algún cuento que a su parecer podría irritar al Emperador (47-48: énfasis agregado).

En su carta de respuesta al Emperador, María menciona damas que han "inventado muchas falsedades" acerca de ella y le promete: "abandonaré Brasil para siempre, en el primer buque que zarpe"; (49) promesa que no cumplió sino hasta un año después. En la carta fechada el 17 de septiembre de 1824 dirigida a John Murray, que se ha mencionado anteriormente, María Graham ya parecía preocupada con el problema de las intrigas en la corte:

[17]   "Aún con sus botas y espuelas puestas", relata María. Este detalle parece contradecir su declaración anterior de que el Emperador había estado durmiendo una hora y media después que regresaron de la cabalgata.

> Estoy sumamente contenta de no estar en términos muy íntimos con nadie afuera de Palacio. Esto significa una gran ventaja porque así se evitan sospechas de intrigas. Aunque estoy lejos de desear tener comunicaciones secretas, debe haber pocas personas en la corte que me crean totalmente sincera y bien intencionada. Espero que con el tiempo todos se convenzan y su confianza se mantenga inalterable.

En muchas ocasiones la preocupación de María Graham de no verse envuelta en intrigas se puede deducir de sus palabras, pero, lamentablemente, no existe una prueba textual de que hubo acusaciones contra ella, aparte de su propio velado testimonio. Aun cuando la lógica sugiere que puede haber habido razones políticas más que emocionales tras su repentino despido, la idea tendrá que seguir siendo una hipótesis. Es cierto, sin embargo, que hubo una conspiración contra Lord Cochrane, porque él mismo menciona que esto ocurrió realmente, en una carta dirigida al Emperador y citada en su autobiografía *The Life of Thomas, Lord Cochrane, Tenth Earl of Dundonald* (Cap. XI). En el mismo texto él declara que ha sido advertido por Madame Bonpland y no menciona la ayuda de María Graham o de la Emperatriz[18]. La única prueba documentada que la situación de la institutriz inglesa era más seria de lo que ella dejó traslucir en su diario, es su enérgica declaración en la carta a John London. En ella se manifiesta indignada ante el hecho de que un oficial naval británico le niegue protección a la viuda de un colega por temor a las represalias de un gobierno extranjero. Más enigmática aún es su afirmación de que no es una fugitiva que está huyendo del país.

Hay un intercambio de cartas entre María Graham y un comerciante británico, que posiblemente actuaba de agente de embarque en Río de Janeiro, poco después de que fue despedida de su puesto en Palacio[19]. Cabe notar que en su carta anterior al agente (que no está registrada) María no había solicitado que la llevaran de vuelta a Inglaterra en un buque británico, sino solamente hasta Bahía, en el norte de Brasil. El agente, John London, le dice a la viajera que lamenta informarle que el capitán Mends (Comandante de la fragata *Blanche*) no podrá ofrecerle un pasaje en su buque porque carece de las instalaciones apropiadas para acomodar a una dama y su equipaje. Tanto el Capitán como él mismo, agrega, lamentan profundamente no poder satisfacer sus deseos pero,

---

[18] Sin embargo, es comprensible que él hubiese tenido cuidado de no mencionar el nombre de la Emperatriz con respecto a cualquier tipo de conspiración.

[19] Originalmente en inglés. Aparecen en portugués en el sitio web de la Biblioteca Nacional de Río de Janeiro. La reconstrucción al inglés es de la autora.

como parece que sus intenciones eran ver a Lord Cochrane, me puedo imaginar su desilusión si llega a Bahía o Pernambuco, y se da cuenta de que él ya regresó a Río, puesto que hay rumores de que ha sido llamado de vuelta (11 de octubre de 1824).

La respuesta de María Graham a John London, considerada demasiado fuerte incluso por ella misma en una nota que adjuntó posteriormente a su copia de la carta, es importante por dos razones. La primera es evidente: está indignada y ofendida por la insinuación de que ella quería estar cerca de Lord Cochrane. La otra podría ser el único indicio de otra explicación posible de lo que está detrás de su repentino despido de Palacio:

> Estimado señor,
>
> No podría haber estado más sorprendida cuando recibí su nota. [encuentro increíble] que el capitán Mends, que hace poco llevó al señor y a la señora Hayes con su equipaje [a Río de Janeiro] ¡no hubiera tenido espacio para una señora y su equipaje que van a un lugar tan lejano como Bahía! [Es muy triste descubrir] que un oficial inglés vacile en otorgar su protección a la hija de un oficial y viuda de un colega, *por temor a cualquier gobierno que sea*. ¡Qué vergüenza! ¡Es imposible imaginar esta situación si mi esposo o mi padre estuviesen vivos!
>
> No necesito recordarle de que *no soy una fugitiva huyendo del país*, sino una súbdita británica que ha renunciado a un cargo que no le convenía[20] (énfasis agregado).

La carta continúa con una desafiante invocación a la Providencia que demuestra que el orgullo de María reemplaza el dolor y la ira manifestados en las líneas anteriores[21]. Estas cartas y sus implicaciones son algunas de las características que convierten la narración en una caja china, ya que las alusiones parecen estar contenidas una dentro de la otra, mientras la línea de la historia sigue una senda totalmente distinta.

---

[20] La Biblioteca Nacional de Río de Janeiro no proporciona la fecha de esta carta. Sin embargo, indica que la fragata *Blanche* zarpó de Río de Janeiro hacia Bahía el 20 de octubre, por lo tanto la fecha de la respuesta de María Graham debería corresponder a un día entre el 11 (la carta de London) y el 20 de octubre de 1824.

[21] Doce años antes de este acontecimiento María Graham había mencionado esta ley no escrita de los marinos que los obliga a proteger a las mujeres afligidas, especialmente si son parientes de un camarada oficial, y de llevarlas sanas y salvas a un destino. Véase *Diario de la India*, 173.

Por ejemplo, el hilo argumental de los diarios brasileros de María Graham es suficientemente claro y constituiría la envoltura exterior: una mujer inglesa, viuda de un Capitán de la Marina Real, está de visita en un país extranjero donde participa en sociedad y en la vida de la corte. Más adelante se convierte en institutriz de la princesa heredera pero muy pronto la despiden de su cargo, tal como lo descubre el lector en el tercer diario. Sin embargo, ya en los textos publicados, existen indicaciones de que María Graham fue rechazada por sus connacionales en Brasil, aun cuando las razones para esta aversión están ocultas bajo retratos negativos, inventados por la propia narradora, para desviar la atención del lector de su situación tan poco ortodoxa como mujer sola en un país extranjero. Esta segunda capa esconde otro efecto que no es visible en la línea exterior de la historia: al retratarse como decidida partidaria de la independencia de Brasil logra obtener el puesto de institutriz de la Princesa, lo que a su vez le otorga una excusa para quedarse en el país cerca del centro de poder.

Más adelante su racionalización de los motivos de su despido parece no llegar a conclusión alguna, ya que no hay ninguna lógica entre la causa (la repentina explosión de rabia del Emperador) y el efecto (su humillante despido). La solución final del misterio no está incluida en la narración, sino parcialmente en las cartas citadas más arriba, que podrían estar envolviendo todavía otra historia más. Su afirmación a John London de que "no era una fugitiva huyendo del país" pareciera confirmar la sospecha de que las razones del Emperador para su despido fueron más bien políticas que personales. Esta hipótesis se fortalece más adelante en la narración con la visita que María recibe de una mujer francesa, Madame Bonpland. No obstante, la última caja de la historia de María Graham se revela, no mediante documentos, sino por la manera en que ella se transforma a sí misma en personaje de ficción, como una heroína romántica perseguida por personajes malévolos, y que desinteresada y audazmente se convierte en la carta decisiva en el rescate del héroe. Además, al asumir el papel de personaje 'bueno' ella adquiere autoridad moral por contigüidad: así, sus intenciones y su carácter aparecen intachables.

La narradora del tercer "Diario de Brasil" da realce a su imagen al contrastar su persona con la de otras mujeres que son social, intelectual y racialmente "inferiores" a ella, como doña María da Cabral y Madame Bonpland, ambas, casualmente, de pelo negro y largo. Doña María, la mujer que, según María Graham, fue decisiva en el proceso de su despido, es descrita tanto físicamente repulsiva como moralmente corrupta, insinuando así que ella es superior en ambos sentidos. El retrato de Madame

Bonpland[22], por otra parte, y el relato de sus actividades es más largo que el de la mujer brasilera; también es más complejo, debido a las connotaciones del lenguaje que usa la voz del texto en sus descripciones. Además se concentra en el aspecto físico, lo que delata una secreta intención de presentarla como vulgar y de mala reputación. No hay duda que el retrato tiene una cierta similitud con el bosquejo de Lady Cochrane. Por ejemplo, María Graham califica a ambas mujeres que no le agradan como "alegres"[23], torciendo así su discurso y transformando un calificativo positivo en una percepción negativa. Madame Bonpland es retratada como una "una mujer francesa pequeña y alegre, que podía haber pasado por española, por manos tan delicadas, y su pelo negro largo y brillante" (58). El adjetivo "pequeña" usado en relación con la francesa es ofensivo, con la connotación de "insignificante", más que compasivo, como en los casos en que califica a la Emperatriz. En los pasajes donde se menciona a esta última son sus pies y manos y no su persona los descritos como pequeños, especialmente en relación con los de otros personajes que son, ya sea feos, como el oficial negro de la corte, o moralmente reprochables, como el Emperador. El próximo ítem del retrato de Madame Bonpland, la frase condicional en voz pasiva "que podría haber pasado por", no parece lógica en una narradora tan estructurada: las categorías de francesa y española son similares en términos geográficos y geopolíticos, por lo tanto no hay racionalidad en la comparación de dos términos similares salvo que la narradora hubiese tenido la intención de sugerir la duplicidad en la mujer. Aun cuando los lectores ingleses de María Graham probablemente hayan poseído diferentes conjuntos de asociaciones para cada una de estas nacionalidades, las connotaciones de cada uno de estos dos grupos no pueden haber sido tan singulares como para señalar que si se confundía una con la otra se podría haber producido una importante alteración en las percepciones de la audiencia. Sin embargo, dado el antagonismo histórico de estas dos naciones frente a Inglaterra, ambas referencias habrían servido, en cualquier caso, para realzar el carácter detestable de la mujer.

Entre líneas, el retrato parece incluir el mensaje de que la mujer es intrigante y falsa. Diez años antes que María dictara este pasaje en Londres, en 1835, ella le había escrito a John Murray acerca de Madame Bonpland desde Río de

---

[22] Madame Bonpland era la esposa de Aimé Bondpland, un botánico francés que acompañó a Humboldt en su viaje por América del Sur y había estado algún tiempo en prisión en Paraguay acusado de espionaje.

[23] Véase Capítulo 8 (p. 183).

Janeiro, el 19 de diciembre de 1824. El bosquejo es importante en el análisis de la persona narrativa de María Graham porque tiene la inmediatez de una carta, tanto del lugar como de la época. En la carta ella relata que el esposo de la mujer está en prisión en Paraguay, y que ésta se encuentra en Brasil buscando apoyo para lograr su liberación. Luego señala que

> tiene problemas de dinero y muchos caballeros franceses e ingleses han sido buenos con ella. Es una mujer hermosa, pero se inmiscuye en política, así es que la gente no es tan bondadosa con ella como debiera ser, ni está tan dispuesta a asociarse con ella como su simpatía debiese inducirlos a hacer. También es una buena profesora de música, pero no puede conseguir alumnos porque el verdadero espíritu [*ilegible*] intrigante francés tanto en lo privado como en lo político asusta a la gente.

El retrato incluido en la carta a John Murray pareciera confirmar la idea que en el tercer diario de Brasil María Graham trató de disminuir a Madame Bonpland mostrándola como una persona muy inclinada hacia lo sexual y destacando su falta de principios. La verdadera causa de la animosidad de María hacia la mujer se torna evidente cuando esta última declara que viene "en el nombre de Lord Cochrane, cuya generosa bondad hacia ella la ha atado para siempre a él" ("Brasil 3", 58). Curiosamente, algunas páginas después, la narradora trata de correr una cortina de humo sobre el texto llevando a los lectores a creer que su aversión hacia ella surge de su preocupación por el Emperador:

> He anotado estas anécdotas chismosas de Madame Bonpland con el objeto de mostrar el significado de algunas de las intrigas que se usaron para entrampar y lograr una influencia sobre Don Pedro: *no cabe duda alguna que la intención de esta mujer intrigante era suplantar a Madame de Castro*[24] (61; énfasis agregado).

La narración que viene a continuación contiene dos discursos, uno plenamente declarado y otro oculto o insinuado. El primero es la afirmación de Madame Bonpland que ella le había salvado la vida a Lord Cochrane cuando le advirtió que había una conspiración en su contra, afirmación que el propio Cochrane

---

[24] Es posible que María Graham haya estado tratando de demostrar en forma sesgada que su aversión a Madame Bonpland no provenía de celos respecto a Lord Cochrane, lo que en cierto modo prueba que así era.

apoya en su autobiografía[25]. María Graham, quien denuncia esto como algo problemático en un pie de página de su texto –aun cuando no proporciona pruebas ni argumentos sólidos para apoyar su réplica– contradice esta afirmación. La importancia de este pasaje yace en la sutil sugerencia de lo que puede haber estado en la mente de María tras su repentino rechazo, y esto constituye el fondo del texto. En una de las cartas de la Emperatriz a María[26], incluida y traducida por ella en su tercer diario, aun cuando no se proporciona una fecha, hay un pasaje sumamente enigmático:

> Se me ha levantado un gran peso del corazón [dice la Emperatriz] al saber que usted ha podido enviar la información que yo le di a su incomparable connacional. Lamentablemente, temo que la gente aquí aprenderá a estimarlo como se lo merece sólo cuando ya sea demasiado tarde. Yo personalmente tengo la satisfacción de sentir que jamás he sido injusta con él[27].

Esta carta al parecer confirma la suposición de que hubo algún tipo de comunicación secreta entre Lord Cochrane, la Emperatriz y María Graham, o al menos buena disposición y un punto de vista político similar. Si se toma en cuenta que el reinado de Pedro I nunca fue estable y que en 1831 se vio forzado a abdicar en favor de su pequeño hijo, no sería sorprendente que algunas facciones en el gobierno hubiesen considerado la amistad entre los tres europeos del norte como sospechosa. Es cierto que, en este momento, no hay más pruebas textuales para apoyar esta especulación, pero es una conclusión lógica que se puede deducir de la narración. María Graham, por cierto, nunca se habría referido a ello directamente, ya que habría dañado la imagen prístina de su persona textual; sin embargo, en forma muy inteligente, ella hace que Madame Bonpland la invite a formar parte de una conspiración, tentación que ella noblemente rechaza:

> Esta historia me pareció monstruosa en ese momento, pero como yo la escuchaba tranquilamente ella continuó, insinuando que el Obispo, más una o dos personas influyentes estaban dispuestas a derrocar el Minis-

---

[25] Véase *La vida de Thomas, Lord Cochrane* (Cuarta Parte, Capítulo XI).

[26] Parte de la colección que se encuentra en la Biblioteca Nacional de Río de Janeiro y también traducida al inglés por María Graham, e incluida en su texto no publicado, página 74.

[27] Fecha proporcionada por la Biblioteca Nacional de Río de Janeiro: São Cristovão, 1º de marzo de 1825.

terio y deshacerse de la secreta influencia de Madame da Costa[28] [*sic*] y del Barbero Plácido, y mediante un Ministerio más liberal (uno de cuyos principales miembros iba a ser mi connacional, Lord Cochrane) *darle a la Emperatriz una debida participación en el Gobierno.* Ella [Bonpland] me reveló toda esta conspiración, con la idea de que mi resentimiento hacia Don Pedro sería suficientemente fuerte como para inducirme a formar parte del grupo para mortificarlo ("Brasil 3", 59; énfasis agregado).

Es importante recordar que el Emperador hizo que su esposa le entregara personalmente la nota de despido a María Graham. La situación, si es verdadera, induce a pensar que él sospechaba que había una alianza política entre las dos mujeres.

Madame Bonpland[29] le cuenta a María que ella le había salvado la vida a Lord Cochrane, "pues a través del… coqueteo que ella le permitió a su hija con un funcionario público importante… había descubierto la atroz conspiración contra su persona (la de Lord Cochrane), de la cual Don Pedro había tenido conocimiento" (58). A este informe, comenta María Graham, casi como un dramático "apartado", en un pie de página de su narración: "el asesinato no es un crimen propio de un brasilero… y aunque esta mujer había convencido a Lord Cochrane de que creyera en ella, tengo confianza que dicha conspiración nunca existió" (*Ibíd.*). Sin embargo, en su propia autobiografía Cochrane relata el incidente de la siguiente manera:

> En las últimas horas de la tarde [del 3 de junio de 1824] recibí la visita de Madame Bonpland, la talentosa esposa del distinguido naturalista francés. Esta señora, que tenía singulares oportunidades para enterarse de los secretos de Estado, vino expresamente a informarme de que en ese momento mi casa estaba rodeada por una guardia de soldados (Capítulo XI, part. 4).

Lord Cochrane relata que logró escalar uno de los muros del jardín de su casa y escapar del peligro, que fue tan real como para que lo mencionara en su carta de despedida al Emperador, escrita desde Londres el día 10 de noviembre de 1825 (*Ibíd.*).

---

[28] De Castro.

[29] Al parecer, Madame Bonpland tampoco le tenía simpatía a María Graham. En una carta de ella a María (en portugués) agregada a las notas de María Graham para un nuevo diario sobre Brasil que se encuentra en la Biblioteca Oliveira Lima, en Washington D.C. (s.f.), ella irónicamente le da las gracias a María por una información que ésta le había enviado acerca de su esposo, pero le dice que la noticia tiene tres meses de antigüedad.

Hay muy poca información acerca de Madame Bonpland, aunque los biógrafos de su esposo concuerdan en decir que una vez que éste fue liberado de la prisión terminó sus días en Paraguay en compañía de su familia. María Graham, en otro dramático apartado, hace una declaración final sobre el carácter de esta interesante mujer. "Nunca tuvo éxito en nada excepto en intrigas muy bajas en Río. Lo último que oí de ella fue que estaba navegando en el Pacífico en compañía de un oficial complaciente" (nota de la autora, "Brasil 3", 61). María tuvo mucho cuidado de no incluir este comentario en el cuerpo del texto, ya que habría rebajado y enturbiado la imagen intachable de su persona narrativa que puede mentir, ocultar información, hacer comentarios maliciosos e incluso ser cruel, pero rara vez caerá en murmuraciones.

Lo que aparentemente es cierto, es la capacidad de la francesa para descubrir y difundir noticias de trascendental importancia. En sus memorias, John Cam Hobhouse registra el estado de ánimo de Napoleón después de la batalla de Waterloo y en su entrada del 28 de junio de 1815, escribe,

> Después de cenar fui a casa de la princesa Jablanowski que se encontraba en estado de pánico. Llegan noticias que los Aliados están cerca de St. Denis… la señora Wallis la envía a decirle que *Madame Bonpland* acaba de llegar de la Malmaison[30] e insinúa que Napoleón va a marchar, y se pondrá él mismo a la cabeza de su ejército mañana por la mañana para entrar a París (293; énfasis agregado).

A juzgar por este pasaje, María Graham tenía razón por lo menos en un aspecto de su retrato de Madame Bonpland, aunque es dudoso que salvarle la vida a Lord Cochrane pudiera llamarse "una intriga ruin". El testimonio de Hobhouse registra una situación distinta en un lugar y hora diferentes; además, ni los actores ni sus motivaciones son los mismos, pero un rasgo se mantiene constante: la capacidad de Madame Bonpland de recoger y transmitir información importante.

Después de este incidente de capa y espada, el resto de las memorias de María Graham toma la forma de un diario de viaje tradicional, aun cuando no se da fecha alguna. Apenas obtiene el dinero por la venta de su cuchillería, se compra un caballo y se construye para sí misma la imagen del viajero, aventurero y naturalista europeo independiente (masculino). Esta imagen es totalmente opuesta a la de heroína romántica que a veces trató de bosquejar, y no se relaciona con el observador indiferente, sin género, de la mayoría de sus

---

[30] Su esposo era el jardinero jefe de la Malmaison en aquella época.

diarios. Parece como si ella estuviera tratando de fijar la masculinidad como la norma o el ideal, debido a que trae aparejadas las connotaciones de empuje y determinación. Al demostrar que había alcanzado ese estado de autonomía, ella se estaba declarando triunfadora. Las extraordinarias características lingüísticas del siguiente pasaje son la abundancia de pronombres que denotan a la primera persona singular y su forma de usar el color para significar la diversidad de elementos que constituyen su "nueva" realidad:

> Contraté un mozo de cuadra negro realmente valiente, y como había vendido algunas cucharas de plata, con el producto compré un caballo blanco y agregué a mis haberes un perro manchado. Me sentí totalmente segura; y en mis excursiones comencé a penetrar los bosques con mi hombre y mi perro a mi lado y me dediqué a recolectar pieles de serpiente y también plantas ("Brasil 3", 65).

En esta etapa de la narración María Graham se convierte en aventurera y heroína, y al negar su feminidad justifica la prolongación de su estadía en Brasil. Poco tiempo antes se había defendido de un ladrón que trató de entrar a su casa haciéndole creer que tenía armas de fuego y que estaba preparada para usarlas. Ella agrega que el ladrón debe haber creído que la casa estaba vacía (64). En realidad, este informe sirve para destacar su valentía, aunque más bien parece un intento de su parte de restar importancia al incidente por modestia. En esta etapa María Graham enfrenta el problema de género anulando los límites entre masculinidad y femineidad. Sin embargo, en este pasaje específico ella relaciona el concepto de masculinidad con el de libertad[31] y proclama que el primero tiene todas las ventajas. Esta paridad de conceptos para señalar un tercer mensaje cifrado es una estrategia que María Graham usa con éxito en sus diarios, particularmente en aquellos de América del Sur.

Sin embargo, la independencia de su persona narrativa no la lleva a tomar la decisión de regresar a su propio país y liberarse de lo que el barón Mareschal[32] describe como su "incómoda situación" en Río de Janeiro. Ella no entrega una razón creíble para permanecer sola y sin recursos en Brasil todo un año después de su despido[33]. En algunos pasajes de su tercer diario, María incluso

---

[31] Por ejemplo, en su corto periodo como institutriz de la princesa, ella le inculcó la idea de un modelo de comportamiento femenino: control de las pasiones combinado con un trato gentil. Véase Ward, 118-119.

[32] Véase Capítulo 9 (p. 200).

[33] Sin duda, cualquier buque británico la habría llevado de regreso a Inglaterra, aunque probablemente no a otro puerto brasilero para que pudiera estar con Lord Cochrane.

insinúa que ha sido el Emperador quien no le ha permitido partir. En el siguiente pasaje usa doble negación para suavizar su afirmación: "No tengo razón alguna para creer que las constantes desilusiones que experimenté en mis intentos de abandonar Río no hayan sido causadas por Su Majestad Imperial, o en cualquier caso por quienes estaban al tanto de su voluntad (70). Muy astutamente, la narradora oculta el hecho de que en su único intento (registrado) de abandonar Río de Janeiro, su supuesto destino no había sido Inglaterra. De manera tortuosa, ella indica que ha sido obligada por las circunstancias a quedarse en el país casi contra su voluntad. Sin embargo, un estudio de las fechas de los acontecimientos más importantes de esa época demuestra que durante los años de las aventuras de María Graham en América del Sur, su principal objetivo siempre debe haber sido permanecer cerca de Lord Cochrane, incluso cuando recién estaba viuda. Es interesante considerar que ella finalmente regresó a Inglaterra en septiembre de 1825, cuando debe haber tenido la certeza de que él ya estaba definitivamente de vuelta en ese país[34]. Como se señaló anteriormente, aunque Lord Cochrane indica como fecha de su llegada a Portsmouth el día 26 de junio, María Graham atrasa esa fecha en cuatro meses, unos pocos días antes de su propia llegada a Inglaterra. De este modo da a entender que no podía haber sabido de antemano que él había partido:

> Lord Cochrane, al ver que el propósito por el cual él había tomado las armas en América del Sur… estaba cumplido… se embarcó para Inglaterra directamente… y el primer saludo disparado en honor al estandarte imperial brasilero, fue a su llegada a Portsmouth *alrededor de fines de octubre de 1825* (95; énfasis agregado).

Es posible considerar esta confusión de fechas como un intento de la viajera por disipar las sospechas de que se quedó en Brasil con el fin de estar cerca de Lord Cochrane. Es evidente que ella no abandonó Brasil hasta que tuvo la certeza de que él no regresaría allí[35], pero en su texto María atrasó su llegada para hacer parecer que ella supo por casualidad que ambos habían regresado casi al mismo tiempo. Además, el texto sugiere que María Graham estaba tratando de distanciarse del Almirante, y que esto podría ser más bien por razones políticas que sentimentales: cualquier sospecha de conspiraciones contra el Go-

---

[34] Hay constantes referencias en el texto que demuestran que ella estaba en contacto con oficiales navales y diplomáticos en Río de Janeiro.

[35] De acuerdo con sus biógrafos, Lord Cochrane decidió abandonar su misión brasilera y regresar a Inglaterra de un momento a otro, sin pensarlo mucho.

bierno de Brasil tenía que ser anulada a toda costa, por las serias implicancias internacionales que la sola idea podría tener. Aparentemente ellos nunca se volvieron a encontrar, sin embargo María continuó su carrera y defendiéndolo apasionadamente por el resto de su vida.

El tercer diario que se acaba de revisar es como una continuación cronológica de los diarios publicados, una relación y justificación de su repentino despido y posterior comportamiento, una afirmación de la superioridad de los europeos del Norte, y un bosquejo parcial de la vida de Don Pedro I. No obstante, aun cuando toca algunos hechos de su vida, el tema central de este texto es en realidad el retrato de la señora María Graham. Los tres escritos acerca de Brasil reflejan el recorrido de una persona narrativa que pasa de observadora a protagonista de un gran drama. La ventaja de explorarlos en secuencia, y de complementar el estudio con ayudas extra textuales como cartas, notas y biografías (en la medida que se pueda confiar en dichos textos), permite tener una perspectiva más amplia y más profunda de las obras recién estudiadas y de la manera en que se forma la persona narrativa. Una de las revelaciones de esta biografía parece reforzar la proposición de que estos diarios son más bien recuentos de ficción que crónicas reales de viaje, y que la misteriosa narradora va creciendo a lo largo de las páginas hasta convertirse en alguien más grande que su historia.

La María Graham que regresó a Inglaterra en 1825 tuvo que pagar muy caro su intento de independencia. A juzgar por los comentarios registrados por dos mujeres muy influyentes, una conocida intelectual y una aristócrata, una vez más la escritora tuvo que enfrentar el rechazo y la antipatía de muchos. También tuvo algunos amigos leales, entre ellos el editor John Murray, y es a partir de las cartas que ella le escribió que se puede conocer algo de este periodo de su vida.

CAPÍTULO 10

La intrépida señora Graham

Una carta de despedida que recibió María Graham de parte de la emperatriz Leopoldina el 8 de septiembre de 1825 demuestra que a esa fecha estaba preparada para dejar Brasil. En octubre del mismo año ya se encontraba en Londres donde al principio se instaló en habitaciones en Park Street. Muy pronto después ella comenzó a frecuentar el número 50 de Albermarle Street y a evaluar manuscritos para John Murray. El trabajo más importante que realizó en este periodo fue la edición de las notas y diarios que habían tomado el Capellán y la tripulación del HMS *Blonde*, un buque cuyo capitán era Lord Byron, durante un viaje a las islas Sandwhich en 1824. A diferencia de las publicaciones anteriores de María, este libro no fue bien recibido por los críticos. La autora de la primera biografía de María Graham menciona el violento ataque que recibió su obra en la *North American Review* de enero de 1828. En la revista la llaman:

> una suerte de redactora literaria, o "maestro mecánico" del intelecto, cuyos diligentes servicios deben ser de especial importancia para el gremio. De esta manera, aparte de un par de breves notas acerca de los puntos relevantes del texto, los viajes perfectamente pueden ser escritos en Londres y adaptados a todos los meridianos y climas del mundo... La señora Graham se llama a sí misma la editora. Nosotros la deberíamos llamar la embustera, no usando la palabra en sentido peyorativo... sino como algo que describe exactamente el tipo de herramientas de herrero que debe haber usado para conectar eslabones sueltos puestos a su disposición (Citado en Gotch, 249-250).

Sin embargo, el escribir era su vida, y ella practicó su vocación de muchas maneras, a veces incluso en forma anónima. Por ejemplo, el 12 de mayo de 1826 le dice a John Murray que está muy contenta de que le hubiese gustado *Brasil*, posiblemente refiriéndose a un artículo que ella había escrito para el *Representative*[1]:

---

[1] Diario publicado por John Murray durante la primera mitad del año 1826.

Le voy a seguir enviando otros trozos de este tipo si usted los sigue encontrando útiles. Prefiero que no aparezca mi nombre, sin embargo [;] las mujeres tienen poco que hacer [la palabra está manchada con un sello] en relación a la prensa, y especialmente cuando se toca algún asunto político.

Una carta anterior sobre el mismo tema también había revelado el deseo de María de "no ser nombrada" cuando emitía opiniones sobre política brasilera. Este deseo de parecer ajena a los acontecimientos de ese país puede ser tomado como una prueba más de que la principal causa de su despido de Palacio tuvo que ver con intrigas políticas.

Aparte de escribir, María se relacionaba con personas muy conocidas de los círculos sociales, políticos e intelectuales. Su diario de 1826 registra muchas reuniones a la hora del té y cenas, así como visitas a hombres de ciencia para aprender de plantas y experimentos científicos. En una entrada fechada en marzo del año citado, describe los estudios y descubrimientos de Mary Somerville sobre polaridad, y al mes siguiente pasa todo un día estudiando un método para distinguir las plantas masculinas de las femeninas[2]. De acuerdo con sus notas, la conversación en los tés en Londres se centraba en personalidades del pasado y del presente, tales como el comportamiento de Oliver Cromwell hacia George Fox[3], los méritos de Madame de Staël como conversadora o la calidad de la educación en las universidades inglesas. Al parecer llevaba una vida interesante y variada, combinando el trabajo con la vida social. Sin embargo, es posible que haya querido más.

En el otoño de 1826 cambió su residencia de Park Street a una casa en Kensington Gravel Pits (Gotch, 253). Pese a su ocupada vida social, debe haber mirado hacia el futuro y decidido que el matrimonio era preferible a su estado de mujer sin marido a esa altura de su vida. De una carta que envió a la emperatriz Leopoldina, el 2 de noviembre de 1826, se puede deducir que ya conocía a su futuro esposo, el artista Augustus Wall Callcott, desde un tiempo atrás, de modo que es posible que no haya sido coincidencia que él viviera en el mismo barrio.

Después de darle detalles de su última enfermedad, María le cuenta a la Emperatriz que tiene intenciones de visitar Italia el próximo mes de febrero y confiesa que no viajará sola[4].

---

[2]   María Callcott, extractos de los diarios de Lady Callcott ordenados por W.H. Callcott, 31-32.

[3]   George Fox (1624-1691), fundador de la doctrina cuáquera.

[4]   La Emperatriz no llegó a leer la carta de María, la cual le fue devuelta por el barón Mareschal, acompañada de una suya fechada 10 de marzo de 1827, anunciando la triste nueva de la muerte de la Emperatriz acaecida el 11 de diciembre de 1826.

Cansada[5] de estar sola en el mundo, he decidido casarme de nuevo y el matrimonio tendrá lugar en febrero del próximo año. El hombre que he elegido es un pintor, sin embargo algunos de mis parientes ya han reclamado contra esta *mésalliance*. ¡Qué tontos son! ¡Como si una persona honesta, dotada de un talento superior, integridad y bondad no fuera más deseable que el dudoso privilegio de ser llamada prima, en cualquier grado, de ciertos Lords a quienes yo les importo tan poco que ni siquiera pueden concederme unos minutos de su tiempo! Su nombre es Callcott, y es un buen hombre de 47 años de edad, que me quiere mucho y me ha amado por mucho tiempo.

El relato de esta situación ideal, con resonancias de cuento de hadas, provocó también duras reacciones en contra de la unión y en contra de la propia María, de parte de representantes de los círculos sociales e intelectuales de la época. Una de las opiniones más fuertes fue expresada por Lady Holland:

El pobre Callcott se va a casar con la intrépida señora Graham. Es un hombre tranquilo, hasta aquí muy feliz con su propia familia que vive en torno a él, y muchos que dependen de él enteramente para subsistir. *Desgraciadamente se enamoró de esta osada señora, y ahí se hundió.* Esto preocupa a todos sus amigos, porque ella lo va a hundir. Ella es una dama muy decidida y orgullosa como Lucifer de su familia y sus relaciones. Además, no tiene un penique, posiblemente tenga deudas, lo que no augura nada bueno para él, pobre hombre (citado en Mavor, 175; énfasis agregado).

Posteriormente Harriet Martineau se referiría a María en términos aún más duros que éstos, como se señala en el próximo capítulo. Queda claro que ella continuó inspirando rechazo y antagonismo, incluso después de su muerte. Esta aversión puede haber sido en parte un castigo para María, por tratar tantas veces de ser independiente.

Su segunda visita al continente la realizó María ocho años después de la primera. Durante ese tiempo habían ocurrido muchos cambios en su vida, tales como la publicación de sus libros sobre Chile y Brasil, la muerte de su esposo Thomas Graham, su intento frustrado de convertirse en institutriz

---

[5]   Originalmente en francés. La Biblioteca Nacional de Río de Janeiro exhibe las cartas en portugués.

de una princesa, su regreso a Inglaterra y su segundo matrimonio. Como era su costumbre, ella tomó notas durante el viaje, pero de éstas, fuera de dos cartas dirigidas a John Murray, sólo queda lo que se convirtió en el *Diario Alemán*.

El "Diario europeo" de 1827 de María Graham Callcott está escrito en nueve cuadernos que relatan la primera parte del viaje que duró un año, a través de zonas de Holanda y de lugares que hoy día son Alemania y Austria. La mayor parte del diario se lee como un catálogo de pinturas, galerías, y colecciones en iglesias y palacios. Su apariencia sugiere con seguridad que ella lo escribió para que fuera publicado, porque contiene correcciones, anulaciones y adiciones cuidadosamente escritas a lápiz en el texto, en finas huinchas de papel, además de una escritura muy ordenada y cuidadosos pies de página. La primera hoja del manuscrito que queda del tour a Alemania está escrita en forma de carta a un corresponsal imaginario, mecanismo que había usado una vez antes, en *Cartas acerca de la India:*

> Usted desea saber de nosotros y decirme que ahora no tengo excusa para no darle todos los detalles que desea con respecto a los cuadros y obras de arte tanto de las antiguas y nuevas escuelas, porque estoy viajando con [un] profesor y soy ya lo suficientemente mayor como para haberme formado un juicio más ponderado que el de la mayoría de los pintores viajados (Tour Alemán, 14).

En ciertas ocasiones ella cierra lo que podría haber sido un capítulo del texto con una reflexión dirigida a este supuesto lector o destinatario de la "carta". Un aspecto que cabe notar con respecto a esta introducción es que María Graham, por primera vez, se coloca en un segundo plano. Su esposo es una autoridad (un profesor), señala ella, mientras que ella sólo tiene la ventaja de su experiencia para apoyarse. Implícitamente está diciendo también que en sus descripciones ella se estará sometiendo al juicio superior de su marido. En la carta de introducción del *Diario Alemán*, María Graham define su posición como narradora:

> Le ruego tener presente que mi compañero [su esposo, Augustus Wall Callcott] está demasiado ocupado estudiando las cosas que yo veo sólo como una admiradora, como para que él me pueda regalar suficiente tiempo que me permita escribir críticas como quizá lo esperaría usted, y que él es tan culto que podría parecerle censurable que yo escribiera cualquier cosa que no esté totalmente correcta [la palabra totalmente

220

está tachada con posterioridad], *salvo que usted se imagine que porque estoy con él expreso sus opiniones* (14; énfasis agregado).

Ésta es la primera y única vez que María se coloca en una posición tan disminuida en sus textos; su anterior declaración de humildad en la introducción del diario publicado de Brasil no es convincente, ya que no se vuelve a repetir en el texto. La posición subordinada en el *Diario Alemán* se destaca por ser la única expresada en toda la obra de María Graham; sin embargo esto plantea la pregunta de si puede haber sido una estrategia textual en este caso, más que una realidad de hecho. La revisión de su "último diario" en el capítulo siguiente puede aclarar esta duda.

La impresión de una posición secundaria de la narradora en el Diario Alemán está realzada por el pronombre "nosotros" en el texto, porque ya no es María Graham, la narradora por sí sola, la que toma decisiones y emite juicios. En el *Diario Italiano* de 1820 el pronombre "nosotros" indicaba un trío, un grupo formado por el pintor Charles Eastlake, su esposo Thomas Graham y ella. Eastlake realizaba los dibujos para su diario, pero no participaba en la composición del texto; el capitán Graham desde un comienzo[6] había sido calificado como bueno, pero no como un hombre intelectualmente dotado. Es más fácil, por lo tanto, percibir que en esa ocasión ella estaba a la misma altura que sus compañeros, mientras que en esta instancia el plural señala una relación desigual donde María ocupa una posición inferior. Es sólo en las pocas cartas que escribió en este tiempo que ella logra una breve singularidad.

El estilo y la voz de la narradora en el *Diario Alemán* se ven afectados por su estatus de mujer casada; aparte de inclinarse ante la autoridad de Augustus Callcott como su esposo, ella está obligada a admitir la superioridad de él como artista. Es probable que ninguna de las opiniones sobre las pinturas que ella describe sean propias[7], como se ilustrará más adelante en el capítulo. Por ejemplo, el tono de María Graham cuando describe las diferentes pinturas es crítico pero no asertivo. Algo inusitado en ella es que intercala las expresiones "quizá", "debe haber" y "pareciera ser", en todos sus relatos. Sin embargo,

---

[6]   Ver en la página 50 en este libro el relato de su compromiso en el "Diario no publicado de la India".

[7]   Se puede deducir, por lo expresado en la introducción, que Augustus Callcott debe haber manifestado temor de que cualquier opinión incorrecta expresada por su esposa sería adjudicada a él. En la carta del 7 de febrero de 1833 a John Murray, María da a entender que su marido ejerce cierto control sobre ella y que, por ejemplo, ella no entra a su estudio cuando él se encuentra pintando.

existe una paradoja: pese a esta falta de seguridad, su tono también es magistral, actitud que rara vez había adoptado antes. Es cierto que en la mayoría de sus diarios el tono de María Graham se puede percibir como autoritario, es decir, seguro, como si viniera de una narradora erudita; la principal diferencia está en que en esta instancia ella parece estar dictando cátedra.

Por ejemplo, en Colonia, ella dice:

> a primera vista parece sorprendente que Colonia, en un periodo tan temprano, haya poseído un pintor nativo capaz de producir una obra tal [una pintura en la Catedral que se cree había sido realizada por William de Cologne] [,] pero usted recordará que las colonias romanas fueron muy numerosas en el Rhin. Que toda elegancia o refinamiento que poseyeran los romanos se transmitía a sus colonias en cierto grado, y con la resurrección del Imperio bajo Carlomagno [,] más de uno de sus palacios en las márgenes del Rhin fueron adornados con columnas de mármol y estatuas traídas de Italia. A partir de entonces el número de iglesias cristianas aumentó constantemente y constantemente requirieron [,] para fines piadosos y decorativos [,] cuadros de personas sagradas veneradas o de historias registradas en las sagradas escrituras. Estas últimas eran las más necesarias ya que pocos podían leerlas entonces y los altares se convirtieron en fuentes donde la gente aprendía la historia de su fe (23).

Agrega que el Imperio Romano tenía una vasta comunicación con el Este y con Grecia, desde donde derivaba el concepto de "belleza ideal" de la Edad Media. Del pintor de los cuadros en la catedral menciona antiguos documentos que probarían que eran de William de Cologne. Él está mencionado en un manuscrito del año 1380, donde se declara que es un artista "como alguien que jamás se había conocido anteriormente, porque en sus cuadros él representa hombres como si estuvieran vivos y respirando" (*Ibíd.*).

Como se puede apreciar de este largo pasaje, María Graham está uniendo hechos históricos con teoría del arte, historia del arte e historia religiosa. Su análisis y conclusiones hacen que su tono parezca el de un conferencista dirigiéndose a su audiencia. Otro aspecto notable de este pasaje es el regreso de María a la tesis expresada en *Cartas acerca de la India*, de que hay conexiones entre Oriente y Occidente que datan de los tiempos antiguos y que confirma la supremacía de la cultura europea como la verdadera heredera de las tradiciones clásicas. Sin embargo, es difícil trazar una imagen nítida de María Graham como narradora en este diario. Aparte de unos pocos pasajes como éste, donde todavía se puede distinguir su voz, la mayor parte del tiempo pareciera estar actuando de portavoz de su esposo. En consecuencia, se podría alegar que en esta instancia María estaba actuando de ventrílocua de su esposo como lo hizo con Lord Cochrane en su *Diario de Chile*. No obstante, en dicha situación ella le estaba prestando su voz a alguien que, según su punto de vista, no la tenía (Lord Cochrane había abandonado Inglaterra deshonrado), mientras que en Alemania María puede haber estado usando los conocimientos superiores de su esposo para mejorar su propio texto, o prestándole a él sus cualidades y fama como autora conocida para una propósito conjunto, que puede haber sido la publicación de los diarios sobre Alemania e Italia. Esto explicaría la presencia del artista en la introducción, y el peso agregado que ostenta el pronombre "nosotros" en esta obra. Es interesante observar que en este texto en particular, María Graham se anula como narradora; pareciera que estuviera tomando un dictado y rara vez se escucha su propia voz. Cuando la viajera escribe comentarios sobre vistas, sonidos, gente y edificios en su lugar de destino, las descripciones son objetivas, sin rasgos de observación personal.

Curiosamente, incluso las tres primeras líneas de la narración, donde ella describe la travesía hacia el Continente como tormentosa han sido eliminadas del texto final:

Las tres primeras líneas y media han sido tachadas en el manuscrito, posiblemente por la propia autora. Dicen: el 15 de mayo llegamos a Roterdam [*sic*] después de haber experimentado una tormentosa travesía de cuatro horas durante la cual el viento Este y una mar agitada convirtieron el vapor en algo muy desagradable [fin de las líneas tachadas]. *El diario comienza:*
Aunque llovía copiosamente cuando desembarcamos, la trocha de tablas de pino en el Boompjes[8] [,] los árboles con que estaba decorado y el ambiente de intensa actividad que había en los muelles me dieron una impresión favorable del lugar. Esto quedó confirmado más tarde cuando cambió el tiempo y pudimos caminar por los diversos mercados y hacer bosquejos cada vez que veíamos algo pintoresco, lo que se volvía más impactante por la novedad de los vestidos de la clase más baja y las peculiaridades de los botes y barcos, así como los arneses de los caballos de tiro… La mayoría de los muros de las casas están construidos de modo que se inclinan hacia fuera en la parte superior, y a primera vista dan la impresión de que están en peligro de caer, pero nos dijeron que se hacían así para

---

[8]   Área de los muelles en Rotterdam.

evitar que la humedad se acumulara en ellos, y que las paredes construidas de esta manera duraban mucho más que las paredes verticales (15).

Los pocos pasajes escritos en el estilo "diario de viaje" son similares a éste en su sobriedad. Entre las principales diferencias con otros escritos similares de María Graham están la ausencia del pronombre "yo" y la omisión de referencias directas a su persona, sus sentimientos o sus opiniones. Definitivamente hay un cambio de estilo y una persona narrativa casi invisible en este texto.

El *Diario Alemán* (y posiblemente también el *Diario Italiano* que se perdió), está estructurado de acuerdo con un marco rígido. María y su esposo, Augustus Callcott, llegan a un pueblo o ciudad e inmediatamente visitan la iglesia y describen las pinturas más importantes que hay en ella. Aparte de mencionar las incomodidades o lluvias que han experimentado, o comentar que determinado camino es bonito o indiferente, la narradora es totalmente impersonal. Ella clasifica lo que ve de manera muy ordenada, con el nombre del artista en el margen izquierdo del cuaderno y una relación de todas las pinturas que están en exhibición en determinado lugar y que pueden ser atribuidas a él. A mano derecha del cuaderno hay una descripción de cada pintura con uno o dos comentarios sobre la obra, por lo general negativos. El calificativo más usado es "tolerable"; curiosamente, éste aparece constantemente en los apuntes que tomó en Italia el propio Augustus Callcott. Otras expresiones comunes son: "no hay mucho que alabar en la obra", "el tono del fondo es pasablemente bueno", "los detalles aquí en general son defectuosos", y expresiones desfavorables similares. La poca consistencia de la narradora del *Diario Alemán* es evidente, además, en la superficialidad de su mirada, en la adopción de expresiones y vueltas de frase que no están presentes en los textos anteriores, así como en los juicios negativos sobre todas las obras que ve. Por ejemplo, a su llegada a un pueblo, María describe un palacio y algunas pinturas; su falta de entusiasmo se refleja en el uso de dos negativos, posiblemente para distanciarse de su tema:

> Cenamos en Ludwigsburg, y mientras preparaban la cena fuimos al palacio donde, por lo general, vive la reina viuda de Wurtemberg. Las dependencias son muy hermosas y además de los salones y la capilla que pueden visitarse hay una galería de cuadros que, aunque contiene muchas pinturas de regular calidad, no deja de ser interesante (52).

El mérito del *Diario Alemán* de María Graham, por lo tanto, reside principalmente en la actitud negativa de la narradora. Los palacios son "magníficos"; las galerías de obras pictóricas sólo contienen pinturas mediocres, aun cuando todavía son dignas de ver, concede. Este tono puede haber sido un intento de aparecer desapegada y profesional o de representarse como una crítica de arte que debe inspeccionar cuadros de segunda categoría como un deber, tarea que no le agrada. Se deberá recordar que en sus escritos María es sumamente puntillosa en sus detalladas descripciones de lugares o personas extranjeras y sus historias, mientras que el tono del *Diario Alemán* puede fácilmente ser calificado de apático. Aparte de unas pocas excepciones que se señalarán más adelante, no es su voz la que se escucha en el texto.

Después de la visita general de la galería del Palacio de Ludwigsburg, la narradora se concentra en una sola pintura (*Betsabé en el Baño*) atribuida a Holbein:

> El único cuadro de mayor calidad en el palacio es éste. Las figuras son de tamaño pequeño y cuidadosamente pintadas, pero la piel es plana [,] no tiene sombras. El tema no permite que los rostros tengan expresión y, por lo tanto, hay poco que pueda ser de interés [en él], a menos que el artista muestre la excelencia de su talento a través de la belleza de la forma y el color (53).

La mayoría de los pasajes de apreciación artística en este diario son similares a éste en cuanto a la monotonía del tono y la predominancia de las críticas negativas. Es posible que ésta sea la diferencia más importante entre el *Diario Alemán* y los demás diarios que escribió María Graham. Antes de esto, ya sea en la India, América del Sur o Italia, la escritora de viajes había encontrado algunos hechos positivos o interesantes que narrar, y si no encontraba alguno, adornaba los materiales de los que disponía. En Alemania, sin embargo, el tono de la narración es sombrío. Si el propósito de esta obra era servir de guía para futuros viajeros en el Continente, lo que en realidad está diciendo es: "No venga, no vale la pena el esfuerzo". Hay muy pocos pasajes en el presente diario donde María Graham emerge como narradora y aunque son reducidos, es justamente su escasez la que los hace notorios. Estas apariciones también indican que la antigua persona narrativa todavía está activa, a pesar de encontrarse sometida. La primera instancia de este cambio de posición tiene lugar en la descripción de la cripta de un monasterio de Krezberg. Aquí María revela la preocupación por la muerte y sus concomitantes[9], propia de los seguidores del Movimiento Romántico. De la iglesia, dice:

---

[9] Se puede hacer la comparación, por ejemplo, con la descripción que hace María Graham de la muerte y sepultura en el mar del guardiamarina "Campbell en el Diario no publicado de la India",Capítulo 2, página 49; ritos funerarios en la India, Capítulo 3, página 64; o el entierro de esclavos en Brasil, Capítulo 5, página 110 en este libro.

[P]ero la parte más interesante de la iglesia es la cripta, o más bien la catacumba, donde hay varias momias al natural. Los cuerpos son los de los abades [;] todos yacen en su féretro descubierto y con la vestimenta y la actitud en que fallecieron… Las facciones están todas perfectas y conservan la expresión que deben haber tenido al momento de la muerte. De los dieciséis o diecisiete que hay ni un cuarto de ellos parece haber sufrido al morir. La posición de las manos y de los pies [,] la expresión de sus semblantes se asemeja al de alguien que duerme tranquilo. Los otros parecen haber estado más o menos convulsionados, pero yo creo que sólo uno de ellos, debido a la contracción de los dedos de los pies [,] las manos apretadas, y la cabeza echada hacia atrás [,] puede haber muerto con gran sufrimiento. Nunca había visto un espectáculo tan curioso, no hay nada de desagradable en ello [,] el decoroso hábito monástico no deja nada descubierto excepto la cara [,] las manos y los pies [,] y éstos, a pesar de su deterioro, no tienen los huesos expuestos ni han perdido su esencia de humanidad (30).

La propia voz y los intereses de la viajera están representados en este pasaje porque ella usa la primera persona singular, y también porque hace eco de textos anteriores, especialmente aquellos sobre la India; sin embargo, también hay elementos pictóricos en la detallada descripción de la cripta, en la posición de los cuerpos, en la expresión de sus rostros, y en la concentración en una figura por sobre las demás. Probablemente el hecho de que necesariamente están estáticos intensifica esta percepción de los muertos como de personajes de pinturas religiosas. Anteriormente en esta biografía se mostró a la narradora a veces comparando escenas en un país extranjero con pinturas de maestros europeos; en este diario, algunas escenas y perspectivas se comunican en forma textual con elementos pictóricos agregados, como por ejemplo, composición. En la siguiente descripción de una escena campestre, los elementos visuales están esquematizados y distribuidos como en un cuadro:

El campo que tuvimos que atravesar no tenía características muy interesantes. Excelente maíz y praderas alternando con densos bosques que crecían en colinas suavemente inclinadas sin variedades notorias, se hacían agradables por la frescura de la primavera y la promesa de abundancia del verano. Una hermosa puesta de sol y un espléndido arco iris después de un fuerte chubasco hicieron su parte para mostrar el campo en todo su esplendor (50).

En este extracto[10] la voz narrativa pareciera estar convirtiendo un paisaje real en una pintura: los elementos están distribuidos de manera que otorgan equilibrio al espacio de tranquilidad perdurable. Lo que es más, la puesta de sol y el arcoiris delimitan la escena y la hacen parecer una pintura enmarcada. Como se ha mencionado anteriormente, el estilo de María Graham no fue inmune a la influencia de las personas con quienes se relacionaba y que se encontraban cercanos a ella al momento de escribir. Cuando estuvo con Lord Cochrane en Chile una de sus principales preocupaciones fueron los buques, las batallas navales y la política. Anteriormente, cuando el capitán Graham estaba vivo, en sus textos predominaban la navegación y los viajes. Después que contrajo matrimonio con el pintor Augustus Callcott su vida se centró en la crítica de arte y en la historia del arte –por un tiempo, al menos– y no es sorprendente que sus observaciones estuvieran hechas desde la perspectiva de un pintor.

A pesar de esto, a medida que avanza el texto hay pasajes que podrían indicar que María se sentía limitada en sus expresiones y en su elección de los lugares que visitarían y observarían. Hay un dejo de irritación en el relato de la manera en que ella y su esposo visitaron Heidelberg:

> Todo el mundo sabe cómo es Heidelberg porque la belleza del lugar en que está ubicado y sus finas ruinas han sido tema para por numerosos grabados, bocetos y cuadros que existen de él. Recorrimos de este a oeste [,] y de norte a sur [,] como deben hacer todos los viajeros, e igual que todos ellos, hicimos bosquejos y compramos reproducciones, pero olvidamos retratar el famoso pueblo, y lo que es peor, olvidamos *verlo* (49; énfasis agregado).

La visita a Heidelberg parece haber sido una desilusión para María; ella no estaba sola y puede haber tenido que aceptar las decisiones de su esposo acerca de dónde ir y qué ver. La frase "como deben hacer todos los viajeros" es crucial en este pasaje, porque sugiere que debe haberse producido una discusión entre ellos y que María estaba repitiendo las palabras de su marido con un toque de ironía, no expresando una opinión propia. Esta manera superficial de ver el mundo no satisfacía su espíritu inquisitivo. Sus palabras parecen ser una protesta contra su actual falta de independencia, ya que, ella sugiere, no se le permitía explorar, observar, reflexionar y escribir sobre cualquier cosa que considerara

---

227

interesante, y en cambio estaba obligada a adoptar un punto de vista convencional. Además, este pasaje parece ser una protesta de parte de María Graham, la escritora de viajes, contra su nuevo rol de "turista de arte" que le ha sido impuesto. Ella parece sostener aquí la idea de que el arte es principalmente una copia, un reflejo, y que no reemplaza la verdadera experiencia de un lugar físico. A pesar de que ella y su esposo han realizado bosquejos y comprado cuadros de Heidelberg, se queja María, en realidad no lo han experimentado ("visto"). Para la viajera, en la tensión entre vida y arte prima la vida.

No es de sorprenderse que las cartas que María escribió a John Murray desde Alemania sean informales[11] y más alegres que el diario. Tratan principalmente de las pinturas que han visto y de las ciudades que han visitado, pero también hablan de su interés en la literatura. Desde Dresden, el 19 de agosto de 1827, ella escribió:

> Muchas señoras escriben aquí y lo que me alegra sobremanera poder decir, es que se las trata con mayor consideración… Había por lo menos tres damas escritoras de novelas románticas en una fiesta hace algunos días, y en ella no había más de veinte personas, así es que, como usted puede ver, las autoras prosperan aquí, igual que lo hacen las que trabajan con usted".

Aparentemente, en sus comunicaciones privadas, María estaba mostrando cuáles eran sus principales inquietudes, es decir, la literatura y la existencia de mujeres escritoras en otros países europeos. El estructurado itinerario de su viaje no le dejaba tiempo libre para concentrarse en los temas que le interesaban personalmente; además, el formato del registro de su viaje, con su énfasis en las artes visuales, no le dejaba espacio para escribir sobre otros aspectos.

Lamentablemente no hay cartas originales escritas por María a John Murray desde Italia. De acuerdo con su biógrafa, Rosamund Brunel Gotch, el viaje a través de ese país comenzó el 13 de octubre de 1827 y terminó en mayo del año siguiente (274). Los apuntes de Italia que tomó su esposo[12] señalan las ciudades que visitaron y las colecciones que vieron. Lo que es interesante es que la terminología que él usa para describir las obras es muy semejante a la de María, que rara vez había usado dichas expresiones anteriormente. Esto se convierte en otra señal indicadora de que ella debe haber estado tomando dic-

---

[11] Ella era amiga de la familia Murray e incluso madrina de una de las hijas.

[12] En la bibliografía del presente libro estos diarios se mencionan como 'documentos de Sir Augustus Callcott'.

tado de su marido. Por ejemplo, él escribe que en Pisa visitaron el Palazzo Cataneo, "donde apenas hay un solo cuadro que vale un momento de atención" (AWC 1/7 32). Más tarde, ese mismo día, visitaron la colección de Jean Robbert Corega, donde vieron una pintura de Van Dyck, "una pesada pero tolerable adoración de los Reyes Magos" (*Ibíd.*).

Estas pocas claves habrían bastado para probar la cercana participación de María en el trabajo de su esposo. Sin embargo la prueba indiscutible está en una situación muy reveladora que se detalla a continuación y que muestra la manera en que ella trabajaba en esa época de su vida. En las páginas 77-78 de los *Ensayos preliminares de una Historia de la Pintura (1836)* [13], de propiedad de María, que incluyen correcciones del texto, probablemente en preparación para una segunda edición, hay intercaladas dos cartas que resultan ser un intercambio entre su esposo y otro pintor, Richard Evans (1784-1871). En su *Historia*, que ahora tendría que ser revisada –de ahí las cartas intercaladas– María había dicho:

> Dos piezas muy hermosas de pintura antigua, ahora en Londres, que fueron encontradas cerca de Roma, parecieran corroborar mi opinión de que las pinturas diseminadas a través de las provincias italianas eran generalmente inferiores a las que pertenecían a Roma misma y sus alrededores. Una de estas figuras es la media figura de un niño, con una flauta doble, amplia en color y efecto, de forma redonda y fina, que recuerda uno de los frescos venecianos, particularmente los de Pablo Veronés. La otra es un Ganimedes, hermoso en su forma y extraordinario por la impresión de luz y sombra. La luz se concentra principalmente en el cuerpo del Ganimedes, en medio del cuadro, y se desvía hacia un cielo azul a la izquierda; pero un altar de piedra bajo, liviano en la derecha le otorga equilibrio…
>
> Estos dos cuadros no tienen nada del aspecto rígido, hierático, de casi la mayoría de las otras pinturas antiguas que he visto. Son pinturas cabales, en que el artista se ha preocupado de la luz y la sombra y del efecto general, así como del color y la forma. Ya sea que fueren obras de griegos instalados en Roma o de sus alumnos italianos, a mí me sugieren un mejor manejo del arte pictórico, tomado como algo independiente de la escultura, que cualquier otro cuadro antiguo que haya visto jamás (77-78).

---

[13]   Gotch sugiere que el cuidadoso listado (de pinturas) de 1827-1828 se hizo con el fin de escribir una historia de la pintura (257), y estos *Ensayos* deben haber sido uno de los resultados parciales de su recorrido.

María indica en un pie de página que estos cuadros ahora están en Inglaterra y pertenecen a Sir Matthew Ridley[14]; agrega que fueron descubiertos en 1823 en una viña. El estilo de este extracto, como el de todo el libro, muestra a María Graham con su acostumbrada voz segura y conocedora emitiendo un juicio sobre piezas artísticas. Sin embargo, los documentos siguientes prueban que el tono, y pronombre personal "yo" no reflejaban la realidad. La primera[15] es una carta escrita por el pintor Richard Evans con fecha 6 de enero de 1838 y dirigida no a María –para entonces Lady Callcott– sino a su esposo, Sir Augustus Calcott:

> Estimado señor:
>
> Recientemente ha llegado a mis manos el interesante e instructivo libro de Lady Callcott, *Ensayos preliminares para una Historia de la Pintura* (*Essays towards the History of Painting*), en el cual he podido observar que ella se refiere en términos muy elogiosos a una pintura al fresco, el Ganimedes, que ahora está en poder de Sir Matthew White Ridley. Por su intermedio, deseo solicitar a usted que ponga en conocimiento de Lady Callcott que ésa es una obra realizada por mí.
>
> Con gran sorpresa vi este fresco en exhibición en la British Gallery en julio de 1836, presentado como una obra de arte antigua, e inmediatamente reconocí en él una escena que yo pinté cuando estuve en Roma desde 1822 a 1823 de un modelo vivo, y aparte de mí, varios estudiantes hicieron dibujos de la misma figura y al mismo tiempo, pero de diferentes puntos de vista, evidentemente. El boceto que yo realicé en aquel momento y que posteriormente traspasé a fresco, todavía está en mi poder.
>
> Cuando vi el fresco por primera vez en la British Gallery le mencioné estas circunstancias a varias personas que se encontraban a mi alrededor. Mi próximo impulso fue comunicar estos hechos al propietario. En esa ocasión vi al *actual* M.W.R. quien se convenció de la veracidad de mi afirmación y que no se mostró inclinado a menospreciar el fresco por ser éste producto de un artista inglés.
>
> En ese momento quedé satisfecho, y no habría buscado publicidad si el entusiasta elogio de Lady Callcott hacia el desconocido pintor del fresco no hubiese revivido en mi mente el tema.
>
> ….

---

[14] Sir Matthew Ridley (1778-1836); coleccionista de arte y conocido de Augustus Callcott, quien había pintado varios paisajes por encargo de él (Gotch, 280n).

[15] La puntuación, el estilo (aunque no la ortografía) de ambas cartas son fieles al original.

Confío en que usted y Lady Callcott se darán cuenta de que no abrigo la más mínima intención de faltarles el respeto cuando reclamo para mí la alabanza destinada a un artista griego o italiano de la Antigüedad y me siento seguro de que Lady Callcott no se arrepentirá de traspasar la misma a un artista inglés vivo, tan pronto que le dé a conocer su petición.
 (firmado Richard Evans)

También intercalada en el libro está la pronta respuesta de Callcott quien, en defensa de su esposa, asume la responsabilidad del error. La única falta de su esposa ha sido la de "adoptar" los comentarios suyos, dice William Callcott, e incluirlos en su texto. La carta de respuesta está fechada como sigue:

> Domingo en la tarde
> Mismo día
> Estimado señor:
>
> En respuesta a su carta relacionada con las observaciones de Lady Callcott en sus *Ensayos* sobre los frescos pertenecientes a Sir M ["W" está tachada] R, debo comentarle que el dueño anterior nos presentó estos cuadros a Lady Callcott y a mí como producciones antiguas autentificadas. Como ninguno de los dos tenemos suficiente experiencia ni pretendemos tenerla, lo que nos hubiese permitido juzgar su originalidad –y tomando por un hecho que los cuadros eran lo que él nos aseguraba– me atreví a criticarlos *como tales*, y hacer las observaciones que Lady Callcott reprodujo en su *Ensayo*.
> Al volver nuevamente al texto, usted se dará cuenta que los frescos en referencia (el Ganimedes en particular) eran hasta ahora el único espécimen que yo hubiera visto jamás, que mostrara que los antiguos tenían alguna idea del uso de la luz, la sombra y el colorido muy parecida al arte moderno. La alabanza que se les otorgó era por su superioridad en este punto, y simplemente porque comparadas con *otras* obras de la Antigüedad [ilegible] sólo podía en cierto modo pertenecer a la misma categoría, ya que éstas también son obras *antiguas*. Como éste es literalmente el caso, yo no sabría cómo traspasar dichas alabanzas a usted. Lady Callcott y yo estamos muy dispuestos a reconocer sus derechos sobre la producción del Ganimedes, y en el caso de que los *Ensayos* fueran a una segunda edición, ella evidentemente aprovechará esa oportunidad para corregir este asunto (énfasis en el original).
> (firmado) A.W. Callcott

La importancia de estos pasajes, que debían ser citados en su totalidad para su correcta apreciación, reside en el hecho que en muchas ocasiones María actuaba como portavoz de las opiniones de otros cuyas ideas ella respetaba, quizá para realzar su persona narrativa. En este caso en particular, sin embargo, su fachada fue desmantelada por su esposo en su necesidad de defenderla. Queda la sensación, además, que María fue anulada por el intercambio entre su marido y el artista Richard Evans. Debe haber sido correcto que este último se hubiera dirigido al esposo de la autora de los *Ensayos* porque ella era una mujer casada, pero el resultado de esta acción es que ella queda relegada a un plano secundario.

María tuvo mayor éxito cuando se ocupó de temas que no tenían relación con el arte. En este periodo produjo dos importantes textos para niños: el conocido *Little Arthur's History of England (Historia de Inglaterra de Arturito)*, publicado en 1835 por John Murray, que siguió vigente por más de cien años, y la menos conocida, pero igualmente interesante *A Short History of Spain (Una breve historia de España)*, publicada por la misma editorial un año antes en dos volúmenes. La lista de fuentes que detalla en el Prefacio de esta última es impresionante, aun cuando el estilo es liviano y debe haber sido agradable de leer para "las personas jóvenes" (3) a quienes estaba dirigido. Su *Arturito,* por el contrario, lo concibió al principio como un desafío para sí misma, ya que lo redactó de memoria (Gotch, 289), más bien como una distracción y como un regalo para un pequeño de cinco años, conocido suyo (carta a John Murray, 24 de abril de 1835).

A partir de ese año, son numerosas las cartas en que se queja de su mala salud. A pesar de ello, María continuó revisando otros autores para John Murray. Es interesante, por ejemplo, leer su opinión sobre un diario de viaje de otra autora, la actriz Fanny Kemble. El 27 de mayo de 1835 ella dice:

> Y ahora permítame darle las gracias por el diario de Mrs. Butler [de Fanny Kemble]. *Muy* inteligente, muy romántico [,] *algunos excelentes sentimientos* pero, permítame que se lo diga [,] no tan *femenino* como me habría gustado –un poquito demasiado del tono de alguien viviendo principalmente con hombres– tras bambalinas [16] (the green-room) [,] en resumen (énfasis en el original).

Algunos días después, el 10 de junio, su crítica se torna más positiva:

---

[16] María Graham estaba haciendo alusión a la profesión de actriz de Fanny Kemble. La 'sala verde' era la habitación donde los actores esperaban su entrada durante una representación.

Aprovecharé esta oportunidad para decir que el diario de Mrs. Butler
me parece que mejora a medida que avanza [;] los aspectos objetables
aparecen con menor frecuencia y su crítica acerca de su propio arte y lo
que se relaciona con él son tan buenas que me gustaría verlas más expli-
cadas, [palabra tachada] separadas y aumentadas; ella es inteligente y,
más aún, una observadora sagaz [,] y dejando de lado las descripciones
emocionales hay rasgos a lo largo de su autobiografía que delatan una
mano fuerte y capaz. Eso sí que uno desearía ver un poco más refinamiento y *femineidad* (énfasis en el original).

Los escritores revelan mucho de sí mismos cuando critican a sus pares. A María le costó siempre reconocer el talento en otros, especialmente si ese otro era
una mujer y una artista como ella. Es comprensible que criticara las descripciones emotivas en el texto de Kemble[17], porque su propia voz narrativa generalmente es fría y distante, pero es sorprendente que ella lamente en forma
insistente la falta de rasgos femeninos en el estilo de Fanny Kemble, cuando su
propio estilo es notoriamente neutro, o "no femenino".

María escribió hasta el final de su vida, pero su última fase mostró marcados cambios de estilo; se tornó más sencilla y más familiar, especialmente con
respecto a la estructura de las frases y la elección de vocabulario. Su enfermedad y su estado de reclusión afectaron tanto su voz como los temas que eligió, aunque por otra parte le dieron los toques finales a su persona narrativa.
Como era de esperarse, su propia salud se convirtió en un punto de creciente
preocupación, y su débil estado la hizo más crítica de otros, quizá debido a su
propia incapacidad. Sin embargo, ella nunca dejó de creer en la importancia
de la educación, e incluso en su triste *Último Diario* menciona los colegios que
mantenía su amiga Caroline Fox, a los cuales, según Gotch, ella les "entregó
toda la ayuda que estaba en su poder" (285). Un aspecto más humano y más
agradable de su carácter aparece en sus opiniones sobre los beneficios del arte
y de la educación.

Me puedo imaginar una escuelita de pueblo donde, como Miss Austen
dice por ahí, se atormenta a los niños todo el día, abierta en las noches
para el arpista galés, el gaitero irlandés, o el jubiloso cantante inglés,

---

17 Hay pasajes terribles acerca de la esclavitud (especialmente un 'hospital' para esclavas enfer-
mas) en el diario de Fanny Kemble, pero no hay nada que indique que fueron estos pasajes los
que a María Graham le parecieron cargados de emoción.

para instruir, durante una o dos horas a personas adultas en sus agradables artes… Y si en un extremo de la sala hubiera un buen estante con libros para leer ahí mismo o para tomarlos prestados, habría menos hombres en la taberna, más mujeres tratando de verse bien y vestirse dignamente; más deseosas de que su casa y su fogón estén tan bien cuidados como los del colegio (287-288).

Las descripciones de la viajera ahora pasan de imágenes de un mundo real a otras de un mundo ideal, transformado por el arte y la educación. Lamentablemente, María no pudo dar forma a su visión, puesto que ahora entró en la fase final y más difícil de su vida.

La salud de María, que nunca fue robusta, empeoró poco después de su matrimonio realizado en febrero de 1827. Dos meses más tarde, pasado sólo un par de días en su viaje de luna de miel en Europa (el Continente), comenzó a escupir sangre al toser (Gotch, 256). Hay más señales del deterioro de su salud en una carta que escribió a John Murray desde Munich, el 20 de septiembre de 1827. Después de mencionar las capitales europeas y las colecciones que ya han visto, se queja del frío:

> Hemos encendido la chimenea y el termómetro frecuentemente marca temperaturas muy bajas, y yo misma estoy tosiendo como si fuera pleno invierno. Así es que sospecho que no nos quedaremos mucho tiempo entre las montañas sino que tomaremos un curso más directo hacia el sur, porque W. Callcott siente gran temor de que yo me pueda ver afectada por la severidad de este clima *tan riguroso*.

Poco tiempo después del regreso de su luna de miel, la salud de María fue empeorando constantemente; al principio no pudo dejar su casa, luego estuvo recluida en su habitación y, finalmente, debió permanecer en cama. Ella continuó escribiendo, pese a su mala salud, y entre otras publicaciones compuso un interesante tratado sobre Botánica al final de su vida, *A Scripture Herbal (Hierbas de la Biblia)* en 1842, el año de su muerte. La narradora de este libro es erudita como de costumbre, pero menos autoritaria que en los libros anteriores; hecho que marca un importante cambio estilístico en su obra: esta narradora se sitúa al mismo nivel que sus lectores e informa más que enseña. Hay otros factores que hacen esta obra atractiva: cada entrada alfabética va precedida de un dibujo de la planta que está describiendo, algunos copiados de otras obras y otros bosquejados por la propia María. Después del nombre común, ella proporciona la denominación de *Lineo* junto con los libros y capítulos de la Biblia donde se menciona la planta. Sus descripciones son rigurosas, y el estilo es más liviano, como el de una conversación, e incluso anecdótico. Esto hace que la lectura sea agradable e informativa, especialmente porque la escritora también registra los usos medicinales de cada hierba que describe.

En su Prefacio, María indica que el objetivo de su libro es "inducir a los que leen y aman la palabra escrita de Dios, a que lean y amen el gran libro no escrito que tiene abierto ante sí para que aprendamos" (iii). Esta obra, agrega, la ha mantenido ocupada y la ha consolado "durante los últimos tres años de su larga enfermedad incurable" (iv). Una narradora más suave, más apagada, es la que emerge de las páginas de *A Scripture Herbal*, su último libro publicado.

Los últimos años de una persona no tienen por qué ser necesariamente tristes, pero los de María sí lo fueron. Gradualmente quedó inválida y completamente dependiente de otros para sus necesidades más básicas. El *Último Diario*, no publicado, que ella escribió alrededor de esta época, agrega otra faceta a la imagen de la ya compleja persona narrativa que María Graham se construyó con tanto esfuerzo a través de toda su carrera de escritora. En estas páginas, por primera vez hay desaliento acompañado de dolor, arrepentimiento y lágrimas. Debido a su enfermedad, su estilo ya no fue cuidadosamente armado y la puntuación se tornó irregular. Peor aún, la narradora incluso se rebaja a chismorrear, una actividad que nunca había practicado antes, al menos en sus obras publicadas. La importancia de este último diario radica en el hecho que permite a sus lectores experimentar una relación más cercana con una persona narrativa que fue distante anteriormente y que revela por primera vez sus facetas humanas más imperfectas, aunque también su constante interés en las ciencias, en el arte, en la educación y en la gente.

El *Último Diario* registra el breve periodo entre el 21 de noviembre de 1840 y el tercer día de diciembre de ese mismo año, y no es difícil imaginar a un marido algo impaciente proveyendo a su mujer, postrada en cama, de lápiz y papel con el fin de que empiece un diario para distraerse (y tal vez deje de molestarlo). Los pasajes más notables en este pequeño cuaderno son los que tienen que ver con la muerte del primo de María, William Dundas[1], con acontecimientos públicos como el nacimiento de la princesa Victoria, las muestras de fervor religioso de la joven reina, aparte de detalles de su propia enfermedad. Este diario no mantiene una voz narrativa definida, tal vez porque es el único diario que María no comenzó por su propia voluntad, sino como respuesta a la insistencia de otra persona:

> El día que yo recibí el relato de Marianne[2] del nacimiento y la salud de la Princesa Real de Inglaterra, mi marido me expresó el deseo que yo anotara lo que oía y veía en un diario corto.

---

[1]   Hijo del tío que fue tan bondadoso con ella en Surrey. Véase Capítulo 1 p. 37.
[2]   Marianne Skerret, una amiga de María y dama de honor de la Reina Victoria (Gotch, 294).

8. *Las Casas Callcott en Kensington Gravel Pits. El último hogar de María.*

¡Cómo, yo, una mujer moribunda [,] encerrada en mi dormitorio que nunca dejaré! Pero él lo desea [,] y quizá tenga razón" (Introducción, s.p).

En general, el tono de toda la pieza es comprensiblemente sombrío, y las entradas y temas tratados con poco interés denotan una falta de propósito definido para el texto. Tal vez porque estaba dirigido a una sola persona –y no a un público más amplio, como había sido la costumbre de María– las entradas son escuetas, carentes de artificios o recursos narrativos, y el estilo resultante carece de valor. La importancia de este *Último Diario* está en que trae al primer plano las técnicas narrativas anteriores de María Graham, precisamente porque aquí están ausentes. Es posible que la escritora necesitara temas más interesantes para desarrollar sus habilidades literarias como, por ejemplo, países nuevos, grandes ciudades, conflictos políticos o diversos grupos de gente interactuando en sociedad. Una vez que queda recluida en su habitación debido a su enfermedad, su atención se vuelca en sí misma, en sus sentimientos e incluso en sus síntomas[3], tales como el ritmo de su pulso: "Vino el Dr. Chambers… dice que la rapidez de mi pulso (129) no tiene importancia, pero pareciera que lamenta que esté tan débil e irregular. ¿Querrá decir esto que estoy cerca de mi final?" (8).

A la diarista no parece haberle preocupado mucho su imagen cuando compuso este diario. Aparte de construir una persona que inspira lástima – especialmente cuando se compara con la imagen textual proyectada previamente– su puntuación se ve descuidada, como si hubiese trabajado de atrás para adelante, agregando la puntuación una vez redactado el párrafo. Esta característica del *Último Diario* hace algunos de los pasajes difíciles de seguir, e incluso hay algunas frases sin sentido. Otra indicación de que María puede haber pensado que su diario no iba a llegar al público es que no trata temas profundos, como en su obra anterior, sino más bien chismes y el perfil de la gente que viene a verla.

La intensa religiosidad que revela María en sus últimas obras, como por ejemplo en *A Scripture Herbal*, o sus constantes referencias a Dios en el *Último Diario*, son una novedad. Nunca pareció ser especialmente religiosa en sus escritos anteriores, y su conocimiento de las Escrituras parecía más una señal de su amplia cultura y no tanto de piedad. Puede ser que la conciencia de la muerte inminente la acercó a la fe. Ya el 2 de febrero de 1834 le había escrito a John Murray agradeciéndole el regalo de una biografía de Crabbe, pero su agradecimiento está comunicado en un tono de profunda tristeza:

> Sin duda, mi estimado señor [,] al regalarme estos excelentes pequeños volúmenes usted me ha ayudado a preparar mi mente para mi entierro, ya que estoy convencida de que el ejemplo de un cristiano debe servir de inspiración a otros. Yo estoy gozando de una moratoria a mi condena, que ignoro cuánto durará. Con toda seguridad estoy marcada para una muerte cercana.

Posteriormente ese mismo año, también en una carta dirigida a John Murray fechada el 22 de agosto, ella le dice, en broma, que apure su respuesta, ya que

---

[3] María Graham sufrió de tuberculosis desde muy temprana edad ("Reminiscencias", 86), enfermedad que provoca altas temperaturas, anemia y decaimiento. Si, además, su pulso era irregular, probablemente tenía alguna enfermedad al corazón: fibrilación auricular. Esto provoca un ritmo cardiaco irregular que viene acompañado de malestar, cansancio y posiblemente coágulos de sangre que producen ataques. Ésta puede haber sido la causa de su muerte en noviembre de 1842.

de otro modo, estará "ocupando un lecho helado en el nuevo Cementerio" (Kensal Green) si se demora.

Las personas frecuentemente abandonan sus ideales juveniles a medida que envejecen, por lo tanto el apoyo que en ese momento María brinda a la monarquía representada por la joven reina Victoria no se debe tomar como una traición a su ideología anterior[4]. Más bien, esta persona liberal que dio un vuelco hacia el conservantismo es un producto de la época en que le tocó vivir: una Romántica convertida en Victoriana. Sus cambiantes actitudes personales son un reflejo de los cambios que estaban ocurriendo a su alrededor en las artes y en la sociedad, los cuales ella adoptó.

Como ya se dijo, el *Último Diario* comienza con el relato de un nacimiento: el de la primogénita de la reina Victoria y del príncipe Alberto, y de una muerte: la de su primo William Dundas. Su primo había muerto repentinamente la semana anterior, y este triste acontecimiento despierta un fuerte sentido de fervor religioso en María, quien anota en su diario que este suceso es "¡una prueba más de que en el medio de la vida estamos con la muerte!"[5]. El resto de sus comentarios están entrelazados por expresiones como "la estadía terrenal", o "el Padre Celestial" (2), como sería lo correcto en una verdadera dama victoriana.

La próxima entrada es más alegre, ya que nos habla de campanas repicando para anunciar el nacimiento de la Princesa Real, y que ella y su esposo "le dieron a cada uno de los sirvientes un vaso de vino para beber a la salud de la Familia Real… Que Dios bendiga y conserve a la Gentil Madre y a su dulce Bebé y les dé sirvientes leales y afectuosos" (4). Más adelante agrega unos pocos chismes: "El Dr. Chambers a quien habían llamado –habló de la felicidad de la Duquesa de Kent a quien había visto recién– y de la estupidez de la gente que decía que la *R* [*sic*] nunca dio a luz. Son cuentos de pasillo de los Tories y de otros de malas intenciones" (8). Después hay pasajes en que María habla de las muchas visitas que vienen a su casa, algunos a verla, pero cuando los amigos artistas vienen a ver a su esposo ella se siente dejada de lado: "W. Redgrave[6] vino a tomar té, muy agradable y discreto –yo tenía mucho dolor de muelas pero la conversación era sobre arte– entre los hombres y de algún interés" (9). María está deprimida y se le hace difícil escuchar la conversación de gente que supuestamente no se preocupa de ella: "I. Webster y Richard Redgrave cena-

---

4   También apoyó al Emperador de Brasil por un periodo corto en 1824, pero dicha situación puede haber sido provocada por otras razones.

5   De los Ritos Funerarios del *Book of Common Prayer* (*Libro de oraciones* de la Iglesia Anglicana).

6   Richard Redgrave (1804-1888), artista y amigo de Augustus Callcott.

ron aquí [,] la conversación antes de comida fue sobre el arte; al subir nuevamente [,] arte – música – actuación – la neblina espesa" (13).

Esta situación se agravó unos pocos días después. Quizá el incidente más importante registrado en el diario es lo sucedido durante la visita de algunos artistas amigos de su esposo, y María da la idea de su situación actual en la vida: sin autoridad y silenciada contra su voluntad. En un recuento de los sucesos del día sábado 29 de noviembre de 1840 escribe:

> W. Allen[7] y J. Horsley[8] vinieron a cenar –hablaban de decorar con pinturas las Cámaras del Parlamento. Yo intervine [,] *fui desairada*– pido el autocontrol necesario para *nunca más* participar en conversaciones cuando haya artistas presentes o se esté conversando de arte (15) [Énfasis en el original].

Esta confesión registrada en el *Último Diario* constituye una sorpresa. De los diversos textos estudiados en la biografía, el *Diario de la India* había revelado una persona narrativa distante y por encima del texto y sus lectores, al igual que el diario publicado de Italia y una parte de los diarios de América del Sur. Esta narradora ilustrada, indiferente, pronta a juzgar todo lo que encuentra de interés –ya se trate de pueblos y culturas extranjeras, problemas morales, hitos históricos o características agrícolas– es autoritaria y segura de sí. En el *Diario Alemán* los juicios, generalmente negativos, proceden de una persona narrativa que parece ser muy versada en arte, historia del arte, y estética. Incluso, aunque la investigación demuestra que esta narradora tan dotada a veces puede haber estado representando un papel cuidadosamente construido por ella misma, la entrada recién citada es inesperada. El subrayado de las palabras "desaire" y "nunca" revela la intensidad de los sentimientos de María al ser rechazada por los artistas.

Al destacar estas palabras está expresando su profunda frustración ante esta situación sin precedentes en su vida adulta. Una mujer que en su juventud había conversado casi en igualdad de condiciones con representantes de la Ilustración escocesa, quien después había visitado países lejanos, había escrito exitosamente sobre sus viajes, y había conversado con Jefes de Estado y héroes nacionales,

---

[7] Probablemente Sir William Allan (1782-1850), pintor y Presidente de la Royal Scottish Academmy (Real Academia Escocesa). La National Potrait Gallery (Museo Nacional de Retratos) www.npg.org.uk (consultada el 23 de noviembre de 2006).

[8] John Callcott Horsley (1817-1903), pintor: www.npg.org.uk (consultada el 23 de noviembre de 2006). También sobrino de Augustus Wall Callcott.

ahora se encontraba impedida de expresar una opinión sobre arte, en su propia casa. Hasta este pasaje en su *Último Diario*, la persona narrativa de María Graham había parecido fuerte e invencible. Había logrado representarse a sí misma como por encima de los temas que trataba; como más erudita que su pares e incluso sus superiores, tales como Humboldt o Southey; como intachable en su moral y como juez de la moralidad de otros cuando estaba lejos de Inglaterra; como una observadora desapasionada y leal defensora de sus amigos y de sus personajes venerados, tales como Lord Cochrane o Lord Byron; y como heroína de su propia narración, como en el tercer *Diario de Brasil* y en su relato autobiográfico, "Reminiscencias". Esta persona superior era representada, además, en un léxico, gramática y puntuación cuidados. Todos estos rasgos se pierden en el *Último Diario*, y en esta etapa de su vida María Graham está, en realidad, registrando la desaparición de su antiguo ser.

La nueva persona que surge en el *Último Diario* pareciera ser la personificación de una dama victoriana piadosa que apoya la religiosidad y los valores familiares representados por la Monarquía. El martes 26 de noviembre de 1840 María cuenta una anécdota en una forma tal, que es difícil reconocer en ella a la "intrépida" mujer exploradora y aventurera de su último año en América del Sur.

Ellos[9] me relataron un hecho contado por el Dr. Locok ayer en la mañana. La Reina le dijo "Oh, Dr. Locok quisiera que me haga un favor". "¿Qué será, Su Majestad?". "Que mi esposo me pueda leer un poco". El Doctor vaciló – "Oh, dijo ella – si no es correcto, no lo deseo. Tráteme como lo haría con cualquier otra mujer" – "¡Bueno entonces, Su Majestad, no puede hacerle mal que él le lea un poquito, siempre que sea algo que no la altere!". "No Doctor, es sólo que desde que estamos casados hemos hecho un hábito el leer un capítulo de la Biblia juntos todos los días, y sería un gran placer poder volver a hacerlo ahora". ¡El Doctor no se opuso! Al contrario, se emocionó –y quién no lo estaría ante este dulce cuadro de una joven y dulce reina y su joven esposo dedicando a Dios parte de cada día *juntos*– en este primer año de su feliz matrimonio"(10) [Énfasis en en original].

María pasó sus últimos meses en su habitación, pero rara vez sola. Aparte de artistas, familiares y amigos, al parecer, ella también gozaba cuando estaba

---

[9]   La ortografía original y signos de puntuación (y ausencia de ellos) han sido conservados.

acompañada por niños. El 28 de noviembre, por ejemplo, anota: "Le pedí a Watson, el jardinero, que trajera a sus dos niños, para que jugaran en mi pieza: son encantadores – ambos inteligentes y el mayor demasiado delicado: les di naranjas y [*ilegible*] en honor a la Princesa Real" (13). Si William Hutchins Callcott tiene razón y María estaba dictando sus "Reminiscencias" al mismo tiempo que escribía este diario, su estado de ánimo debe haber sido más bien sombrío. Sin embargo, esta apreciación se contradice con los hechos. El interés de María por la gente y sus cualidades personales la hizo una persona amable y querida para los parientes de su esposo, y todo indica que ella también los quería.

La autora de su primera biografía, Rosamund Brunel Gotch, relata que María quería mucho y mostraba una inmensa paciencia con dos sobrinas nietas de su esposo, Fanny y Sophy Horsley (300). Como prueba de la generosidad de la escritora, menciona un librito hecho a mano llamado *The Romancer* (*El Romancero*), compilado por Fanny y compuesto de ilustraciones y textos, realizado para "ayudar a organizar y mantener colegios de Kensington Gravel Pits para los niños más pobres". Las niñas le cobraban un chelín a quien quisiera leerlo (*Ibíd.*). Aparentemente María era su contribuyente más importante y escribió varias piezas para que las niñas las incluyeran en su libro. De estas piezas, Rosamund Brunel Gotch escogió el siguiente poema para terminar su propia biografía de María. Describe su cuarto de los libros, habitación que después se convirtió en su último dormitorio, y aun cuando no es un gran poema, al menos muestra otra faceta de esta talentosa mujer de letras.

Inventario

Un viejo escritorio – un sillón de brazos
de antigua forma y raro estilo
otro de corte más moderno,
arrimado a una mesa giratoria.

Tres mesas de tres formas distintas,
tres asientos, tan rellenos que se buscan como premios
por aquellos que llegan con pies cansados
a mirar qué cuelga del perchero.

Hacia la derecha, hacia la izquierda – por detrás y por delante,
sobre la chimenea, sobre la puerta.
no hay rincón perdido – por aquí una joya

o un cuadro – allá un grabado, acá un memento
de los tres, hay dos sin terminar.

Santos de recatados rostros dorados
traídos de Pisa - hace más de veinte años.
una lámpara de pie y otra de colgar,
dos floreros de mármol, y entre ellos
una copa de la India,
en la que tomábamos mate[10]
con unas delgadas bombillas – luego floreros Wedgwood
donde poner flores – cajas de cartas,
y canastos, cajas, cajones todos repletos,
luego libros y libreros todos apretados,
cerca de los rincones, que contienen
más lenguas que jamás contó Babel
y también hay un gran perro blanco llamado Lillo,
que del pie de su amo hace su almohada;
un gato negro, de líneas elegantes, maúlla y ronronea,
y con su cibelina avergüenza nuestras pieles.

Una chimenea adornada con símbolos romanos,
con dos cabezas de querubines
en cada lado – y justo delante de ellas
hay una mesa muy compuesta.
Más allá, un arco sostiene el cielo;
en cada lado con mucha gracia
cuelgan dos coronas talladas, un sombrero de Surzana[11],
el molde de una gema, y sobre éste,
hay siemprevivas, para denotar
cuán larga puede ser la vida.

Pero aquí nuestro libro debe llegar a un fin,
Así es que "Adiós, querido amigo lector".
(en Gotch, 301-302)

[10]   Una bebida que ella conoció en Chile.
[11]   Un pueblo antiguo en el norte de Italia.

El 21 de noviembre de 1842 María Graham, Lady Callcott, falleció a la edad de cincuenta y siete años. En su certificado de defunción figura "tuberculosis" como la causa de su muerte, aun cuando es muy probable que su grave enfermedad al corazón haya sido la causa inmediata. Fue sepultada dos días más tarde en el cementerio de Kensal Green. En "Ocupación", su certificado de defunción registra: "Esposa de Augustus Callcott", pero podemos estar seguros de que María hubiera preferido que dijera "Escritora". Mas esto no fue el final, porque algunos de sus conocidos no la perdonaron, incluso hasta después de su partida.

Cuando casi justo dos años después murió Augustus Wall Callcott, su muerte fue mucho más lamentada que la de su esposa, a juzgar por la referencia a ambos que hace Harriet Martineau en su *Autobiografía*. Aun cuando es sabido que Miss Martineau era famosa por emitir sus opiniones en un lenguaje muy duro, su desprecio por María, expresado en oposición a su admiración por su esposo en su *Autobiografía*, parece exagerado e injusto:

> Por lo pronto, creo que nunca he conocido un compañero de salón más digno, sencillo y encantador que Sir Augustus Callcott. La ternura de su corazón se traslucía en esa devoción a su esposa que le costó su salud y su vida. Ella (la María Graham de la India y América del Sur, durante las hazañas que realizó allí Lord Dundonald) era una mujer inteligente a su manera, de un temple indomable a través de años de inexorable consunción: pero cuando una escuchaba sus chismes y habladurías no podía, por mucha indulgencia que se tuviera a su estado de invalidez y reclusión, contrastada con su actividad anterior, dejar de lamentar que su esposo, muy superior a ella, se hundiera prematuramente en la tristeza y la enfermedad por atenderla tan de cerca a través de años de estar encerrado con ella en piezas calurosas y velar por ella en las noches. Una esposa de mayor calidad humana no habría permitido esto, y un marido de menor calidad, no lo habría hecho[12] (273).

La causa de muerte de Augustus Callcott consignada en su certificado de defunción es "hidropesía", un término vago que puede sugerir varios síntomas y

---

[12] Sir Augustus Wall Callcott murió dos años después, y casi el mismo día que su esposa, a la edad de sesenta y un años. Fue enterrado en Kensal Green. El certificado de defunción de María Graham no señala la hora de su deceso, pero menciona una tal Amelia Hannibal en el lugar de la hora, quien probablemente era su doncella. El certificado de Augustus Callcott certifica la hora, 1:00 am, y la presencia de Charles Wisby (¿su doctor, quizá?) lo que hace pensar en una emergencia. La causa dada es "hidropesía" (edema), que tiene varias causas y está relacionada con presión alta y falla renal.

causas, pero definitivamente no la devoción y cuidado de su mujer enferma. El párrafo anterior se puede interpretar mejor como la pena de Harriet Martineau por la pérdida de un amigo, y la oportunidad para ventilar su resentimiento hacia su esposa, a quien despreciaba.

No cabe duda que María Graham, esta controvertida y prolífica autora, podía despertar antagonismos en otros desde muy temprana edad. Incluso cuando niña fue castigada por negarse a pedir disculpas a su profesora y, más tarde, en el viaje a la India, tuvo que soportar la enemistad de todos los oficiales, incluso el del capitán del *Cornelia*. Más tarde, en América del Sur, tal vez no fue bien acogida debido a su comportamiento tan poco convencional, incluso sus libros no fueron apreciados en algunos sectores. En su diario de 1828 Lord Holland escribe sobre María Graham: "No he leído sus obras, pero creo que son poco femeninas e injuriosas" (Gotch, 269n).

María fue una luchadora. Su triste niñez fácilmente podría haberla convertido en una creatura apesadumbrada, más cerca del ideal femenino (no sólo Victoriano) que debía tolerar en silencio el sufrimiento. En cambio ella eligió brillar sobre los demás por la fuerza de su cultura e intelecto, y esto no se lo perdonaron. Es natural suponer que debe haber buscado ser amada a causa de la falta de afecto que sufrió de niña; sin embargo, le bastaba con sentir la admiración de los demás, y aunque no la gozó totalmente mientras vivía, está comenzando a disfrutarla ahora.

Capítulo 12
Epílogo

Al mediodía del cuarto día de septiembre del año 2008 se llevó a cabo una solemne ceremonia en la tumba de María, Lady Callcott, y su esposo, Sir Augustus Callcott, en el cementerio de Kensal Green en el norte de Londres. De ahora en adelante habrá una placa en la losa restaurada que marca el lugar de descanso de ambos, gracias a los esfuerzos conjuntos de los Amigos de Kensal Green y la Embajada de Chile. María ha comenzado a ser recordada como siempre lo deseó: con respeto.

María Graham fue testigo, y dejó constancia, de acontecimientos trascendentes que ocurrieron a comienzos del siglo xix, y de manifestaciones culturales en tierras lejanas. Ella entregó su propia visión de los pueblos, prácticas, instituciones y costumbres extranjeras, y con la fuerza de su discurso ensalzó o destruyó la imagen de personalidades famosas. Su naturaleza apasionada a veces la llevó a exagerar algunas situaciones –hecho que en ocasiones hizo poner sus afirmaciones en tela de juicio– sin embargo, es innegable que sin su testimonio las reservas de información acerca de los países que visitó habrían sido más exiguas. Contribuyó al proceso de formación de la identidad en países nuevos, al mismo tiempo que hizo que los países antiguos se vieran a sí mismos desde un nuevo ángulo. Ella les mostró a sus connacionales la riqueza de sus nuevas posesiones y describió para el resto al Imperio Británico en términos de una misión ética.

Para poder ser escuchada María tuvo que crear una persona literaria fuerte que controlara sus textos y, en esto, tuvo éxito. Su "segunda" identidad, que naturalmente evolucionó a partir de su vida de escritora, mantuvo un núcleo de cualidades estables que le dieron estructura a su obra. La convicción de su propia superioridad sobre aquellos a quienes observaba se mantuvo permanente. Si bien a veces se vio abrumada, como en la ocasión que visitó el templo de Elephanta, este sobrecogimiento le duró poco tiempo, y pronto volvió a ser la observadora altanera de siempre. Otras constantes fueron sus despliegues de erudición y sus esfuerzos por deslumbrar a sus lectores con su dominio de vocabulario especializado y conocimientos respecto de los clásicos en las artes visuales, teatro, poesía o composiciones musicales. Su desapego, su postura

9. *María, la tumba de Lady Callcott en el cementerio de Kensal Green, "Antes y después". Fotografías de Barry Smith (Antes y después).*

248

liberal y sus acotaciones irónicas, también son una marcada característica de su persona textual que es, además, incansable e inquisitiva. La postura de María con respecto a sus narraciones y a sus lectores es notable, porque ella tuvo que lidiar con las restricciones intelectuales y sociales impuestas a su género, ignorándolas abiertamente y colocando su persona mucho más arriba de estas limitaciones (con el poder de su personalidad y su intelecto), las que logró anular en sus textos. No obstante, su defensa de altas normas morales a veces no coincidía con su propio comportamiento ante los ojos de la sociedad, y su último intento por adaptarse –su segundo matrimonio– no la protegió de la censura y la aversión en algunos círculos.

María compuso una cantidad enorme y variada de escritos, pese a los muchos inconvenientes que actuaban en su contra, tales como su género, su estatus social poco definido, su frágil salud, su falta de dinero, y el rechazo que provocaba en otras personas. Se sobrepuso a las restricciones de género ignorándolas; marcó su estatus vinculándose principalmente con miembros de la clase superior e intelectuales (sólo basta recordar que sus diarios, memorias y cartas se refieren principalmente a gente importante); su estado de salud, cuando lo menciona en sus textos, le daba una excusa para promoverse como una heroína propia del Romanticismo; estaba dispuesta a vender sus posesiones cuando no tenía dinero; y luchó contra la hostilidad manifestada en su contra con palabras mordaces que minaban a sus oponentes y posiblemente ocultaban sus verdaderas motivaciones.

La formación de su persona textual comenzó con su nombre: ¿Mary o María? A veces ocurre que el cuentista se hace más grande que su cuento, y ya sea deliberadamente o por casualidad, es lo que parece haber ocurrido en esta ocasión. Ella tenía muchísimo que decir, y puede ser que haya concebido su texto como una representación ante un público. Su preocupación por su imagen de protagonista la debe haber inducido a modificar su propio nombre del corriente "Mary" a uno más exótico, o quizá más literario como "María".

El 15 de marzo de 1829 confesó en su diario[1]: "Es muy probable que pierda mi herencia por llamarme *María* en vez de *Mary*, nombre que recibí cuando me bautizaron. Este comentario al pasar sugiere que fue ella la que cambió su nombre, posiblemente alrededor de 1812, antes de la publicación de su primer libro, el diario de viaje *Diario de una residencia en la India*, cuya autora lleva el nombre *María* Graham, y la despreocupación con que se refiere a la situación demuestra que tenía menos interés en los asuntos de dinero que en su persona pública. (La

---

[1]   María Callcott, extractos de los diarios de Lady Callcott por W.H. Callcott, 22.

herencia a que se refiere aquí es el dinero que heredó a la muerte de su padre, en 1814)[2]. Los libros que había escrito, y que tenía la intención de seguir escribiendo en el futuro eran de alto nivel intelectual, y ella debe haber pensado que el nombre de la autora debía estar a la par con el contenido de la publicación.

Los temas de María Graham fueron el ancho mundo, dondequiera que estuviera, así como las religiones antiguas y nuevas, las tradiciones religiosas, las instituciones, y las creencias; también habló de política y de la fuerza provechosa del saber. Ella se mostró a favor o criticó el colonialismo, dependiendo si éste era practicado por ingleses o por otros países menos ilustrados; se interesó en la literatura, la música, la pintura antigua y moderna del mundo, en los idiomas y la filosofía. Su persona narrativa, una construcción que fue evolucionando a la par con su propia maduración como ser humano y con las necesidades del texto, era autorreferente solamente en el sentido de que era su persona quien dirigía el curso de la narración. Sus estados de ánimo se mencionaban sólo cuando eran necesarios para la narración. Su voz, por lo general indiferente, a veces podía ser elogiosa, autoritaria, irónica o apasionadamente condenatoria, pero por lo general controlada, salvo en el *Último Diario*, donde María no vio la necesidad de controlar su voz ni la estructura de sus ideas, ya que en esta época ya no tenía audiencia. Considerar a los lectores como la audiencia de una representación parece razonable cuando se recapitula la obra de esta autora, ya que hay un elemento de teatralidad en su narrativa. Está, por ejemplo, la descripción escénica de su llegada al puerto de Valparaíso en 1822, o la entrada de Lord Thomas Cochrane en su *Diario de Chile* como la del actor principal en una obra de teatro. Partiendo de la magnificencia de la corte imperial de Brasil, ella se desliza hacia los elementos absurdos como el besamanos al Emperador; sobre todo, la escena dramática que relata la separación definitiva de su madre, acompañada de lluvia, truenos y lágrimas, cabría perfectamente en una obra de teatro.

Los elementos que dan cohesión a la obra de María Graham son el tratamiento poco convencional que da a muchos temas controvertidos, la poderosa persona narrativa que domina el texto, el estilo cuidadosamente construido, y la riqueza de su lenguaje que se presta para varias interpretaciones. Con todo lo anterior ella abrió a sus contemporáneos ventanas a mundos lejanos y dejó para la posteridad valiosas impresiones de tiempos, personajes y hechos fascinantes.

---

[2] (La puntuación, lo destacado y la ortografía han sido conservados). Rosamund Brunel Gotch cita una carta sobre el tema escrita por Anne, Lady Romilly, a María Edgeworth del 13 de febrero de 1815: "Ella [María] está escribiendo de nuevo, siento decirlo sobre la mitología pagana [*Cartas acerca de la India*]; uno no puede leerlo. Recibió cinco mil libras tras la muerte de su padre, además, cien al año, así es que ellos [María y su esposo, Thomas Graham], estarán muy cómodos en asuntos de dinero" (154).

Agradecimientos

Deseo agradecer a las siguientes personas e instituciones sin cuya ayuda no habría sido posible realizar esta biografía literaria: a Virginia Murray, por sus valiosas ideas y aliento; a la profesora Jacqueline Labbe, por su orientación y apoyo; a Barry Smith por proporcionarme material de inestimable valor para la investigación; a Thomas Blomberg por su generosa información sobre la ley de derechos de autor; a José Miguel Barros por haber leído la disertación original y entregarme importantes ideas; al personal de la Bodleian Library (Biblioteca Bodleian), en especial a quienes trabajan en la Biblioteca Duke Humfreys por su ayuda, paciencia y apoyo en mi búsqueda de manuscritos originales de María Graham; al personal de la British Library (Biblioteca Británica) por proporcionarme una completa información sobre mi tema; a Paul Stewart, Director de la Corvey Collection en la Universidad de Sheffield-Hallam, por facilitarme una copia del libro de María Graham *Letters on India (Cartas acerca de la India)*; a Thimothy Davies, bibliotecario del Courtauld Institute of Art (Instituto Courtauld), quien me permitió leer los diarios italianos de Augustus Wall Callcott en un ambiente agradable y tranquilo; a María Ángela Leal, Curadora Asistente de la Biblioteca Oliveira Lima de la Catholic University of America (Universidad Católica de América) en Washington, D.C., por autorizarme a citar las notas de María Graham encontradas en su propia copia del *Journal of a Voyage to Brazil (Diario de un viaje a Brasil)*; a la Armada de Chile por su valiosa ayuda en dilucidar si se puede ver la cordillera de los Andes desde el mar. Mis especiales agradecimientos van a mi editora, Diane Huskinson y a todas las personas de Cambria Press que tomaron parte en la producción de este libro por su comprensión, dedicación y profesionalismo, y a todos los amigos y conocidos que me animaron y ayudaron con sugerencias a lo largo del camino.

Coventry, Inglaterra Octubre, 2008
Santiago de Chile, Septiembre 2011
Junio 2010

1785 Mary Dundas nace en Papcastle, Cumberland

1793 Mary es llevada a casa de su tío en Richmond, más tarde es enviada al colegio en Oxfordshire, y luego donde parientes en Escocia.

1808 María viaja a la India con su padre. En el viaje conoce a Thomas Graham.

1809 El 9 de diciembre se casa con Thomas Graham en la India.

1811 Regresa a Inglaterra con su esposo.

1812 Se publica *Journal of a Residence in India* (*Diario de una residencia en la India*)

1814 Se publica *Letters on India* (*Cartas acerca de la India*).

1819 Viaja a Roma con su esposo y el artista Charles Eastlake.

1820 Publica *Three Months Passed in the Mountains of East of Rome* (*Tres meses en las montañas al este de Roma*).

1821 Viaja a América del Sur en el buque HMS *Doris,* cuyo Capitán era su esposo. Llegan a Pernambuco el 21 de septiembre.

1822 El 1º de marzo zarpa hacia Valparaíso, Chile. El 8 de abril el capitán Graham muere a bordo cuando el buque estaba frente al Cabo de Hornos.

El 28 de abril María Graham llega a Valparaíso, donde posteriormente se encuentra con Lord Thomas Cochrane (Lady Cochrane acababa de partir de vuelta hacia a Inglaterra).

12 de octubre Pedro I es proclamado Emperador de Brasil y coronado el 1º de diciembre.

1824 Publica en Londres sus dos diarios sudamericanos: *Journal of a Residence in Chile* (*Diario de mi residencia en Chile*) y *Journal of a Voyage to Brazil.* (*Diario de un viaje a Brasil*). Viaja de regreso a Brasil en agosto, desembarca en Pernambuco para ayudar a Lord Cochrane en el sitio de la ciudad (Lady Cochrane una vez más había regresado a Inglaterra).

El 17 de septiembre ya está instalada en el Palacio de la capital.

El 10 de octubre María Graham ha sido despedida violentamente de su cargo y expulsada del palacio (no se conoce la fecha exacta).

1825 En septiembre llega de vuelta a Inglaterra.

1827 El 20 de febrero se casa con el artista Augustus W. Callcott.
1828 El 15 de mayo comienza un viaje a Alemania e Italia que dura hasta junio.
1835 Publica *Little Arthur's History of England* (*Historia de Inglaterra de Arturito*).
1842 21 de noviembre, María Graham muere en su hogar en Kensington.

Bibliografía

Manuscritos

Calcott, Augustus Wall. Collection of Papers of Sir Augustus Wall
Callcott. The Courtauld Institute of Art. GB 1518/AWC.

Callcott, María. Account of German and Italian tour. Escrito en 1827–
Lista de cuadros en la Galería de Munchen. Bodleian Library, Oxford. Eng. d.
2280.

———. Essays Towards the History of Painting. Londres: Edward Moxon,
1836. Bodleian Library, Oxford. Eng. 2430.

———. Journal, ms. 1816. Bodleian Library, Oxford. Eng. b. 2020.

———. Journal, ms. Brazilian Journal. Bodleian Library, Oxford. Eng.
c. 2730. [copia mecanografiada del facsímil en la British Library y de un original en la Biblioteca Nacional de Río de Janeiro, 1834–35. (Citada en el texto
como Brasil 3).

———. Journal, ms. Extractos de los diarios de Lady Callcott hechos por W. H.
Callcott. Bodleian Library, Oxford. Eng. d. 2274.

———. Journal, ms. India Diary. Copia del diario de Lady Callcott's j(1808–
1809, 1811). Bodleian Library, Oxford. Eng. d. 2273.

———. Journal, ms. 'Last Journal'. Bodleian Library, Oxford. Eng.
d. 2281.

———. 'Reminiscences', ms. Copia mecanografiada (dictada a C. Fox). Bodleian Library, Oxford. Eng. d. 2282

Edwardes, Annie. Letters, ms. Letter to John Murray. 4 Nov. 1856. The John
Murray Archive. National Library of Scotland, Edinburgh.

Gotch, Rosamund B. Cuadernos con sus notas para sus libros. Bodleian Library, Oxford. Eng. d. 2072. 268 MARÍA GRAHAM

Graham, María. Diario, ms. 'Chile and Peru'. 2 Junio 1822. Colección particular, Santiago de Chile.

———. Cartas, ms. Cartas escritas por María Graham, después Lady Callcott,
a John Murray (Febrero 1815 - Febrero 1836). The John Murray Archive, National Library of Scotland, Edinburgh.

————. Transcripción de las notas de María Graham. ms. Notas entre las páginas de la copia de la autora de su *Journal of a Voyage to Brazil*. The Oliveira Lima Library, Catholic University of America, Washington, DC.

Fuentes originales

Graham, María. *Diario de mi residencia en Chile en 1822*. Traducción e Introducción, José Valenzuela Dooner. Santiago de Chile: n.p., 1902. nva. impres. Editorial del Pacífico, 1992.

————. Journal of a Residence in Chile During the Year 1822 and a Voyage *from Chile to Brazil in 1823*. Intro. A. Curtis Wilgus. Nueva York, Praeger, 1969.

————. *Journal of a Residence in India*. Edimburgo, 1812. Facs. edn. Nueva Delhi, Asian Education Services, 2000.

————. Journal of a Voyage to Brazil and Residence There During Part *of the Years 1821, 1822, 1823*. Introd. A. Curtis Wilgus. Nueva York, Praeger, 1969.

————. *Letters on India*. Londres, Longman, Hurst, Rees, Orme, and Brown, 1814. Facs. edn. Text-fi che. Corvey Collection. Sheffi eld Hallam University.

————. *Memoirs of the Life of Nicholas Poussin*. Londres, Longman, 1820.

————. *A Short History of Spain*. 2 vols. 2ª ed. Londres, John Murray, 1834.

————. Three Months Passed in the Mountains East of Rome During *the Year 1819*. Londres, Longman, Hurst, Rees, 1820.

Fuentes secundarias

Baldick, Chris. Concise Oxford Dictionary of Literary Terms. 2ª ed. Oxford, Oxford University Press, 2004.

Beckett, Andy. *Pinochet in Piccadilly*. Londres, Faber and Faber, 2002.

Blackstone, Bernard. *The Consecrated Urn: An Interpretation of Keats in Terms of Growth and Form*. Londres: Longmans Green, 1959.

Bohls, Elizabeth, and Ian Duncan, eds. *Travel Writing 1700–1830: An Anthology*. Oxford, Oxford University Press, 2005.

Booth, Wayne C. 'Types of Narration'. *Narratology: An Introduction*. Ed. José Angel García Landa and Susana Onega. Londres: Longman, 1996.

Botkin, Frances R. 'Questioning the "Necessary Order of Things": Maria Edgeworth's "The Grateful Negro", Plantation Slavery and the Abolition of the Slave Trade'. Carey *et al*.

Bruhm, Steven. *Gothic Bodies: The Politics of Pain in Romantic Fiction*. Filadelfia, University of Pennsylvania Press, 1994.

Burke, Edmund. *A Philosophical Enquiry into the Origin of Our Ideas of the Sublime and the Beautiful*. [1757]. Oxford, Oxford University Press, 1990. nva. impres. 1998.

Burke, Peter. 'Scratcher and the cheese man'. Rev. of *Empire Adrift: The Portuguese Court in Río de Janeiro, 1808–1821, by Patrick Wilken. Times Literary Supplement* 14 Jan. 2005: 25.

Byron, George Gordon, Lord. 'To Mrs Maria Graham'. Ravenna. 2 July 1819. Marchand. 172–173.

Caballero, María Soledad. "For the Honour of Our Country: Maria Dundas Graham and the Romance of Benign Domination". *Studies in Travel Writing* 9 (2005): 111–131.

Caldcleugh, Alexander. *Travels in South America During the Years 1819-20-21*. 2 vols. Londres, John Murray, 1825. 347–373.

Calderón de la Barca, Frances. *Life in Mexico*. 1843. Londres, J. M. Dent & Sons, 1927. nva. impres. 1970.

Carey, Brycchan, *et al.*, eds. *Discourses of Slavery and Abolition: Britain and Its Colonies, 1760–1838*. Basingstoke, Palgrave Macmillan, 2004.

Coleman, Deirdre, ed. *Maiden Voyages and Infant Colonies: Two Women's Travel Narratives of the 1790s*. Londres, Leicester University Press, 1999.

Comer, Denise K. '"White Child is Good, Black Child His [or Her] Slave": Women, Children and Empire in Early Nineteenth Century India'. *European Romantic Review* 16.1 (2005): 39–58.

Costello, Leo. 'Turner's *The Slave Ship* (1840): Towards a Dialectical History of Painting'. Carey *et al.*

Cox, Isaac J., *et al. Argentina, Brazil and Chile Since Independence*. 3 vols. Washington, DC: George Washington University Press, 1935.

Dalrymple, William, ed. *Begums, Thugs & White Mughals: The Journals of Fanny Parkes* [1850]. Londres, Sickle Moon Books, 2000.

Dickens, Charles. *David Copperfield*. 1850. Londres, Penguin Classics, 1996. ed. rev. Rev. ed. 2004.

Eastlake, Charles. 'Letter from Charles Eastlake to Lord Byron'. Letter 531 in English Literature of the 19th and 20th Centuries. Maggs Br Catalogue, item n. 4. Londres, s.p., 1930. 57.

Eden, Emily. *Up the Country: Letters Written to Her Sister from the Upper Provinces of India*. 1866. Londres, Virago, 1984.

Elliott, J. H. 'Contrasting Empires'. *History Today* 56.8 (Aug. 2006): 12–19.

Edinburgh Review 35.69 (Mar. 1821): 140–157.

'Editorial'. *Representative*. Londres, 25 Jan. 1826: 2.

———. *Representative*. Londres, 24 June 1826: 518.

Fay, Eliza. *Original Letters from India: 1779–1815*. Introducción y notas E. M. Forster. 1817. Londres, Hogarth Press, 1925. Rpt., nueva introd. M. M. Kaye, 1986.

Figueroa, Luis Andrés. 'Prólogo'. *Breviario de Mary Graham y su diario de residencia en Chile*. Colección Breviarios del Valparaíso Regional. Universidad de Valparaíso-Editorial, 2004.

Foster, Shirley, y Sara Mills, eds. *An Anthology of Women's Travel Writing*. Manchester, Manchester University Press, 2002.

Foucault, Michel. *The Archaeology of Knowledge*. Londres, Routledge, 2002.

Friedman, Susan S. 'Women's Autobiographical Selves: Theory and *Practice*'. *The Private Self: Theory and Practice of Women's Autobiographical Writings*. Ed. Shari Benstock. Chapel Hill, University of North Carolina Press, 1988.

Ghose, Indira. *Women Travellers in Colonial India: The Power of the Female Gaze*. Delhi, Oxford University Press, 1998. nva. impres. 1999.

——— , ed. *Memsahibs Abroad: Writings by Women Travellers in Nineteenth-Century India*. Delhi, Oxford University Press, 1998.

Gotch, Rosamund Brunel. *Maria, Lady Callcott: The Creator of 'Little Arthur'*. Londres, John Murray, 1937.

Hahner, June E. *Women Through Women's Eyes: Latin American Women in Nineteenth Century Travel Accounts*. Wilmington, DE: Scholarly Resources, 1998.

Haig, Samuel. *Viaje a Chile en la época de la Independencia: Viajeros en Chile: 1817–1847*. Santiago de Chile: Editorial del Pacífico, sin fecha.

Hall, Basil. *Extracts from a Journal Written on the Coasts of Chili, Peru, and Mexico, in the Years 1820, 1821, 1822*. 4th ed. Edimburgo, Constable, 1825.

Harvey, Robert. *Cochrane: The Life and Exploits of a Fighting Captain*. Londres, Constable and Robinson, 2000.

Hayward, Jennifer, ed. Maria Graham. *Journal of a Residence in Chile During the Year 1822 and a Voyage from Chile to Brazil in 1823*. Charlottesville: University of Virginia Press, 2003.

Herman, Vimala. 'Subject Construction as Stylistic Strategy in Gerard Manley Hopkins'. *Language, Discourse and Literature: An Introductory Reader in Discourse Stylistics*. Ed. Ronald Carter and Paul Simpson. Londres: Unwin Hyman, 1989.

[Hibbert, George]. *Narrative of a Journey from Santiago de Chile to Buenos Ayres in July and August 1821*. Londres, impreso privadamente por John Murray, Londres, 1824.

Hobhouse, John Cam. *Recollections of a Long Life*. Ed. Lady Dorchester. Vol. 1. Londres, John Murray, 1910.

Kaiser, Gloria. *Dona Leopoldina: The Habsburg Empress of Brazil*. Traducción de Lowell A. Bangerter. Epílogo Ernestine Schlant. Riverside, CA: Ariadne Press, 1998.

Koebel, W. H. *British Exploits in South America: A History of British Activities in Exploration, Military Adventure, Diplomacy, Science, and Trade, in Latin-America*. Nueva York, The Century Co., 1917.

Kolbl-Ebert, Martina. 'Observing Orogeny: Maria Graham's Account of the Earthquake in Chile in 1822'. *Episodes: Journal of International Geoscience* 22.1 (Mar. 1999): 36–40.

Lanser, Susan. *Fictions of Authority: Women Writers and Narrative Voice*. Ithaca, Cornell University Press, 1992.

Leask, Nigel. *Curiosity and the Aesthetics of Travel Writing 1770–1840*. Nueva York, Oxford University Press, 2002.

———. 'Francis Wilford and the Colonial Construction of Hindu Geography, 1799–1822'. *Romantic Geographies: Discourses of Travel 1775–1844*. Ed. Amanda Gilroy. Manchester, Manchester University Press, 2000.

———. 'Mythology'. *An Oxford Companion to the Romantic Age: British Culture 1776–1832*. Ed. Iain McCalman, *et al.* Nueva York, Oxford University Press, 1999.

Levine, Robert M. *The History of Brazil*. Westport, CT., Greenwood Press, 1999.

Mani, Lata. *Contentious Traditions: The Debate on* Sati *in Colonial. India*. Berkeley, University of California Press, 1998.

Marchand, Leslie A., ed. *The Flesh is Frail: Byron's Letters and Journals*. Vol. 6, 1818-1819. Londres, John Murray, 1976.

Mavor, Elizabeth, ed. *The Captain's Wife: The South American Journals of Maria Graham*. Londres, Weidenfeld and Nicolson, 1993.

Mills, Sara. *Discourse*. Londres, Routledge, 1997.

———. *Discourses of Difference: An Anlysis of Women's Travel Writing and Colonialism*. Londres, Routledge, 1991. Rpt. 1993–2003.

———. *Feminist Stylistics*. Londres, Routledge, 1995.

Nicholson, Andrew, ed. *The Letters of John Murray to Lord Byron*. Liverpool, Liverpool University Press, 2007.

O'Neil, Patrick. *Fictions of Discourse: Reading Narrative Theory*. Toronto: University of Toronto Press, 1994.

Opazo Maturana, Gustavo. 'Lady Cochrane en Chile'. *Boletín de la Academia Chilena de la Historia* 10.25 (1943): 9–17.

Pérez-Mejía, Ángela. *La geografía de los tiempos difíciles: escritura de viajes a Sur América durante los procesos de independencia 1780-1849*. Medellín, Colombia: Editorial Universidad de Antioquia, 2002.

Peterson, Linda H. 'Becoming an Author: Mary Robinson's Memoirs and the Origins of the Woman Artist's Autobiography'. *Re-Visioning Romanticism: British Women Writers, 1776–1837*. Ed. Carol Shiner and Joel Haefner. Philadelphia: University of Pennsylvania Press, 1994.

'Plagiarism'. *Representative*. Londres, 13 June 1826: 445.

Poeppig, Eduard. Un testigo en la alborada de Chile: 1826-1829 Trans. Carlos Keller de la version alemana, *Reise in Chile, Peru und auf dem Amazonenstrome während die jahre 1827–32*. Santiago de Chile, Zig-Zag, 1954.

Pratt, Mary Louise. *Imperial Eyes: Travel Writing and Transculturation*. Londres: Routledge, 1992. Rpt. 2003.

Quarterly Review 8.16 (Dec. 1812): 406-421.

Quarterly Review 30.60 (Jan. 1824): 441-472.

Rajan, Balachandra. 'Feminizing the Feminine: Early Women Writers on India'. *Under Western Eyes: India from Milton to Macaulay*. Durham, NC: Duke University Press, 1999.

[Rauschemberger, William]. *Three Years in the Pacifi c Including Notices of Brazil, Chile, Bolivia, and Peru, by an Officer of the United States Navy*. Filadelfia, Carey, Lea and Blanchard, 1834.

Said, Edward. *Culture and Imperialism*. 1993. Londres, Vintage, 1994.

————. *Orientalism: Western Conceptions of the Orient. 1978*. Londres, Penguin Books, 1995.

Smith, Johanna M. 'Slavery, Abolition and the Nation in Priscilla Wakefield's Tour Books for Children'. Carey *et al.*

Southey, Robert M. *The Curse of Kehama*. 2 vols. 3ª ed. Londres, Longman, 1812.

————. *History of Brazil*. 1822. 3 vols. 2ª ed. Nueva York, Greenwood Press, 1969.

Stabler, Jane. *Burke to Byron, Barbauld to Baillie: 1790-1830*. Basingstoke, Palgrave, 2002.

Stierstorfer, Klaus, ed. *Women Writing Home, 1700-1920: Female Correspondence Across the British Empire*. 6 vols. Londres: Pickering and Chatto, 2006.

Sturrock, John. *The Language of Autobiography: Studies in the First Person Singular*. Cambridge, Cambridge University Press, 1993.

Tristán, Flora. *The London Journal of Flora Tristan*. [1840]. Traducción e Introducción de Jean Hawkes. Londres, Virago, 1982.

————. *Peregrinations of a Pariah*. [1838]. Traducción e introducción de Jean Hawkes, Londres: Virago, 1987.

Vasconcelos, Sandra Guardini T. 'An English woman in the Tropics: Maria Graham's Journal of a Voyage to Brazil'. Labsa Journal 2.1 (Julio de 1998): 54–60.

Ward, Yvonne. 'Queen Victoria and Queen Dona Maria da Gloria of Portugal: Marriage, Motherhood, and Sovereignty in the Lives of Young Queens Regnant (1828–1853)'. *Lilith: A Feminist History Journal* 11 (2002): 117–133.

Webster, Roger. *Studying Literary Theory: An Introduction.* Londres, Edward Arnold, 1990.

Williams, Mary W. *Dom Pedro the Magnanimous: Second Emperor of Brazil.* Chapel Hill, University of North Carolina Press, 1937.

Wollstonecraft, Mary. *A Vindication of the Rights of Woman.* [1792] Oxford: Oxford University Press, 1999.

Recursos de internet y E-mails.

Armada de Chile. 'Re: Sobre la posibilidad de divisar la cordillera de los Andes desde el mar'. E-mail a la autora. 27 enero. 2004.

Chapman, Maria Weston, ed. *Harriet Martineau's Autobiography.* Boston: James R. Osgood, 1877. 21 Nov. 2007 <http://indiana.edu/ martineau.1html>.

Cochrane, Thomas, Earl of Dundonald. *The Life of Thomas, Lord Cochrane, Tenth Earl of Dundonald.* 28 Nov. 2004 <www.fullbooks. com/The-Life-of-Thomas-Lord-Cochrane-Tenth-Earl.1>.

Graham, Maria. *A Scripture Herbal.* Londres, Longman, Brown, Green and Longmans,[1842]. 27 Dec. 2007<www.onlinebooks.library.upenn.edu/mariacallcott>.

The Internet Encyclopaedia of Philosophy. 6 de Julio de 2005 <http://www. iep.utm.edu/>

• 'Los hijos del Padre de la Patria'. *La Tercera*, Santiago de Chile. 10 de julio de 2005. 23 de junio de 2006 <http://quepasa.cl>.

• Muñoz Barra, Roberto. Rev. of *O'Higgins y la cuestión indígena*, por Jorge Ibáñez Vergara. *Revista Occidente* 160 (2001): n.p. 20 de marzo de 2004 <www. revistaoccidente.cl/378/criticas/cuestion/>.

• National Library of Río de Janeiro. Correspondencia de Maria Graham com a Imperatriz Leopoldina 1823-1827. 16 Dec. 2008 <http:// objdigital.bn.br/ acervo_digital/anais/anais_060_1938.pdf>.

• Universidad de Chile, Instituto de Sismología. Registro de los terremotos más importantes en Chile desde el año 1570 hasta el año 2005. 18 Sept. 2008 <http://ssn.dgf.uchile.cl>.